国家自然科学基金"基于多重理论视角下的稀土资源开发价值补偿机制与储备政策研究"（批准号：71463039）

国家自然科学基金"资源型产业集聚的生态环境效应评价、困境机制与动态协调路径"（批准号：71840017）

内蒙古自然科学基金"资源产业地理集聚特征、影响要素与动态优化"（批准号：2017MS0403）

内蒙古大学高端成果著作培育项目"资源产业地理集聚特征、影响要素与动态优化"

内蒙古社科规划项目"内蒙古生态优化与绿色发展协同：现状评价、影响机制与路径优化"（批准号：2020NDA001）

经济管理学术文库·经济类

资源产业地理集聚特征、影响要素与动态优化

Agglomeration Geographical Agglomeration Characteristics, Influencing Factors and Dynamic Optimization of Resource Industry

颉茂华／著

经济管理出版社
ECONOMY & MANAGEMENT PUBLISHING HOUSE

图书在版编目（CIP）数据

资源产业地理集聚特征、影响要素与动态优化/颉茂华著.—北京：经济管理出版社，2020.9
ISBN 978-7-5096-7503-8

Ⅰ.①资… Ⅱ.①颉… Ⅲ.①资源产业—研究—中国 Ⅳ.①F124.5

中国版本图书馆CIP数据核字（2020）第164424号

组稿编辑：赵天宇
责任编辑：赵天宇
责任印制：黄章平
责任校对：王淑卿

出版发行：经济管理出版社
（北京市海淀区北蜂窝8号中雅大厦A座11层 100038）
网　　址：www.E-mp.com.cn
电　　话：（010）51915602
印　　刷：北京玺诚印务有限公司
经　　销：新华书店
开　　本：720mm×1000mm/16
印　　张：12.5
字　　数：238千字
版　　次：2020年10月第1版　2020年10月第1次印刷
书　　号：ISBN 978-7-5096-7503-8
定　　价：88.00元

·版权所有　翻印必究·
凡购本社图书，如有印装错误，由本社读者服务部负责调换。
联系地址：北京阜外月坛北小街2号
电话：（010）68022974　邮编：100836

序

七月的塞北，天气总是变幻莫测，刚刚天空还是透蓝的，阳光直射，炎热似火，迸发着激情，展示着绚烂，转眼间，乌云飘来，电闪雷鸣，甘霖洒下……但是顷刻间，又随风飘散。风雨后的塞北草原，天空如洗，彩练当空，白云俯身来触摸青山，天地之间手牵手，由浅入深的色彩，虚无缥缈的意境，美美钩织着夏天的生机。草原上各种野花都开了，红的、紫的、粉的、黄的……像绣在一块绿色大地毯上的灿烂斑点；成群的蜜蜂在花丛中忙碌着，吸着花蕊，辛勤地飞来飞去。夏日的草原，似乎在讲述着一个躁动同时饱含着淡淡忧伤的故事，连同我的思绪一起飘逸，一时找不到心灵的静谧，滚烫的热情与苦涩的思考在我的心间不停地跳动，键盘上涂满的只有书稿的文字……

在这样的氛围中，笔者的国家自然科学基金项目"资源型产业集聚的生态环境效应评价、困境机制与动态协调路径"与内蒙古自然科学基金项目"资源产业地理集聚特征、影响要素与动态优化"结题在即。回顾四年来的研究过程，心情难免有点激动……

资源型产业是我国的基础性产业，且大部分集中在边疆少数民族地区，因此，资源型产业集群的发展壮大也是中国和谐崛起的希望之路。如何以我国资源型企业实际存在的问题为依据展开研究，考虑价格波动、环境污染治理、技术创新等不确定性因素，利用最优控制理论和动态优化模型，分析资源型产业最优地理集聚路径。这是目前这一领域研究面临的主要问题。这一问题的研究，对促进资源型产业专业化和地理集聚的快速健康发展，优化资源型产业空间布局具有指导意义。基于上述思考，我们本着立足现实，展望未来，博采众长，为我所用，大胆创新，努力尝试的原则，收集了资源型企业产业集聚的大量数据与案例资料，试图在对促进资源型产业专业化和地理集聚的快速健康发展，优化资源产业空间布局起到一定的指导作用。因此，本书主要围绕以下两个关键问题展开：

（1）构建科学的理论研究架构，拓宽研究视野，丰富产业集聚理论、分工理论与空间理论。本书引入了分工理论和空间理论，分析资源型产业地理集聚效应形成因素，并根据"分工—空间外部性"这一线索，把分工理论与空间理论具体应用到具体的产业地理集聚效应分析中，构建"自然资源禀赋—分工—空间外部性—制度"的四维理论分析框架，对资源型产业地理集聚的分工原因与空间外部机制展开理论分析。扩展了产业理论、分工理论与空间理论的内容。

（2）建立系统的科学研究体系，采用较为科学的研究范式与系统进行研究。在构建理论分析框架的基础上，建立系统的科学研究体系，采用较为科学的研究方法，对资源型产业地理集聚的分工原因与空间外部机制展开理论分析，采用空间统计指标与方法，对资源型产业专业化特征、地理集聚的时空特征、变化趋势及其效应进行实证分析，直接观察资源型产业的地理集聚现象。建立空间计量经济模型对资源型产业地理集聚的影响因素进行实证研究。同时，考虑地理环境、价格波动、环境污染治理、技术创新等不确定性因素，利用最优控制理论和动态优化模型，分析资源型产业最优地理集聚路径。

春耕，夏耘，秋收。回顾本书的写作过程，我们认为是经济与政治环境暖暖的春天给了我们开阔视野的盛宴；是前人的睿智的思想花蕾点亮了我们的双眼。因而，首先，感谢前人的研究为我们提供了大量的参考资料与写作思路，是"先行者用许多痛苦的付出让我们后来者看到广阔的前景"。其次，让我骄傲的是我的学生张婧鑫、刘盛楠、韩雪、张萱及任冠男在我的热切期盼中，他们不辜负我的期望，越过外面世界的纷繁与喧嚣，以刻苦认真的态度、开拓创新的精神不断地为本书的写作提供大量的创新思路与新鲜的资料。最后，更让我感动的是经济管理出版社编辑赵天宇老师一丝不苟、兢兢业业的工作态度，她不断对本书的写作提出详细的修改建议，使我感悟到：脚下之路，虽任重道远，但我并不感到孤单、寂寞。

夏天是生命的季节，它让所有的生灵感受到了生命的存在，也感受到了活着的魅力。院内有一棵高大的老榆树，它遒劲的枝枝叶叶依旧顽强地伸向天穹，昭示着不屈的生命。一群麻雀欢快地叽叽喳喳蹦跳在枝头，突然，它们抖抖翅膀，像追逐着什么希冀，又飞向苍茫的远方。一场疫情，让我们懂得：没有一个冬天不可逾越，没有一个春天不会来临，山穷水尽，总会有柳暗花明，风雨之后，总会有彩虹，明天的太阳终会升起，唯愿人间烟火处处处皆平安。虽然，本专著的写作终于告一段落，但是，我们仍会怀着虔诚与感恩的心，一如既往地用明澈的双眼，关注着资源型企业发展的云涌霞飞，风生潮起；我们仍将用那颗诚实、纯朴的心，感受经济专家、学者的辛甘与苦涩、悲欣与冷暖；仍将用海纳百川的胸襟、内蕴而多元的视角、清丽而平易的文字、执着而热烈的情怀镌刻奔跑着、变幻着的经济改革与发展的画卷。我们深知：努力，未必成功；但放弃，必然失败。只要我们努力，人生的路，不管从哪里起程，敬畏的心灵都将人生之门叩开。

颉茂华

2020 年 7 月 16 日

目 录

第1章 引言 ·· 1
  1.1 研究背景及意义 ·· 1
  1.2 研究目标 ·· 2
  1.3 研究内容及研究框架 ···································· 3
    1.3.1 研究内容 ·· 3
    1.3.2 研究框架 ·· 8
  1.4 研究技术路径分析图 ···································· 9
  参考文献 ·· 10

第2章 国内外研究现状及动态发展分析评价 ···················· 12
  2.1 国内外研究现状及发展动态分析 ·························· 12
  2.2 对现有研究文献的评价以及本书的贡献 ···················· 17
  参考文献 ·· 18

第3章 "自然资源禀赋—分工—空间外部性—制度环境"理论分析框架 ······ 22
  3.1 理论分析框架的构建思路 ································ 22
  3.2 自然资源禀赋下的产业集聚 ······························ 23
    3.2.1 自然资源禀赋 ···································· 23
    3.2.2 自然资源禀赋与产业集聚 ·························· 26
  3.3 分工和专业化下的产业集聚 ······························ 28
    3.3.1 劳动分工与专业化 ································ 28
    3.3.2 劳动分工和专业化下的产业集聚 ···················· 28
  3.4 空间外部性的产业集聚 ·································· 32
    3.4.1 空间外部性 ······································ 32
    3.4.2 空间外部性与产业集聚 ···························· 33
  3.5 制度环境对产业集聚的影响 ······························ 40

3.5.1 制度环境的界定 ……………………………………………… 40
3.5.2 制度环境对产业集聚的影响 …………………………………… 41
3.6 "自然资源禀赋—分工—空间外部性—制度环境"四维
理论分析框架的形成 ……………………………………………… 45
3.6.1 框架构建说明 …………………………………………………… 45
3.6.2 自然资源禀赋—分工—空间外部性—制度环境"
四维理论分析框架 …………………………………………… 47
3.7 本章小结 ………………………………………………………… 50
参考文献 ……………………………………………………………… 53

第4章 资源型产业专业化特征、集聚时空特征、变化趋势及其效应 … 57
4.1 资源型产业专业化特征 ………………………………………… 57
4.2 地理集聚的时空特征 …………………………………………… 62
4.2.1 数据来源与样本选择 …………………………………………… 64
4.2.2 模型选择 ………………………………………………………… 65
4.2.3 地理集聚的时空特征 …………………………………………… 68
4.3 地理集聚的变化趋势 …………………………………………… 71
4.3.1 资源型产业地理集聚度的测定 ………………………………… 71
4.3.2 资源型产业地理集聚度的测定及其变化趋势 ………………… 73
4.4 地理集聚的效应 ………………………………………………… 77
4.4.1 资源型产业地理集聚效应分析 ………………………………… 77
4.4.2 地理集聚效应影响因素分析 …………………………………… 84
4.4.3 地理集聚效应的作用 …………………………………………… 88
4.4.4 产业地理集聚效应的作用过程 ………………………………… 92
4.4.5 资源型产业地理集聚是促进产业结构调整的有效途径 ……… 94
4.4.6 资源型产业地理集聚对技术结构调整的促进作用 …………… 97
4.5 本章小结 ………………………………………………………… 97
参考文献 ……………………………………………………………… 99

第5章 资源型产业地理集聚的影响因素实证分析研究 ……………… 103
5.1 资源型产业地理集聚影响因素 ………………………………… 103
5.1.1 资源型产业地理集聚影响因素分析 …………………………… 103
5.1.2 理论框架与假说 ………………………………………………… 105
5.2 研究方法 ………………………………………………………… 114

5.2.1 模型选择 ·· 114
  5.2.2 指标选择 ·· 115
 5.3 资源型产业地理集聚影响因素实证分析 ························ 116
  5.3.1 数据来源与样本选择 ······································ 116
  5.3.2 资源型产业地理集聚影响因素实证分析 ······················ 116
 5.4 研究结论 ·· 124
 5.5 政策建议 ·· 125
 5.6 本章小结 ·· 126
 参考文献 ·· 127

第6章 资源型产业地理集聚最优路径选择
——基于动态优化模型 ·· 130

 6.1 资源型产业集聚行为特征演化与路径选择 ······················ 130
  6.1.1 资源型产业集聚方式的选择博弈分析 ························ 130
  6.1.2 资源型产业集聚内企业竞合行为博弈分析 ···················· 140
  6.1.3 资源型产业集聚创新行为演化分析 ·························· 144
 6.2 组织环境对西部地区资源型产业集聚演化的影响及路径选择 ······ 155
  6.2.1 市场规模与结构对资源型产业集聚的影响与路径选择 ·········· 155
  6.2.2 产权制度变迁对资源型产业集聚组织演进的影响与
     路径选择 ·· 161
  6.2.3 生态环境对资源型产业集群演化的影响与路径选择 ············ 164
 6.3 本章小结 ·· 167
 参考文献 ·· 169

第7章 研究结论、理论贡献、实践启示与研究展望 ···················· 173

 7.1 研究结论 ·· 173
 7.2 理论贡献 ·· 176
 7.3 实践启示 ·· 182
 7.4 研究展望 ·· 186
 参考文献 ·· 187

第1章 引言

1.1 研究背景及意义

集聚,是许多产业经济活动最突出的地理特征,它是某种规模报酬递增的普遍影响的明证(保罗·克鲁格曼,2002)[1],产业地理集聚特征是指一个或多个产业及其经济活动在特定的地域范围的集聚,它是产业及其经济活动相互接近的一种趋势。影响经济活动及地理活动的因素有两个自然因素:一是自然资源禀赋;二是经济主体之间的经济距离、规模报酬递增、产业差异化和市场需求等因素(贺灿飞和潘峰华,2011)[2]。资源密集型产业作为我国的基础性产业,一方面,由于其资源依赖度高、市场内向化、产业联系强、规模效应显著;另一方面,由于我国在产业发展的早期,偏于重型工业的长线投资,并出于靠近资源产地以降低交通成本的考虑,将资源密集型产业布局在中西部地区。因此,很长一段时间,影响我国资源型产业空间布局的因素通常是自然资源禀赋因素。但是,近年来由于很多中西部资源型企业对资源盲目过度地勘探开采,加之开采技术水平落后及资源产品深加工不足等原因,不仅造成资源的不合理利用,同时也造成资源的极大浪费,破坏了当地的生态环境。在全球化的推动下,由于市场需求逐渐向沿海地区扩大、交通条件改善、技术条件变化以及对国外原料的依赖增强,部分资源密集型产业逐渐向沿海地区转移。因此,资源型产业的发展一方面在生产过程中依赖于大量自然资源的投入,造成产业在资源富集区布局;另一方面由于对资源产品深加工的技术要求与海外市场的需求,导致资源性产业后续的投资与技术积累逐步向沿海经济发达区域延伸(颉茂华和贾建楠,2011)[3]。我国资源型产业发展的趋势已经显著表明:资源型产业的发展在地理空间上已呈现出一种明显的"两级"甚至是"多级"地理集聚倾向,并具有了初步的地理集聚经济效应,地区集聚特征促使资源型产业的迅速发展。但是,我国资源型产业的这种地理上的集聚效应到底呈现出什么样的专业化特征、地理集聚的时空特征、变化趋势及其效应?资源型产业地理集聚的影响因素有哪些?资源型产业最优地理集聚路径在哪里？如何构建理论框架、应用什么样的科学分析方法才能从理论上解释这些问题？这些问题理论界并未做出相应的解释。因此，研究资源型产业的地理集聚问题，不仅对促进资源型产业专业化和地理集聚的快速健康发展，优化资源型产业空间布局，促进国民经济的健康发展具有指导意义，而且对产业集聚理论丰富与发展具有重要的意义。具体来讲，本书的研究意义在于以下两点：

（1）对于促进资源型产业专业化和地理集聚的快速健康发展，优化资源型产业空间布局具有现实意义。

资源型企业在国民经济建设中占有十分重要的地位，从20世纪90年代开始，资源型产业进入快速发展阶段，现已成为工业部门内部增长最快的行业，但是由于地区自然资源禀赋、交通运输的差异、技术条件、市场分布等影响因素，资源型产业分布存在"两级"或者"多级"地理集聚现象（颉茂华等，2020）[4]。本书从资源型产业空间格局与资源分布特征出发，着眼于沿海地区主要为资源性加工制造业的集聚，而内陆地区则主要为采掘业的集聚特征，建立科学的理论分析框架，分析我国资源型产业地理集聚现状特征，探求资源型产业地理集聚影响因素，研究我国资源型产业空间布局的经济地理效应，发现我国资源型产业地理集聚的最优化动态路径。从而协调内陆地区自然资源开采速度与沿海地区的高新技术的开发，充分利用资源禀赋优势和先进技术优势，促进资源型产业专业化和地理集聚的快速健康发展，为我国资源型产业的可持续发展提供指导作用。

（2）对丰富、完善产业集聚理论、分工理论与空间理论及其科学研究方法具有理论意义。

本书引入了分工理论和空间理论，基于直观地观察到的中国自然资源的集聚现象，在详细梳理资源型产业集聚理论的基础上，构建"自然资源禀赋—分工—空间外部性—制度"的四维理论分析框架，分析资源型产业地理集聚效应形成因素，并根据"分工—空间外部性"这一线索，把分工理论与空间理论具体应用到具体的资源型产业地理集聚效应分析中，从理论上对资源型产业地理集聚分工原因和空间变化趋势进行刻画和描述，并建立空间计量经济模型揭示中国资源型产业地理集聚的影响因素。最后，采用动态优化模型发现资源型产业地理集聚最优路径选择。从理论上丰富并扩展了产业理论、分工理论与空间理论的内涵与方法。

1.2 研究目标

按照我们对资源型产业划分的定义标准，从2003年开始，我们选取了102

家规模较大、管理较为规范的资源型企业作为我们研究资源型企业集群集聚问题的调研基地，通过问卷调查、文献资料查阅、深度访谈、观察财务报告档案记录等方法，对102家企业进行了大规模的调研，基本上形成了资源型产业集聚数据库。同时，对国内外关于产业发展理论与方法进行了较系统的综述与评价，在数据资料、理论与方法等方面积累了一定经验。本书拟解决的关键科学问题有如下几方面：①如何构建适合资源型产业地理集聚的理论分析框架，并应用该理论分析框架，对资源型产业地理集聚的分工原因与空间外部机制展开理论分析。②如何通过分析资源型产业地理集聚的时空特征、变化趋势及其效应，构建出一个较为科学合理的空间统计指标与方法，进行实证分析，直接观察资源型产业的地理集聚现象。③如何设计调查问卷，通过什么调查方法，才能建立起满足本书研究与分析需要的数据资料库。同时选择（或者构建）什么样的模型（或者方法）去评价资源型产业地理集聚现状。④选择什么方法与模型去分析影响资源型产业地理集聚的要素？⑤如何对以上研究进行科学归纳总结，选择什么样的模型，采用什么样的方法推理论证，分析资源型产业集聚最优路径？我们在延续以前研究成果的基础上，构建了如下的研究范式。如图1-1所示：

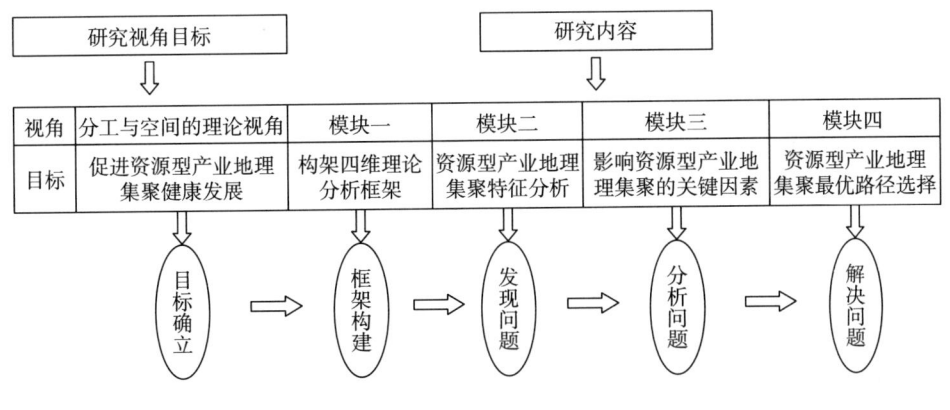

图1-1 本书的研究范式

1.3 研究内容及研究框架

1.3.1 研究内容

（1）构建"自然资源禀赋—分工—空间外部性—制度"的四维理论分析框

架,对资源型产业地理集聚的分工原因与空间外部机制展开理论分析。

不同的经济区域由于其自然资源、经济资源、文化资源的禀赋不同,拥有各自区域优势。各地区就是依据各自优势进行专业化分工,生产具备竞争优势的产品,同其他地区的专业化生产的商品进行交换。许多行业的经济活动最突出的地理特征就是集中,具有明显的集聚经济效应,在本质上是一种空间外部性。因此,基于直接观察到的中国资源型产业专业化地理集聚现象,本部分旨在细致梳理资源型产业地理集聚理论的基础上,构建分析资源型产业地理集聚的理论分析框架,从理论上剖析资源型产业地理集聚的分工源泉和空间外部机制。

本部分构建了"自然资源禀赋—分工—空间外部性—制度"的四维理论分析框架,分析资源型产业地理集聚的分工原因与空间外部机制。首先,从亚当·斯密(1997)定理[5]、Young(1994)定理[6]、新兴古典经济学(Mallshall,1980)[7]的分工与专业化理论出发,揭示资源型产业地理集聚研究的逻辑起点。其次,对新古典贸易理论、新贸易理论和新经济地理理论三种区域"分工—贸易理论"进行细致梳理,揭示区域分工与贸易以及资源型产业地理集聚之间的必然联系。再次,以Marshall提出的空间外部性与资源型产业地理集聚之间关系的思想和内容进行整理和归纳(Mallshall,1980)[7],揭示空间外部性的金融外部性和技术外部性来源,以及它们与资源型产业地理集聚之间的逻辑关系。最后,提出本部分构建的理论分析框架。

本部分在理论综述的基础上,应用结构理论原理,采用文献研究法、归纳法与演绎法,进行理论框架的构建与分析。通过构建"自然资源禀赋—分工—空间外部性—制度"的四维理论分析框架,分析资源型产业地理集聚的基本机制、丰富产业集聚及其相关理论,为本书的研究提供基本框架思路。其具体思路如图1-2所示:

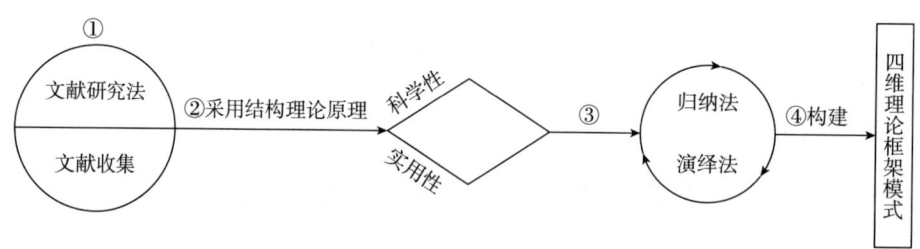

图1-2 构建理论框架模式思路

(2) 资源型产业专业化特征、地理集聚的时空特征、变化趋势及其效应。

该部分的研究拓展了资源型产业专业化特征的研究思路与评价方法，选取典型案例，并把空间指标应用到微观企业的生产实践中，构建了具体的地理集聚测评方法，研究自然资源禀赋与空间分布对资源型产业地理集聚的交互影响。不同于以往研究，本部分主要选取我国典型的资源型产业集聚的地区，从产业和地区两条路径对20世纪80年代以来的中国资源型产业地理集聚状况展开综合考察，进行典型案例剖析。首先，选取典型案例；其次，建立基于统计方法和空间统计方法相关的测度指标体系；再次，基于选取的案例进行相关指标计算与结果分析，从多个角度和层面来考察中国资源型产业地理集聚现状和特征；最后，对中国地理集聚的空间自相关性进行分析，然后解释中国资源型产业地理集聚的变化趋势，得出主要结论和政策启示。

本部分拟主要采用典型案例研究法。研究流程为：理论回顾与假设提出→案例研究设计→数据收集（利用已有数据库）→数据分析→研究结论，本部分旨在解答以下两方面问题：①我国资源型产业有什么样的地理集聚专业化特征和时空特征？②这样的专业化特征和时空特征是如何形成的，其优势和劣势在哪里？本部分的研究试图分析资源型产业的专业化特征及地理集聚的时空特征，并尝试反映和刻画中国资源型产业区域分工状况，通过直观地观察资源型产业的地理集聚现象，预测其未来的变化趋势和效应及存在的问题。研究内容与思路如图1-3所示：

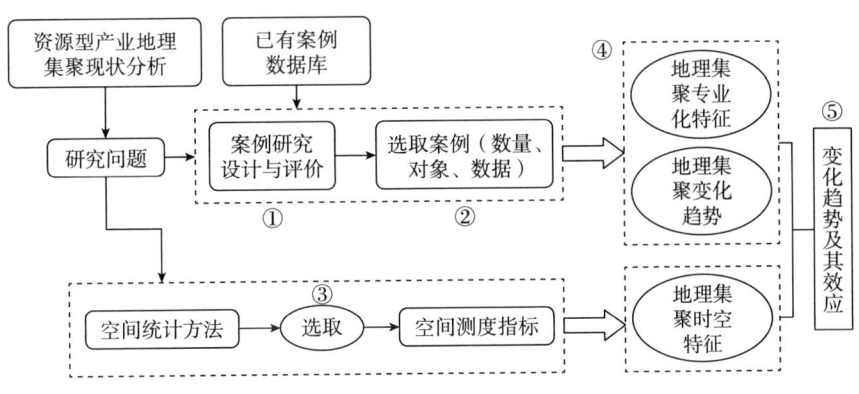

图1-3 研究内容、逻辑和步骤

(3) 资源型产业地理集聚的影响因素实证分析研究。

为了强化区域专业功能，高效利用区域资源，以形成分工合理、优势互补、各具特色、协调发展的产品区域布局，提高资源配置效率，本部分深入地研究资源型产业地理集聚的影响因素。在空间经济世界中,资源型产业地理集聚可能是以下四种要素的各种组合和共同作用:①基于要素禀赋差异的比较优势:每个地区专业化生产要素禀赋相对丰裕的产品;②基于分工产生的空间外部性:在空间距离不扩大的情况下导致市场范围的扩大和运输成本的降低(王艳华等,2020)[8];③垄断竞争的市场结构:规模报酬递增与运输成本的权衡是理解资源型产业地理集聚的中心内容;④良好的制度环境:优良的制度环境可以延伸产业分工链条,降低交易费用,提高交易效率,使资源型产业集群得以形成并保持持续的竞争优势(曹亮等,2020)[9]。

  本部分研究拟采用调查问卷与实证分析相结合的方法进行研究。在对于该部分研究进行方法选择时,基于以下理由:①可以直接观察资源型产业地理集聚的"行为过程"。②做研究的目的在于服务于实践,那么只有通过第一手的资料和数据,才能获取投资者以及管理者的"思维过程",认识企业对资本市场的判断思维,从而从实际出发,对症下药,对我国企业地理集聚做出有针对性的建议。结合已有数据库,本部分研究准备重新设计问卷,进行调查研究(主要考虑时间的有效性、问卷的效度与信度)。研究流程为:构建理论框架与假说→问卷设计发放、回收、统计与问卷信度与效度检测→采用因子分析法划分出影响因素维度→回归模型设计与验证→研究结论,本部分旨在实证分析"资源型产业地理集聚的因素有哪些?其关键因素是什么"的问题。研究内容与思路如图1-4所示:

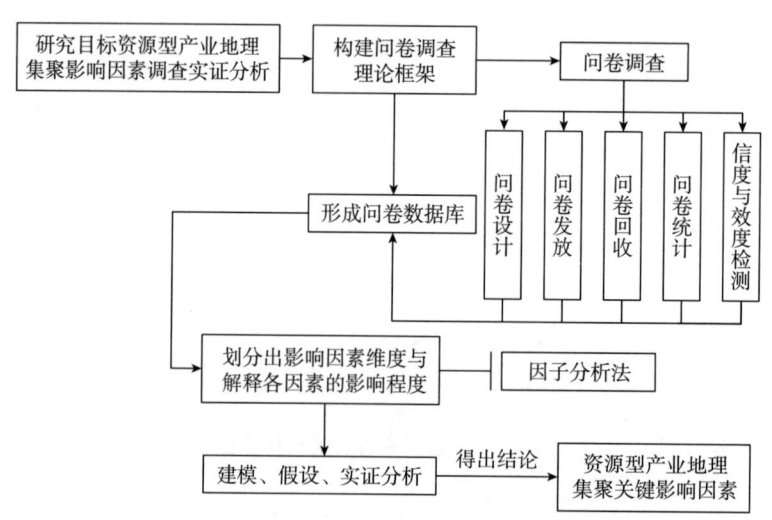

图1-4 本书的研究内容、逻辑和步骤

同时，本部分研究提出实证研究的方法与步骤：

第一步，提出理论假说与变量设置。

第二步，选择指标。

1) 经济增长率。在衡量各地区经济增长快慢程度时，考虑到各地区人口因素的影响，本书选用人均 GDP 年均增长率作为衡量地区经济增长的指标，计算年限为 1986~2015 年。

2) 资源型产业地理集聚度。考虑到煤炭、石油、天然气三种矿产资源占我国能源生产与消费总量的绝对比重，以及它们在工业化进程中的重要地位，本部分构造了以矿产资源为代表的资源集聚度指数，主要以各省煤炭、石油、天然气三种矿产资源的基础储量占全国总量的相对比重来衡量各地区自然资源禀赋的差异。我国一次能源生产占消费总量中的比重大约是：煤炭 73%，石油 17%，天然气 3%，以此为依据，分别给予三种资源的相对权重。自然资源集聚度指标的计算公式如式（1-1）所示：

$$RAIi = \frac{Coali}{Coal} \times 0.73 + \frac{Oili}{Oil} \times 0.17 + \frac{Gasi}{Gas} \times 0.03 \quad (1-1)$$

式中，RAIi 代表某省份资源集聚度指数；$\frac{Coali}{Coal}$、$\frac{Oili}{Oil}$、$\frac{Gasi}{Gas}$ 分别为某年某省份煤炭、石油、天然气基础储量占全国煤炭、石油、天然气基础储量的比重。

3) 制度。本书将选用各地区市场化指数代表该地区制度指标。

第三步，介绍空间计量经济模型及其估计技术，并设定用来分析中国地理集聚影响因素的空间计量经济模型。

第四步，对所建立的空间计量经济模型进行估计，并就估计结果进行实证分析。

第五步，根据以上实证结果得出结论与政策启示，并进行分析。

通过问卷调查与实证分析研究，我们希望找出资源型产业地理集聚的影响因素的差异性和相似性，并找出它们之间的相关性，以求在制定政策时充分考虑省域之间专业生产的横向交互影响，重视省域之间的要素溢出、空间依赖等空间效应，引导各个省区合理投入生产要素，提高要素间的互补性和空间配置效率，扩大专业发展水平地区对周边地区尤其是落后地区的辐射和带动能力，促进区域综合生产能力的提高。

（4）资源型产业地理集聚最优路径选择——基于动态优化模型。

资源是一种可耗竭资源，在自然环境下，可耗竭资源难以迅速再生，其储量随资源不断开采而逐渐减少，且补充速度非常缓慢，最终将耗竭，或者在相当漫长的时间里，恢复的资源不具有经济性（颉茂华等，2019）[10]。因此，本书通过构建资源型产业集聚最优路径指导企业合理化生产与分配，根据整个资源型产业的集聚特征的整个过程来协调各个环节的生产活动。

本部分研究内容主要包括：

1）确定最优路径方程式（1-2）：

$$g = \alpha + \beta_1 G + \beta_2 D + \beta_3 I + \beta_4 (G \times D \times I) + \mu \qquad (1-2)$$

式中，g 表示经济增长率，G 表示资源型产业地理集聚度，D 表示产业分工程度，I 表示制度，（G×D×I）表示有效的自然资源集聚程度，α 表示常数项，β 表示各变量的系数，μ 表示误差项，用于反映一些回归方程中没有考虑的因素的影响。

2）方程两边对 G 求导，得出阈值。

3）不确定性条件下动态优化模型求解。通过具体模型求解，并做比较静态和动态分析，确定资源型产业地理集聚最优路径。

结合资源型产业，考虑资源型数据的可得性和企业面临的价格波动、环境污染治理、技术创新等不确定性因素，在本部分内容中，假设各种因素是外生的，利用最优控制理论和动态优化模型，分析资源型产业地理集聚最优路径。最后通过实证分析研究，本部分旨在探求资源型产业地理集聚最优路径，指导我国资源型产业专业化分工与生产要素的最优配置，充分发挥空间外部性的优势，使我国区域资源优势得以充分发挥。本部分的基本研究模式如图 1-5 所示：

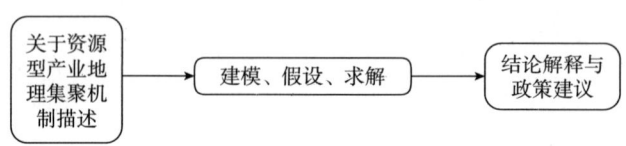

图 1-5 动态优化基本模式

1.3.2 研究框架

基于上述内容，本书从研究目标、研究内容及逻辑关系三方面构建了多维立体的以发现问题、分析问题、解决问题为研究路径的研究框架。如图 1-6 所示。

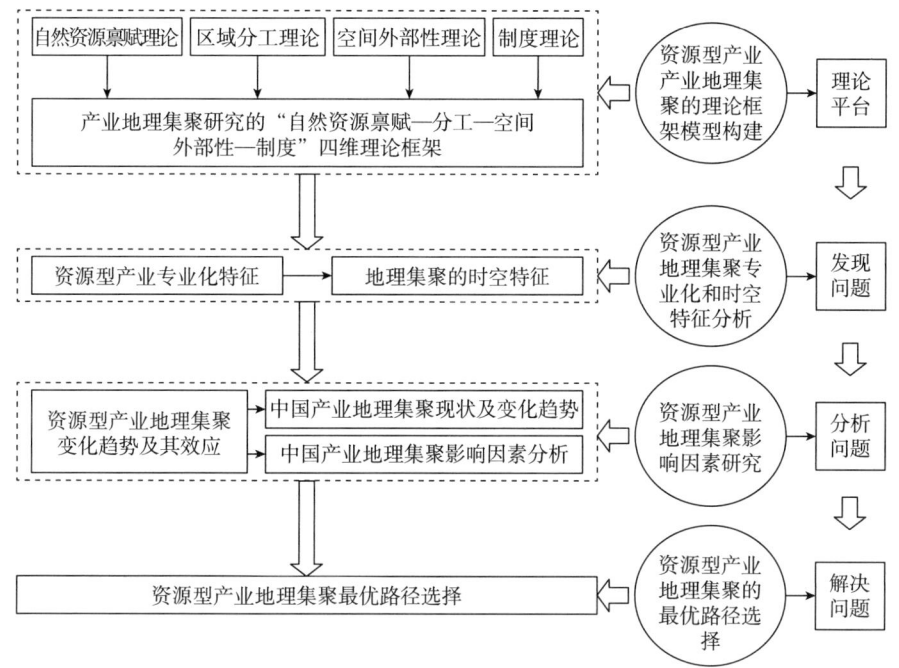

图 1-6 本书的研究框架

1.4 研究技术路径分析图

上述方案的完成拟采用以下技术路线：

（1）理论梳理方案——首先对空间理论、分工理论等相关理论进行梳理。在此基础上，分析资源型产业地理集聚特征、效应、影响要素，最终构建一个"自然资源禀赋—分工—空间外部性—制度"的四维理论分析框架，并应用该理论分析框架，对资源型产业地理集聚的分工原因与空间外部机制展开理论分析。本部分基本是用归纳法与演绎法来完成。

（2）调查分析方案——采用问卷调查法、文献资料查阅法、财务报告档案记录分析法等，取得我国资源型产业地理集聚发展状况的第一手资料，建立案例数据资料库。用 Eviews 软件进行调查问卷数据处理，采用整体的描述统计和分析，对资源型产业集聚的总体现状进行描述，并借助于一定的评价方法，对资源型产业的地理集聚做出评价。本部分基本是用调查分析方法完成。

（3）案例研究方案——在前两个方案的基础上，选择典型案例，采用空间统计指标与方法，对资源型产业专业化特征、地理集聚的时空特征、变化趋势及其效应，进行实证分析，直接观察资源型产业的地理集聚现象。

（4）结论推理方案——对研究结论可以促进中国资源型产业专业化和地理集聚的快速发展以及优化资源产业空间布局进行推理分析。本部分基本是应用归纳推理法来完成。

上述方案的完成拟采用以下技术路线：

本书研究的技术路径是："调研，观察现象，发现问题→提出研究目标，形成理论的假设、前提→构建模型→计算或者实验验证→形成结论。"本书的技术线路与方法如图1-7所示：

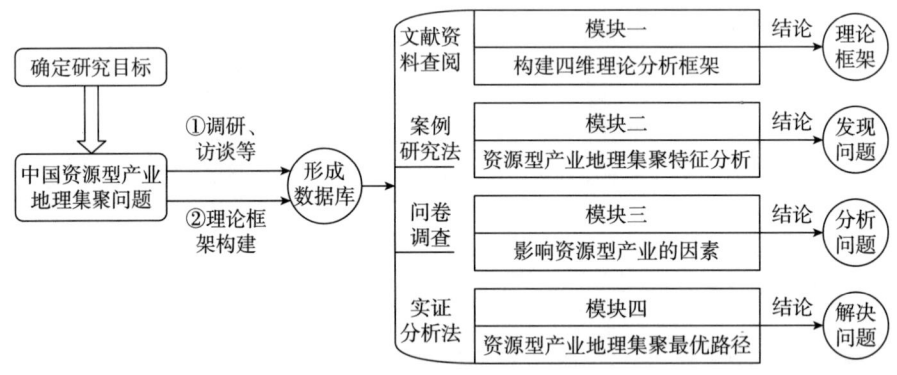

图1-7 本书的技术路径与方法

参考文献

[1] 保罗·克鲁曼. 地理和贸易[M]. 张兆杰译. 北京：北京大学出版社，2002.

[2] 贺灿飞，潘峰华. 中国制造业地理集聚的成因与趋势[J]. 南方经济，2011，6：38-52.

[3] 颉茂华，贾建楠. 煤炭产业集聚影响因素实证研究——基于内蒙古煤炭企业的问卷调查分析[J]. 煤炭经济研究，2011，7：4-9.

[4] 颉茂华，施诺，张婧鑫. 资源型产业地理集聚的时空分化与经济效应研究[J]. 资源与产业，2020，7.

[5] 亚当·斯密. 国民财富的性质和原因的研究（上卷）[M]. 北京：商务

印书馆, 1997.

[6] Young. The Coming Shape of Global Production, Competition and Political Order Regions and the World Economy [M]. Oxford: Oxford University Press, 1998: 345-356.

[7] Mallshall A. Principles of Economics [M]. London: Macmillan, 1980.

[8] 王艳华, 赵建吉, 刘娅娜, 冯海龙, 苗长虹. 中国金融产业集聚空间格局与影响因素——基于地理探测器模型的研究[J]. 经济地理, 2020, 40 (4): 125-133.

[9] 曹亮, 李向毅, 侯耀辉. 地理条件、集聚效应与中国制造业企业出口[J]. 宏观经济研究, 2020, 4: 126-141.

[10] 颉茂华, 张婧鑫, 好日娃, 邢秀英. 社会资本、组织学习能力对产业集群竞争力的影响[J]. 资源与产业, 2019, 21 (6): 30-38.

第 2 章 国内外研究现状及动态发展分析评价

2.1 国内外研究现状及发展动态分析

对于产业集聚的空间分布以及由此引发的集聚效应，学者们给予了高度的关注，目前与本书相关的国内外文献主要是从产业集聚理论机理、产业地理集聚效应及其影响因素研究和产业经济地理三个方面进行的。

(1) 产业集聚理论机理方面。

产业集群理论的研究最早可追溯到马歇尔 (Marshall) 的外部经济理论 (马歇尔, 1997)[1]，经过 100 多年的发展基本上形成了以下 12 大学派：其一，产业集聚理论，包括马歇尔的外部经济理论 (马歇尔, 1997)[1]、马克斯·韦伯 (2002) 的工业区理论[2]、Coase (1937) 的交易费用理论[3]、胡佛 (1990) 的产业集聚最佳规模论[4]、弗朗索瓦·佩鲁 (1987) 的增长极理论[5]等。其二，新产业区理论，代表学者及其观点为意大利社会学家 Biekatiny 的新产业区理论，Scott 的产业集聚理论，Krugman 规模报酬递增理论，以 Potter 为代表的竞争优势理论 (吴迪, 2012)[6]与区域创新网络理论 (刘勇, 2013)[7]。另外，理论界关于产业集聚的推动力量主要出现了以下三种理论解释。

第一，新古典经济学中的比较优势理论：众多学者以比较优势理论为基础，探讨产业区位分布问题，如区域比较优势，通过控制要素禀赋区分自然优势引起的地理集中，估计结果表明自然资源优势能够解释美国制造业集聚的大部分地理变化 (Maurel & Sédillot, 1999)[8]。第二，从集聚外部性与经济个体间的关系来看，集聚外部性对经济个体存在静态、动态影响差异。静态外部性强调经济个体由于所处空间、时间、市场、行业而"天然"地拥有某种生产便利性和利润加成 (迈克尔·波特, 1997)[9]。如特定地区要素、产品市场禀赋对企业生产造成的生产外部性、高人口 (就业) 密度下的共享劳动力市场和专业化 (技能) 分工以及地方高校集聚、高科技产业集群造成的知识溢出效应等，因此，产业集聚效应能够促进整个经济高增长（张云飞，2014）[10]。第三，亚当·斯密分工理论的继承和发展者杨格认为，分工促进市场规模的扩大，根据市场规模与产业集群之间的关系，不难得出分工也会促进产业集群规模的扩大（亚当·斯密，1997）[11]。Marshall（1980）在外部性的深入研究了企业群问题，他认为产业集群与外部性之间关系密切，产业集群效应出现的根本原因是外部性的存在；认为产业集聚可以导致外部经济的出现[12]。有学者从产业集聚发展过程中认识到产业集聚是许多中小企业的联合体，共同构成了产业集聚的发展，主要有以下几个代表人物：一是马歇尔以"产业区"为名称分析了产业集群问题，即 Marshall 认为"产业区"是一种由历史与自然共同限定的区域，其中，（大量）中小企业积极地相互作用，企业群与社会趋向融合。产业集群在一定程度上就是中小企业集群，很多研究是从企业区位集中的角度分析的（Bertinelli & Decrop，2005）[13]，如现代意大利南部的工业区就是一种马歇尔分析的产业集群的主要表现形式（Rosenthal，1997）[14]。

（2）产业地理集聚效应及其影响因素研究方面。

刘军和徐康宁（2010）[15]从协调理论出发建立耦合协调度模型验证了产业集群与经济空间的耦合关系，说明产业集群与区域经济空间的耦合度提高是提升区域经济发展能力，实现区域经济可持续发展的有效手段。颉茂华等（2014）[16]、潘文卿和刘庆（2012）[17]、陈建军和胡晨光（2008）[18]从中国产业集聚与地区经济增长的关系看，中国产业集聚对经济增长具有显著的正向促进作用。而张云飞（2014）[10]研究发现产业集聚与经济增长之间存在倒"U"型曲线关系，表现为"门槛效应"——产业集聚初期推动经济增长，达到一定程度后，过度集聚引起的负外部性会抑制经济增长。杨仁发（2013）[19]的研究也表明：集聚对地区工资水平的影响为负的效应，服务产业聚集显著提高地区工资水平，而在生产性服务业集聚对地区工资水平无显著性影响。进一步研究则发现，产业集聚将有利于降低环境污染产业集聚对环境污染的影响，这具有显著的门槛效应，在产业集聚水平低于门槛值时，产业集聚将加剧环境污染；而在产业集聚水平高于门槛值时，产业集聚则会改善环境污染问题（杨仁发，2015）[20]。

产业地理集聚影响因素方面：国外学者通过对美国、欧盟、日本等发达国家，在不同时间和空间尺度的地理格局方面进行研究，发现溢出效应、劳动力效应、交通成本、规模经济、产业联系等诸多产业特性均影响产业地理集聚[21]。樊秀峰等（2013）[22]认为，行业劳动力密集度、行业增长水平、规模经济、劳动生产率的提高和运输成本降低能促进产业的集聚。薛继亮（2015）[23]从经济发展水平、城市化水平、基础设施、地理位置、制度环境，以及产业传统等方面对比研究江苏和安徽省制造业地理集聚差异性原因，进而结合产业特性和区域特征揭示了中国制造业产业集聚的形成机制。还有学者在研究制造业空间集聚演变驱动因素时指出中间投入共享、劳动力成熟度、知识溢出、开放程度及运输成本的降低对产业集群发挥了重要作用（谭丹和黄贤金，2008）[24]。臧新和李菡（2011）[25]及凌晨等（2013）[26]的研究分别表明我国制造业垂直专业化和产业集聚存在互动关系，规模经济因素与产业集群呈现双向格兰杰因果关系。文东伟和冼国明（2014）[27]研究地理环境和财政分权制度等因素的影响，中国制造业的地理集聚程度虽然相对较低，但呈现不断加深的趋势。李世杰等（2014）[28]、陈振等（2011）[29]对相关文献总结发现，政府行为已经成为不可或缺的影响因素，在资源型产业集聚演化过程中发挥的关键作用更为显著。我国对于特定产业集聚特征的研究主要集中在制造业和服务业产业，经济地理集聚研究主要是制造业和服务业，及其相关影响因素研究，而对资源型产业集聚特征的研究相对较少，少数研究表明我国资源型产业也存在产业集聚特征，但是处于初步发展期，缺乏相关理论依据。有关资源型产业地理集聚，Ellison和Glaeser（2010）[30]较早地利用企业数据研究美国制造业集聚，发现大约1/4行业的地理集中归因于自然资源优势。张新年等（2009）[31]从网络视角，构建集群规模与资源容量、资源价格等相关因素的模型进行仿真分析时发现资源禀赋对产业集群的可持续发展至关重要。朱英明（2012）[32]等在研究资源短缺与产业集聚效果时指出我国国情决定了代表"第一性"集聚优势的自然禀赋在我国工业集聚中具有更加特殊的重要性。刘媛媛和孙慧（2014）[33]认为综合资源型产业集群形成机理模型假说与实证分析来看，目前中国资源型产业集群发展还处于初级阶段，集聚程度在波动性上升，集群形成模式为"资源禀赋基础+规模经济诱因+政府培育"路径的模式。

（3）也有学者从经济地理和产业空间布局视角研究产业集聚问题。

随着对经济地理因素理解的深入，人们已经不再把产业集聚和城市集群是为自然优势原因造成，统计发现自然优势对地理集中的贡献仅为产业集聚可被观测和解释来源的四分之一（Eillson et al.，1997[21]；王业强和刘修岩，2009[34]）。经典模型中集聚经济强调集聚收益来自地理临界性造成运输成本降低。当要素供给方与最终产品厂商在区位上相互临近时，这些企业因降低运输成本而产生更高的生产率。作为对经典地理增长问题的回应，肖卫东（2014）[35]研究了地理与经济增长间的关系。把"地理"定义为企业在空间上的集中，指出这种"经济地理"本身就能带动地方经济增长。中国资源型产业的空间集聚程度总体表现平稳，但相对平稳的程度背后隐含着显著的空间格局变动。例如，采掘业由于生产投入要素在空间上的灵活性更弱，因此其集聚程度整体高于资源型加工制造业，采掘业的空间动态特征也更为显著。

Fujita（2004）[36]、Brunnschweiler（2008）[37]在对新经济地理学的过去、现

状和未来发展进行了高度概括性的总结：新经济地理学由垄断竞争模型、冰山成本、演化和计算机化模拟四个部分组成，通过分析策略上的简化，新经济地理克服了空间差异和多重均衡等技术难题。此外，王永培和晏维龙（2014）[38]引入新经济地理理论研究中国制造业企业数据实证检验产业集聚的避税效应，发现制造产业地理集聚特征提高了企业避税强度，族群成员协同集聚的溢出效应强化了企业间避税的相互学习和示范性。袁海红等（2014）[39]引用 DO 指数，通过对北京企业微观数据进行了不同空间尺度细化行业的产业集聚测度研究，并对产业集聚的动态变化进行了考察，高技术行业最集聚，多数行业集聚范围大而短距离内集聚程度不高；而低技术的劳动密集型行业最分散，分散行业中有多个为重污染行业，分散尺度过大且分散程度高。

（4）也有少部分学者对资源型产业集聚问题进行了研究。

资源型产业是以开发利用能源资源和矿产资源为主要基础原料和依托的产业。资源型产业是资源丰裕地区经济社会发展的重要源泉，由于资源型产业更依赖本地丰富的自然资源，因此显现出更强的集聚效应，由自然资源的开采、利用、加工而形成的资源型产业集聚是区域经济发展的增长极，对提高地区资源型产业生产效率、促进区域经济发展的作用显得尤为重要（朱俏俏和孙慧，2016）[40]。谢波（2013）基于1990~2010年我国中、东、西部地区的省际面板数据，考察资源型产业集聚和技术创新对经济增长的影响，以及资源型产业集聚等因素对该区域创新能力的作用机制，提出资源产业集聚与经济增长呈现出负相关关系，说明我国存在资源诅咒现象，但东部地区并不明显；技术创新能力的提升对全国总体经济增长具有显著的促进作用，但这种促进作用在东、中、西部有所差别；技术创新能力在全国范围内具有较强的空间溢出效应和空间依赖性，在东部、中部和西部表现为依次减弱；在中西部地区的资源产业集聚显著地"挤出"区域技术创新[41]。

随后薛继亮（2015）通过实证分析表明随机效应可以说明资源型产业专业化集聚和资源型产业多样化集聚引起的技术溢出效应均对经济增长具有非常显著的促进作用。同时，山西、内蒙古、陕西和宁夏四个地区的资源型产业集聚和发展与全国对能源和资源的旺盛消费有着直接关系[23]。因此，为了更好地实现资源型产业集聚、技术溢出与资源富集地区经济增长，需要提升资源型产业集聚地区的区域竞争优势和专业化程度。资源型产业集聚不仅可以促进经济的发展还可以提升竞争力，陈莲芳和严良（2011）通过衡量我国西部九个矿产资源产业的区域集聚度、经济集聚度和产值利润率，得出西部矿产资源产业集聚度与产业竞争力正相关，且经济集聚对产业竞争力的推动作用更强。因而提出不仅要发展下游加工业，而且要提高产业集聚度尤其是经济集聚度，以更有效地推动我国西部矿产资源产业竞争力的提升。资源型产业集聚对经济的发展和企业竞争力具有积极的促进作用，但是追求经济发展的同时也带来了相应的资源污染问题[42]。王磊等（2018）以产业集聚的环境外部性为切入点，利用我国25个省份再生资源产业面板数据，采用广义最小二乘法（GLS）实证分析我国总体以及东、中、西部再生资源产业集聚与区域环境污染的关系：我国再生资源产业集聚与环境污染总体呈现非标准倒"U"型关系，再生资源产业集聚化发展总体上加剧环境污染；我国东、中、西部再生资源产业处于不同产业集聚发展阶段，产生差异性环境污染效应。提出结合东、中、西部地区所处产业发展阶段，制定差异化产业发展配套政策，加强地区再生资源产业发展的环境规制，进一步完善区域再生资源回收网络等政策建议。

另外，也有部分学者针对资源型产业集聚的效应进行了研究[43]。颉茂华等（2020）搜集了2000～2016年中国资源型产业的相关数据，采用赫芬达尔—赫希曼指数、空间集聚指数、区位熵方法衡量资源型产业集聚的时空特征，选用塞尔指数分析资源型产业集聚的变化趋势，用CES生产函数计算资源型产业集聚的经济效应，发现我国资源型产业呈现较明显的地理集聚特征，且各个行业之间集聚程度差异明显；从资源型产业地集聚的时空特征来看，资源型产业的空间分布明显不同，不同地区的主导产业各异；从资源型产业的变化趋势来看，集聚区内企业之间的差异逐渐减弱，区域间的差异逐渐增强，同时，产业集聚区还出现不同程度的地理转移；从资源型产业的集聚效应来看，资源型产业地区集聚可以促进区域经济发展，但部分产业的集聚效应不明显，甚至出现负效应。提出了针对不同地区的资源型产业，加强资源型产业链条管理，扩大产业集聚效应，以及加强资源型产业集聚区域内的网络优势，协同发展，实现资源共享的政策建议[44]。孙慧和朱俏俏（2016）资源型产业集聚对资源型产业全要素生产率的影响是动态的，当期资源型产业集聚显著促进了资源型产业全要素生产率的提高，但滞后一期的资源型产业集聚会抑制其全要素生产率的增长。资源型产业集聚的"集聚效应"和"拥塞效应"会在不同时期达到不同均衡状态；资源型产业集聚与人均GDP的交叉相乘项阻碍了资源型产业全要素生产率的提升，表明资源型产业集聚对全要素生产率影响的积极效应受到经济发展水平的影响，验证了资源型产业"威廉姆森假说"在中国的存在性；随着经济发展水平的提升，资源型产业集聚对于技术进步的积极作用逐步显现，而对于技术效率改进的积极意义则逐步减弱[45]。季书涵和朱英明（2017）从内涵型错配和集聚发展阶段的视角提出资源型产业集聚影响资源错配，资源型产业集聚能在大多数情况下对资源错配起到积极效果，而处于资源型产业集聚成长期且资本配置不足劳动力配置过度的行业资源错配情况最严重[46]。

2.2 对现有研究文献的评价以及本书的贡献

从以上的文献综述中我们可以看出：目前的研究主要集中在产业集聚的理论机理与产业集聚的影响因素上。当然，部分少量的研究也涉及产业集聚的布局问题上。但是，这些研究主要存在下列几个问题：第一，从研究对象上看，大部分的研究都是从整个产业地理集聚的"顶层"进行了研究分析，只有少量的研究集中在制造业和服务业，缺乏必要的对某一个典型产业的专门系统研究。事实上研究产业集聚问题，不能进行笼统分析。因为，产业总是一个"行业"单独体现而存在的，每一个产业有其独有的特征，笼统地研究分析产业集聚问题，意义似乎不是很大，也很难得出有针对性的指导性结论。因此，选择典型产业，尤其是关系到国计民生发展问题的重要产业，进行聚焦研究，是未来研究产业集聚问题的主要突破口。第二，从理论视角来讲，我们认为现有的研究，缺乏科学理论平台，没有形成一个系统的理论分析框架体系。因此，基于什么样的理论平台与视角，采用什么样的科学系统的研究方法，去分析我国产业地理集聚问题，仍是摆在我国理论工作者面前的一个主要问题。第三，从研究的范式与系统性来看，目前关于产业地理集聚效应的研究方面大部分采用数学模型进行直接评价，关于影响产业集聚效应的因素，也大部分是采用简单的回归分析研究两者之间的关系。然而，我们知道企业集聚效应问题并不是一个单一的问题，而是由系统作用引起的。因此，需要各个环节中的研究范式均具有逻辑严密性与协调性，也就是说应根据整个资源型产业整体的集聚的特征的整个过程来协调各个环节的不同研究范式系统。但在目前的研究中，这个环节很少得到考虑。第四，从研究的方法来看，缺乏必要的调查研究与案例研究，也没有相对完整的案例与数据库建设，即使有个别有成果的实证研究，也以网络数据居多，与我国国情、企业的实际相差较远。

因此，本书的增量贡献主要体现在以下三个方面：

（1）构建科学的理论研究架构，拓宽研究视野，丰富产业集聚理论、分工理论与空间理论。

本书引入了分工理论和空间理论，分析资源型产业地理集聚效应形成因素，并根据"分工—空间外部性"这一线索，把分工理论与空间理论具体应用到具体的产业地理集聚效应分析中，构建"自然资源禀赋—分工—空间外部性—制度"的四维理论分析框架，对资源型产业地理集聚的分工原因与空间外部机制展开理论分析。扩展了产业理论、分工理论与空间理论的内容。

(2) 建立系统的科学研究体系,采用较为科学的研究范式与系统。

在构建理论分析框架的基础上,建立系统的科学研究体系,采用较为科学的研究方法,对资源型产业地理集聚的分工原因与空间外部机制展开理论分析采用空间统计指标与方法,对资源型产业专业化特征、地理集聚的时空特征、变化趋势及其效应,进行实证分析,直接观察资源型产业的地理集聚现象。建立空间计量经济模型,对资源型产业地理集聚的影响因素进行实证研究。考虑地理环境、价格波动、环境污染治理、技术创新等不确定性因素,利用最优控制理论和动态优化模型,分析资源型产业最优地理集聚路径。

(3) 弥补现有研究方法的不足,采用调查研究与案例分析法探索影响资源型产业地理集聚效应的因素。

我们认为,目前对资源型产业的地理集聚的研究,还缺乏深入的调查研究与归纳总结,典型性、实用性和示范性案例研究较少。我们对资源型产业地理集聚问题的研究思路是:首先,应立足于国内,选择典型的资源型企业,开展大规模的调查研究,并进行分析总结;其次,上升至规范层次,设计理论模式;最后,再应用到企业经营管理活动中,经过评价、修改、定型,逐步完善。因此,目前环境成本管理研究的当务之急是如何选择典型资源型企业,采用特色研究方法将目前产业地理集聚的实践案例集中研究,这是推动产业地理集聚研究的一个突破口。本书拟通过大量调查研究,建立与大型资源型产业集聚问题相关的数据资料与案例库,应用实际调研的第一手数据,建立科学的分析方法进行实证分析。同时,对产业集聚的典型案例进行深入剖析,这样才有可能摸透资源型产业集聚的特征、影响因素等相关问题,提出的资源型产业地理集聚的政策建议才会科学并具有实用价值。

参考文献

[1] 马歇尔. 经济学原理(上卷)[M]. 北京:商务印书馆,1997.

[2] 马克斯·韦伯. 新教伦理与资本主义精神[M]. 西安:陕西师范大学出版社,2002.

[3] Coase R. H. The Nature of the Firm [J]. Economica, 1937, 11.

[4] 胡佛. 区域经济学导论[M]. 北京:商务印书馆,1990.

[5] 弗朗索瓦·佩鲁. 新发展观[M]. 北京:华夏出版社,1987.

[6] 吴迪. 产业集聚与区域竞争力的关系研究 [D]. 东北财经大学,2012.

[7] 刘勇. 产业集聚对我国区域创新的影响机制及实证研究 [D]. 华中科

技大学,2013.

[8] Maurel F., Sédillot B. A Measure of the Geographic Concentration in French Manufacturing Industries [J]. Regional Science and Urban Economics, 1999, 29: 575 - 604.

[9] 迈克尔·波特. 竞争优势[M]. 北京: 华夏出版社, 1997.

[10] 张云飞. 城市群内产业集聚与经济增长关系的实证研究——基于面板数据的分析[J]. 经济地理, 2014, 1: 108 - 113.

[11] 亚当·斯密. 国民财富的性质和原因的研究(上卷)[M]. 北京: 商务印书馆, 1997.

[12] Mallshall A. Principles of Economics [M]. London: Macmillan, 1980.

[13] Bertinelli L., Decrop J. Geographical Agglomeration: Ellison and Glaeser's Index Applied to the Case of Belgian Manufacturing Industry [J]. Regional Studies, 2005, 39 (5): 567 - 583.

[14] Rosenthal. Manufacturing Industries: A Dartboard Approach [J]. Journal of Political Economy, 1997, 105 (5): 889 - 927.

[15] 刘军, 徐康宁. 产业聚集、经济增长与地区差距——基于中国省级面板数据的实证研究[J]. 中国软科学, 2010: 720 - 725.

[16] 颉茂华, 果婕欣, 杜凤莲. 2014—2020 年中国稀土战略储备量研究——基于动态规划法视角[J]. 资源与产业, 2014, 4: 10 - 16.

[17] 潘文卿, 刘庆. 中国制造业产业集聚与地区经济增长——基于中国工业企业数据的研究[J]. 清华大学学报(哲学社会科学版), 2012, 1: 137 - 147,161.

[18] 陈建军, 胡晨光. 产业集聚的集聚效应——以长江三角洲次区域为例的理论和实证分析[J]. 管理世界, 2008, 6: 68 - 83.

[19] 杨仁发. 产业集聚与地区工资差距——基于我国 269 个城市的实证研究[J]. 管理世界, 2013, 8: 41 - 52.

[20] 杨仁发. 产业集聚能否改善中国环境污染[J]. 中国人口·资源与环境, 2015, 2: 23 - 29.

[21] Ellison G., Glaeser E. Geographic Concentration in U. S. Manufacturing Industries: A Dartboard Approach [J]. Journal of Political Economy, 1997, 105 (5): 889 - 927.

[22] 樊秀峰, 芦洁, 王晓峰, 董雯, 雷军. 新疆资源型产业的空间集聚[J]. 资源与产业, 2013, 3: 137 - 142.

[23] 薛继亮. 资源型产业集聚、技术溢出与资源富集地区经济增长[J]. 工

业技术经济,2015,5:49-55.

[24] 谭丹,黄贤金. 我国东中西部地区经济发展与碳排放的关联分析及比较[J]. 中国人口·资源与环境,2008,18(3):54-55.

[25] 臧新,李菡. 垂直专业化与产业集聚的互动关系:基于中国制造行业样本的实证研究[J]. 中国工业经济,2011(8):57-67.

[26] 凌晨,郑义,刘军. 中国产业集聚驱动因素[J]. 系统工程,2013,31(8):101-105.

[27] 文东伟,冼国明. 中国制造业产业集聚的程度及其演变趋势:1998~2009年[J]. 世界经济,2014,3:3-31.

[28] 李世杰,胡国柳,高健. 转轨期中国的产业集聚演化:理论回顾、研究进展及探索性思考[J]. 管理世界,2014,4:165-170.

[29] 陈振,严良,谢雄标. 资源型产业集群演化的外部环境因素分析[J]. 中国人口·资源与环境,2011,21(4):153-157.

[30] Ellison G., Glaeser E. What Caues Industry Agglormeration? Evidence from Coagglomration Patterns [J]. American Economic Review, 2010: 367-379.

[31] 张新年,陈娟,达庆利. 集群规模与资源利用等因素相互影响的仿真分析研究[J]. 中国软科学,2009(8):19-197.

[32] 朱英明,杨连盛,吕慧君,沈星. 资源短缺、环境损害及其产业集聚效果研究——基于21世纪我国省级工业集聚的实证分析[J]. 管理世界,2012,11:28-44.

[33] 刘媛媛,孙慧. 资源型产业集群形成机理分析与实证[J]. 中国人口·资源与环境,2014,11:103-111.

[34] 王业强,刘修岩. 产业集聚与经济增长:一个文献综述[J]. 产业经济研究,2009,3:9-13.

[35] 肖卫东. 中国农业地理集聚——分工与空间外部性的理论视角与实证研究 [M]. 北京:中国社会科学出版社,2014.

[36] Fujita M. The Spatial Economy: Cities, Reginsand Internaitonal Trade [J]. Cambrige, Mass, 2004.

[37] Brunnschweiler C. N., Bulte E. H. The Resource Curse Revisited and Revised: A Tale of Paradoxes and Red Herrings [J]. Journal of Environmental Economics and Management, 2008, 55(3): 248-264.

[38] 王永培,晏维龙. 产业集聚的避税效应——来自中国制造业企业的经验证据[J]. 中国工业经济,2014,12:57-69.

[39] 袁海红,张华,曾洪勇. 产业集聚的测度及其动态变化——基于北京

企业微观数据的研究[J].中国工业经济,2014,9:38-50.

[40] 朱俏俏,孙慧.资源型产业集聚的动态溢出效应研究[J].工业技术经济,2016,35(3):36-46.

[41] 谢波.资源产业集聚、技术创新能力与区域经济增长——基于省际面板的实证分析[J].科技进步与对策,2013,30(7):31-36.

[42] 陈莲芳,严良.中国西部矿产资源产业集聚度与竞争力研究[J].中国人口·资源与环境,2011,21(5):31-37.

[43] 王磊,王琰琰,李慧明.再生资源产业集聚与区域环境污染——来自我国省域面板数据的实证分析[J].科技进步与对策,2018,35(13):72-77.

[44] 颉茂华,施诺,张婧鑫.资源型产业地理集聚的时空分化与经济效应研究[J/OL].资源与产业:1-12[2020-07-08].

[45] 孙慧,朱俏俏.中国资源型产业集聚对全要素生产率的影响研究[J].中国人口·资源与环境,2016,26(1):121-130.

[46] 季书涵,朱英明.产业集聚的资源错配效应研究[J].数量经济技术经济研究,2017,34(4):57-73.

第3章 "自然资源禀赋—分工—空间外部性—制度环境"理论分析框架

不同的企业由于它们所在地理位置拥有的文化资源、经济资源、自然资源等禀赋的不同，企业可以获得来自不同地域带给它们的地理位置优势。这种优势突出表现在：各个企业或企业所在区域依据它们拥有的地理位置、自然资源优势进行专业化的分工与生产，生产出具备市场竞争优势的产品，并用这些优势化商品与其他地区的专业化生产的商品进行交换，在一定制度环境的保障下，可以形成独特的产业专业化地理集聚现象。许多企业在实现利益最大化的过程中，有一个非常突出的特征就是地理上的集中，具有明显的集聚经济效应，在本质上，这是一种空间外部性。因此，基于直接观察到的中国资源行业在地理上的集聚现象，本部分在细致梳理资源型产业地理集聚理论的基础上，构建资源型产业地理集聚的理论分析框架，从理论上剖析资源型产业地理集聚的分工源泉和空间外部机制。构建"自然资源禀赋—分工—空间外部性—制度环境"的四维理论分析框架。

3.1 理论分析框架的构建思路

目前，在国外的研究中还存在一个没有非常明确的资源型产业地理集聚这一说法，也就是说，资源型产业地理集聚这一个基本概念是只有在中国的有关产业集聚的研究中才出现的。尽管国外的学者们将资源型产业地理上的集聚明确为研究对象的这类研究比较少，但是在有关集聚的研究中不乏涉及资源类产业的研究成果。相关问题的研究主要可以体现以下两个方面：一方面是在研究具体行业时涉及有关资源型行业产业集聚的研究，如木材产业集聚、三文鱼产业集聚等（Rolf & Daniel，2005）[1]；另一方面是在研究资源型区域的产业集聚时，许多研究都以资源型产业的产业集聚为研究对象（杨志军，2004）[2]。而本章的研究，将对典型的资源型地区的产业集聚的研究与对资源型有关行业的产业集聚的研究相结合，研究资源型地区产业集聚与资源型行业产业集聚这两者的关系，并对资

第3章 "自然资源禀赋—分工—空间外部性—制度环境"理论分析框架

源型产业地理集聚进行具体的理论分析,从理论上剖析资源型产业地理集聚的分工源泉和空间外部机制,为研究提供基本的框架思路。

在对资源型产业地理集聚现象进行研究的过程中,对相关理论的研究与阐述必不可少。因此,应当首先通过对资源型行业产业集聚的研究和资源型区域的产业集聚的研究等相关文献的收集和整理,在理论综述的基础上,采用文献研究法、运用结构理论原理,从研究的科学性与实用性思路出发,分析资源型产业地理集聚的基本机制、丰富产业集聚及其相关理论。在通过对大量相关理论的分析与支持后,再运用归纳法与演绎法,构建出了"自然资源禀赋—分工—空间外部性—制度环境"这四个维度的理论分析框架,为该研究提供基本框架思路。其具体思路如图1-2所示。

3.2 自然资源禀赋下的产业集聚

3.2.1 自然资源禀赋

自然资源是存在于地球上的各类可再生资源和不可再生资源的总称;禀赋是从人天生所具备的素质或天赋中得来的,在自然资源中运用,可以说明一个地区自然资源的状况。通过漫长的历史进程,自然资源的禀赋逐渐形成,成为一种客观存在。自然资源禀赋指的是一个地区自然产生资源的多少,以及它的其他状况与分布范围等。如今人类对自然资源禀赋的描述更多地取决于人类自身的认识与需求。而随着人类社会的发展,经济学上主要研究对有限资源的合理配置,因此本书的自然资源具体定义主要指矿产等不可再生资源。

自然资源禀赋对于一个国家或地区来说,是最重要的财富之一,它对一个国家或地区有关行业的发展有着非常重要的作用。资源禀赋即要素禀赋,指一国或地区所拥有的包括自然资源、人力资本、资金、技术,以及对外经济关系在内的多种生产要素,这里仅讨论要素禀赋中的自然资源禀赋。近年来,经济增长与自然资源之间的关系成为研究者的热点话题并引起了广泛关注,传统的增长模式里,一些有着丰富资源的地区把资源的开发作为促进地区经济增长的一种方式,资源禀赋在一定程度上决定了一个地区的经济发展水平。然而在开放经济条件下,作为生产要素进行开发的资源与资源禀赋之间并不存在必然的联系。一些自然资源丰裕的地区呈现出经济缓慢增长的现象,而部分资源匮乏地区却呈现出经济增长快速的现象。某一国家或地区中的自然资源禀赋可能是它的优势,但也可能成为它的劣势。

自然资源禀赋论是指由于各个国家在气候条件、自然资源蕴藏、地理位置等方面都有所不同，展现出各个国家专门从事不同部门产品生产的格局。自然资源禀赋的差异性导致他们的国际分工也有所不同，引起这些不同的原因来自四个方面：第一是自然资源的"有与无"会在生产过程中产生分工，这种分工表现在一些国家可以大量生产一种产品，而另一些国家却无法生产这种产品。第二是"多与少"产生分工，有些国家即使对于某种资源的储藏量较少，但对其需要量却很大；而另一些国家尽管拥有大量该种资源，但对其需求量却很少，这意味着需求量大的国家需要向那些供大于求的国家进口该产品。第三是主要来源于经济。第四则是战略上的原因。

现代经济学的一个重要的研究领域是研究拥有自然资源对一个国家或地区经济发展的影响，结论显示，自然资源的拥有对一个国家来说是至关重要的。从财富增长的角度来看，拥有丰富的自然资源是一个国家或地区财富增长的基础，自然资源可以为一个国家或地区经济的发展提供资源保证。Rostow（1962）[3]和Murphy（1989）[4]认为，自然资源禀赋对于经济增长具有明显的促进作用。Douglass（1963）[5]与Nurkse（1953）[6]的研究结论都表明：许多发展中国家经济发展的基础就是拥有丰富的自然资源。许多发展中国家通过对自己国家所拥有自然资源进行开发和出口来获得巨额的收益，从而完成了本国最开始的财富积累，进而促进国家经济的发展。这一结论由发展经济学从两个方面来证明：一方面，Tatom和Rashez（1977）[7]从经济学理论模型的构建与实证的角度第一次把自然资源作为要素禀赋引入C-D函数，以寻找自然资源开发与经济发展的规律。另一方面，Habakkuk（1962）[8]的研究指出，美国之所以可以占据在全球工业生产中的领导地位，与其对国内铁矿石、煤、石油等自然资源的开采以及生产有着无法分割的关系，丰富的自然资源使美国在工业生产中获得了更高的生产率，19世纪之后美国经济快速发展，形成了美国经济的繁荣局面，这些也与高生产率的实现密不可分。Wright（1990）[9]在对美国制造业保持世界技术领先水平的原因分析中，测算其产成品的生产要素有哪些，得出高比例的不可再生资源是其制造业出口产品销量领先的原因。

众多的学者都赞同一个观点：自然资源是经济增长的物质基础。然而，自20世纪50年代开始，一些较低的经济发展水平或者是发展停滞的局面在许多自然资源非常丰富的国家出现，由于这一现象的产生，学者们开始关注自然资源与经济增长的关系。Auty（1993）提出了"资源诅咒"这一命题，丰富的自然资源与一个地区经济增长的负相关关系开始被越来越多的人所关注[10]。Auty在最开始提出"资源诅咒"时仅想说明，自然资源非常丰富的地区并没有获得像学者们认为的那种快速的增长，恰恰相反的是，自然资源非常丰富的地区的经济发展速度远远小于没有资源优势的地区[10]。也就是说，一个地区经济增长的速度与其所蕴含的自然资源呈相反的关系，丰富的自然资源非但不能促使地区一直保持经济增长，却在一定时期内甚至随着时间的流逝，丰富的自然资源成为了制约经济增长的因素。在后来对于经济增长与自然资源二者关系的探讨中，研究者们不仅开始关注自然资源与经济增长之间的负相关关系，还关注利用地区自然资源获得利益的集体对该地区的经济结构、政治制度和生态环境等各个方面是否都产生了负面的影响。在一个企业的生产经营活动中，自然资源部门会对人力资本投入、物质部门投入、制造业投入等方面产生"挤出效应"，从政治制度方面来说，自然资源部门的获利容易造成腐败盛行、时局动荡等使企业乃至地区制度质量下降的严重后果；从生态环境方面来说，大力开采自然资源会导致生态环境恶化的同时，由于资源的稀缺性和有限性，自然资源的流失会对国家未来的可持续发展造成伤害。事实上，早在 Auty（1993）提出"资源诅咒"这一假说之前，对于自然资源与经济增长之间的负相关方面的研究便已开始。这其中，"Prebisch - Singer 假说"当属比较早期的研究。"Prebisch - Singer 假说"（Sarkar，1991）[11]提出，在自由贸易环境下，比较优势理论认为，生产而且出口一些初级产品的国家，它们的贸易条件会不断地恶化，但是，经济体为了获得更多收入来换取自己发展所需的商品，必须在明知贸易已经对自己不利的情况下继续出口更多的初级产品。这样不断地形成恶性循环，使原本经济条件普通或贫瘠的国家的经济情况更加恶化，导致更多贫穷国家的产生。

"荷兰病"命题与"Prebisch - Singer 假说"具有同样的影响力。"荷兰病"命题出现在 20 世纪，在那个时期，储量惊人的天然气资源被探明在荷兰的北海地区，对于当时正处于发展中的荷兰来说是巨大的发展机会，因此，荷兰立刻将天然气开发当作该时期最重要的经济活动，而荷兰在短期内通过开发和向他国出口天然气获得了巨大收益，而与巨大收益相伴的是荷兰盾的大幅度升值，在国际贸易中，由于荷兰盾的升值，荷兰本国的出口工业与传统机械制造业都受到了非常大的打击，荷兰的工业化产品逐渐在国际贸易中失去了竞争力，一时间，荷兰出现了所谓的"反工业化现象"。荷兰的工业水平开始退化，工业化进程受到巨大打击。学者们把当时出现的这种由于自然资源带来极高收益，最后反而倒逼本国经济衰退的现象称为"荷兰病"，这仿佛应验了某种"诅咒"。在这其中，需要研究者们重点关注的问题是：第一，"资源诅咒"所述的资源主要指的是自然资源，尤其是指自然资源中的各种不可再生的矿产资源。因此，这一理论更加直接地解释了在自然资源丰富的地区或国家，它们所拥有的自然资源有时不仅不能为自身的经济增长提供有力的支持，甚至可能会成为某一时间段下这一地区经济增长的障碍。第二，"资源诅咒"假说的主要成因——"荷兰病"中有一个十分关键的因素,即大力利用开发自然资源来获取收益对汇率的影响。这种对汇率的影响会进一步影响一个国家制造业的发展。"资源诅咒"这一问题在出现后,引起了许多研究者的兴趣。他们通过研究来证明这一假说的正确性,Warner 与 Sachs(1995)通过研究以后发现,经过控制贸易政策、投资率等变量,经济增长速度与自然资源禀赋呈负相关[12]。Papyrakis 和 Gerlagh(2004)通过研究得出[13]:自然资源与经济增长既存在正面直接效应,即自然资源可以直接促进经济增长;也存在负面间接效应,即自然资源通过对其他传导变量的影响来阻碍经济增长,只有当阻碍经济增长这一效应大于促进经济增长的效应时,"资源诅咒"假说才会成立。Goderis 和 Collier(2009)通过研究证明,在控制了制度变量、国家的地理位置和开放程度之后,自然资源出口与本国人均收入的增长呈负相关关系,一个国家的开放度越低,就越容易产生"资源诅咒"现象。对全球130 个国家的出口数据进行了实证检验,得出了"资源诅咒"存在的结论[14]。

3.2.2 自然资源禀赋与产业集聚

有关自然资源禀赋与产业集聚的关系这一论题一直存在。国家和地区间生产结构和专业化分工的差异只能起源于资源禀赋、技术水平、消费者偏好和政策等"先天优势"的不同。引起国民财富增加的要素有两个:第一是资源禀赋,第二是技术。根据要素禀赋理论,一个地区只有发展与自身资源禀赋相符合的产业,才能实现经济的快速增长。Storper(1992)认为,产业集聚是在空间范围上一块具有边界的区域,这里存在独特的经济专门化特征,以资源相关型产业、制造业与服务业为主[15]。Storper(1992)对产业集聚的这一界定强调了产业集聚的贸易特征和企业间资源的依赖。关于地区专业化分工最完美的表述是比较优势理论,比较优势理论经过李嘉图与亚当·斯密发展,再到现在是以赫克歇尔—俄林理论(HO 理论)为代表,形成了较为系统的经济理论。Davis 和 Weinstein(1999)[16]指出:在一个由比较优势主导的世界里,一个地区如果对某种产品有非常大的需求量,那么该地区将会进口这一商品来满足对于此种商品的需求;与之相反的是,在存在贸易成本的前提下,在一个由规模收益为主导的市场中,某一地区如果对一种产品有非常大的需求量,则该地区不仅没有必要进口这种商品,甚至还将大量地生产乃至出口该商品。Amiti(2005)[17]认为,要素成本之间存在差异性,这种差异性会鼓励企业根据比较优势来选择其生产商品的区位,产业间存在垂直投入产出这一联系则会诱使上下游企业集聚在一起,二者间的平衡则取决于区域间贸易成本水平。当贸易成本处于中间水平时,不同要素密集度的产业集聚在一起;当贸易成本水平比较低时,厂商会将比较优势理论作为自己决定的区位选择的因素,这时专业化空间的出现符合经典的传统贸易理论。比较

第3章 "自然资源禀赋—分工—空间外部性—制度环境"理论分析框架

优势理论认为一个国家或地区的特征以及产业的特征将共同作用于产业在空间上的分布模式,在正常情况下,一个国家或地区总是倾向于生产并出口自身获得的资源禀赋优势的产品。比较优势理论的经典表述为,密集使用一个地区相对丰裕资源要素所生产出的产品,该国或该地区应该采用专业化的生产模式并出口,并且,国家或地区总是倾向于进口本地区相对稀缺的资源要素生产的产品。该理论的逻辑结论为,一个地区自身特征的不同会导致该地区出现的经济活动空间分布存在差异,这里所述的自身特征包括地理环境与位置、自然资源禀赋等。也就是说,自然资源禀赋的出现会促进一个行业在此地理环境中或在此位置下的集聚,最后形成产业集聚。

研究空间地理学的学者们研究指出,影响行业集聚最重要的因素是自然资源禀赋,尤其是一些密集使用非流动资源的产业,对资源的依赖性较高,这样的产业更加集中在该种资源比较充裕的地区。这种因素主要体现在:自然资源禀赋对能源密集型产业的"聚拢"起到一定的积极作用。在新经济地理学文献中,学者们常常把影响区域效应的这些因素给一个区域带来的优势称为"第一"优势(Krugman,1993)[18]。这一理论没有办法来证明为什么相同的或比较接近的国家或地区总是产生完全不同的生产结构,更有甚者,在资源要素差不多的情况下,一个国家或地区会成为中心,而另一个则变成外围。在这之后,众多研究者针对这一问题展开研究,从而产生了"第二"优势这一概念,即"集聚效应"。新经济地理学在不完全竞争与规模经济的这两个分析的框架下,认为一个地理环境中如果有优势的存在,累积效应会通过前后相关联产生,从而形成相关行业的区域集聚。自然资源禀赋的存在,影响了厂商的区位选择与地区的生产方式,从而促进了地区行业产业集聚的形成。

自然资源是生产中一种非常重要的要素,它对一个地区的经济发展具有不可替代的作用,自然资源禀赋的存在是一个国家或地区能够实现经济增长的物质基础。近代以来,一些国家的有关经济发展方面的经历可以向研究者们展示出,自然资源禀赋的出现会对该国国民财富的初始积累起到十分关键的作用。自然资源禀赋在一定区域内出现,出于对资源成本、交通运输等各方面的考虑,密集使用该种非流动资源的产业将集中在该种资源充裕的地区,要素成本之间存在差异性,这种差异性会鼓励企业根据比较优势来选择其生产商品的区位,产业间存在着垂直投入产出这一联系则会诱使上下游企业集聚在一起,这也意味着,一个国家或地区的特征以及产业的特征将共同作用于产业在空间上的分布模式,正常情况下,一个国家或地区总是倾向于生产并出口自身获得资源禀赋优势的产品。拥有自然资源禀赋的地区更能吸引来优质的、需要大力开发利用该种资源的企业与行业,进而努力在不断的市场完善与发展中形成产业集聚。

3.3 分工和专业化下的产业集聚

3.3.1 劳动分工与专业化

专业化与劳动分工是在人类社会中出现的一种十分普遍的现象,柏拉图(2012)的社会历史观著作《理想国》中有《国家篇》《政治家篇》和《法律篇》,对于分工与专业化这一社会现象的说明最早可以见于此书中的《国家篇》,在这一篇章中,柏拉图(2012)[19]明确地指出分工的起源是用两方面来解释的:一方面可以从社会分工与人的需要二者的关系方面进行考察,则人差异性的需求是社会分工产生的根源;另一方面是从社会分工是人的天性这一结果来解释。这一篇章中有关社会分工的本质的论证也揭示了社会分工的一些基本特征,即社会分工的本质一个是工作的专业化,另一个是社会分工的层次性和整体性。

上面提到柏拉图(2012)对分工的本质以及起源的叙述中能够得到,作为一种非常普遍的社会现象,劳动分工在一个地区经济方面的进一步发展相较于中国地区在其他方面的发展要更为突出一些。亚当·斯密(1997)[20]提出经济效益理论,在他的研究结果中,专业化协作的深化与劳动分工的形成不但可以推动交易制度的完善和规范,而且还可以促进企业创新原有的生产制度,这样会为企业带来收益的增长,从而为企业长期的经济增长提供源泉。在研究结论中提出,劳动分工中可以获得报酬递增的三个来源如下:其一,某个工人灵巧性的增加;其二,节约了为从原本的工作转到其他工作而损失的时间;其三,多种机器的发明和使用可以节约劳动力,使一个人可以代替许多人进行工作。得到这三大来源后,进而可以证明:一个国家或地区社会财富的增长,不仅只取决于参加了生产过程的劳动量,更值得关注的是更大的劳动生产率。如果某一时期的劳动量是一定的,则为了追求更大的劳动生产率,分工和专业化是唯一的途径。也正是因为专业化与分工提高了参与劳动的劳动者的熟练程度,使他们的技术也逐渐提高,由于劳动的简单化以及学习曲线效应,加之大型机械设备和高科技技术的投入使用,使企业的劳动生产率大幅度提高。劳动分工和专业化不但能够推动企业生产水平的提高和生产力的增强,也可以扩大市场的交易范围,从而促进市场制度的规范与完善。

3.3.2 劳动分工和专业化下的产业集聚

处于特定产业中的许多的具有分工合作关系的不同规模等级的企业及与产业

第3章 "自然资源禀赋—分工—空间外部性—制度环境"理论分析框架

发展有关的各种组织和机构等,通过复杂的网格紧密地联系在一起,在一定的区域内产生聚集,从而形成产业集聚效应。人们在进行经济活动的过程中不断地进行专业化和分工,从而在一个产业集聚的内部形成了复杂的系统性质以及网络性质。也就是说,没有专业化和分工的形成也不会有产业集聚的产生,分工和专业化是产业集聚形成的基础。根据亚当·斯密(1997)的理论:分工与专业化的发展可以使一个地区技术的进步并提高劳动生产率,企业的生产规模进一步扩大,最后形成规模经济。与此同时,分工与专业化的发展促进"迂回生产"这一生产方式的出现和部门的细化,使在一定的空间范围内,众多的经济活动逐渐开始集中起来,最后形成集聚经济。

在18世纪后期,伴随着第一次工业革命在世界范围内展开,社会分工这一现象在以英国为代表的资本主义国家中越来越细化,这些国家中,生产专业化的程度也开始显著提升,产业集聚的雏形逐渐显现。然而,彼时的产业集聚雏形与当今相比,差异还是比较大的,这种差距主要表现在规模方面。在19世纪末出现于英国的产业集聚,他的基本单位大多是手工业工厂以及以家庭为单位的小作坊,由于人力以及资金对发展的约束,这些企业的规模十分有限。世界上第一位对产业集聚现象展开专门研究的学者是新古典经济学家马歇尔(2006)[21],他于1890年出版了被资产阶级经济学界喻为划时代著作的《经济学原理》这本书,在这本著作中,马歇尔对产业集聚这一现象做出了初步的阐述,他将集中于某个具体的空间范围内的所有工业称为地方性工业,他认为,地方性工业的兴起将会提升专业化分工程度,社会将逐渐成为由生产部门和服务部门组成的网络,并且这些部门之间的联系会越来越紧密。由此,马歇尔归纳了产业集聚形成之后的积极作用,即推动工业生产专业化投入,增强服务的针对性,为工人们提供一个经验共享的平台,使工业生产从技术溢出中获得额外收益。他认为,产业集聚区的特征至少应当包括:在特定的地理空间范围内生产制造性质相同或相似的产品,技术工人所掌握的知识或技术具有相关性或者共通性。由于是马歇尔最早提出的,因此,具有这两点特征的集聚后来被研究学者们命名为"马歇尔集聚",这也成为产业集聚发展历程中的一种基本模式。

从上文中柏拉图(2012)[19]对分工的认识中得到,柏拉图明确地指出分工的起源首先是可以从社会分工与人的需要二者的关系方面进行考察,则人差异性的需求是社会分工产生的根源;其次是从社会分工是人的天性这一结果来解释。世界上不会有完全相同的两个人。每个人都有自己的独特性,这些独特性促成了社会分工的出现。每个人都有自己的特点,与他人是有不同的,可能一些人适合这种类型的工作,而另一些人则适于在另一些类型的工作岗位上工作。而社会分工的第一个本质是工作的专业化,差异化的人适合差异化的工作,工作类型的不同造就了不同的社会分工；社会分工的另一个本质就是分工的层次性和整体性。在某一个分工的体系中，某一成员在可以为别人服务的同时也可以接受别人的服务，拥有不同分工的工人们通过相互交换可以结合到一起，具有整体性；并且，不同的人的需要也是有多重层次的，这就意味着不同类型的工作也有不同的层次，一个雇员会有不同层次的工作需求，产品消费者对产品也有着不同层次的需求，无论从哪个方面来说，社会分工都必不可少。柏拉图（2012）[19]将分工描述为一种社会现象，亚当·斯密（1997）[20]、Young[22]等在经济领域中对分工看法的贡献是对柏拉图思想的延续和补充。亚当·斯密[20]把劳动分工看作是社会经济的基础，是一种生产性的基本制度安排。在他的研究结果中，专业化协作的深化与劳动分工的形成不但可以推动交易制度的完善和规范，而且还可以促进企业创新原有的生产制度，这样会为企业带来收益的增长，从而为企业长期的经济增长提供源泉。他认为由于劳动分工的产生，在相同的情况下，一定数量的工人可以完成较之前更大的工作量。原因是：首先，某个工人灵巧性得到提高；其次，也节约了为从原本的工作转到其他工作而损失的时间；最后，是多种机器的发明和使用可以节约劳动力。进而可以证明：一个国家或地区社会财富的增长，不仅仅只取决于参加了生产过程的劳动量，更取决于较大的劳动生产率。如果某一时期的劳动量是一定的，则为了追求更大的劳动生产率，分工和专业化是唯一的途径。正是由于分工与专业化的产生，工人们的工作熟练程度逐渐提高，他们的劳动效率提高从而可以提高企业的生产效率，再加上大型机械设备的投入与高科技技术的应用，整个劳动的生产率大幅度提高。

马歇尔（2006）[21]对有关分工经济思想的贡献可以体现在一个企业的组织和他的报酬递增上，他首次定义了"产业区"（Industrial Districts）这一概念，认为一个产业区里会聚集许多无论是种类，还是经营范围都十分相似的中小企业，这些企业的规模经济较小，但是他们的专业化程度却比较高，企业之间的联系也很密切。马歇尔（2006）[21]认为，在一个地区内产业的空间逐渐扩大以及在企业层面上生产规模的扩大都不会形成产业集聚，产业集聚的形成原因是社会层面上规模报酬递增的外部经济性，也就是说，组织化的生产可以产生经济外部性。他认为，许多企业选择在一定的地理空间之内聚集的原因有：首先是劳动力市场共享使许多的企业以及行业选择在特定的地理空间内集聚，这些企业为该区域提供了特殊产业技能的劳动力市场，为该地区的技能工人们提供了大量的工作岗位，确保他们的失业概率较低，同时，拥有这种技能的工人也会聚集在这一地区，使该地区的企业出现劳动力短缺这种问题的可能性较小。其次是中间投入品共享，具有鲜明地理特性的行业通过产业在前后相关联效应能够生产出非贸易的专业化投入品。最后是知识的溢出效应，这种效应能够让某一地区的产业群的生产函数优

第3章 "自然资源禀赋—分工—空间外部性—制度环境"理论分析框架

于单打独斗企业,特别是在人与人之间不断进行交流后,可以使知识的地方化溢出。最重要的是,在形成了产业聚集后,该特定的区域会产生协同创新的环境,这种环境的产生可以倒逼产业区的经济持续增长,也可以吸引相关产业的新企业加入。

Young(1998)[22]对亚当·斯密(1997)[20]关于分工和专业化的思想进行了进一步的分析与解释,他首次论证了市场范围和产业间分工相互作用、自我演化以及迂回生产的机理,这一论证第一次超越了亚当·斯密(1997)[20]关于劳动分工要受市场范围限制这一想法。他认为在只考虑某一个企业以及某个行业的规模变化效果时,报酬递增这一理论可能会被误解。这是由于不断地尝试分工与专业化是实现报酬递增的必要条件之一。并且报酬递增还依赖于劳动分工的发展,在现代经济形式下,劳动分工经济主要指的是用迂回的方式运用劳动力所获取的收益。间接生产链条的长度、此链条上每个环节中产品的种类数以及个人的专业化水平共同决定了劳动分工的水平大小,最后,劳动分工还与市场规模大小密不可分,而市场规模又反过来依赖劳动分工,而且,供给和需求是分工的两个方面,一个人的需求总是由供给决定,Young(1998)[22]将这种现象称为"倒数需求律"。他关于"内涵的市场规模"累积扩大的论述从根本上使分工"动态化"。因此,Young(1998)[22]对工业革命有自己的解释,即工业革命是一系列以有序的方式与市场扩大和从前的组织变化等相关的改进所带来的一场变革,Young(1998)[22]关于劳动分工水平自我演化的思想被称为"Young定理"。

20世纪80年代以后,一些非古典数学规划方法和超边际分析方法开始流行(孙然和孙续元,2007)[23],杨小凯、黄有光等学者运用这些方法将古典经济学中有关分工和专业化的思想进行了形式化,他们通过分析分工作为一个焦点均衡的产生和演化过程,在专业化分工的基础上建立了的新兴古典经济学的分析框架(杨小凯,1999)[24]。这一框架的核心思想是:第一,人类获得技术知识的能力以及专业知识的积累速度由分工和专业化水平高低来决定,分工和专业化以此来决定报酬递增。分工下一步如何变化在一定程度上与分工的收入和交易费用的相对大小有关,表现出了自发演化的动态过程。第二,分工的动态变化会引起每个人平均实际收入的增加,分工的潜力与收入增长率的变化是正向的。第三,伴随着分工的演化,贸易依存度以及市场容量都有可能增大。随着交易效率的升高,分工也越来越细化,专业化的产品种类越来越多,相同的产品也难以在市场中发现,生产某种产品所需的专业化程度越高,产品的差异化也就越大,经济结构也更加多样。

亚当·斯密(1997)[20]认为,分工会受市场规模的限制,但在现代社会的许多情景下,分工的限制依旧主要来自一般性知识的限制和"协调成本"的限制。

知识的增长会提高企业专门化的程度，从而表现在企业的经济效果方面；与此同时，增加企业专门化的经济效果又可以逆向提高投资知识所获取的收益；这样，知识的增长与专业化之间便会形成自我增长的机理。另外，分工会引起协调成本的上升，例如委托代理的费用、拦截其他成员的收益等的发生。在一个协调制度下，存在着经济增长、分工深化、人力资本积累的最优增长。最后，经过对研究的总结与推导，可以看出对一国的经济增长来说，协调成本的降低是分工演化的关键因素。总而言之，即使各个流派在研究方面存在一些差异，但他们赞同的想法是：专业化的分工有利于降低交易成本，提升产业的发展效率，而这也正是产业集聚形成与发展的经济动因。分工和专业化决定了产业集聚的形成，产业集聚在产生以后又可以推动产业集聚区域分工与专业化发展。非常确定的研究结果表明，产业集聚会随着分工的发展逐渐演化（季书涵等，2016）[25]。这体现了产业集聚和分工专业化之间的动态辩证关系。

3.4 空间外部性的产业集聚

3.4.1 空间外部性

外部性这个概念来源于对集聚现象进行的观察与思考。马歇尔（2006）[21]是最早的对外部性这一概念做出科学的描述以及界定的学者，他提出了外部规模经济这一概念，指的是外在于企业、内在于产业（或区域）的加总的规模经济。马歇尔（2006）[21]的区域分工思想是从解决"斯密困境"入手的，他先阐述了规模经济与专业化的关系，认为工业具有规模递增的特点，在形成规模经济后，产业的生产成本降低，生产效率提高，"在大部分的简单劳动中，这几乎是显而易见的，但高级工作未必如此"。但正如亚当·斯密（1997）[20]的理论所描述的，企业规模的扩大一定会带来垄断，但这又是与自由竞争相违背的，一定没有办法实现对资源的最优配置。为解决这个难题，马歇尔（2006）[21]提出了外部经济的概念，即使实现大规模的生产后能够有统一采购的好处，企业的生产和管理细分也会使生产率提高，但是企业的生产在到达一定规模后，这种好处便会逐渐消失，而小企业则可以避免这种弊端。这种外部规模经济在本质上就是指：空间外部性，是企业或产业在空间接近的过程中产生的空间效应。有关外部性或空间外部性的来源，亚当·斯密（2006）[21]认为，企业在通过集聚产生技术外溢后，吸引更多的企业在空间内集聚，因而节约成本并扩大生产模式即为外部性。事实上，马歇尔（2006）[21]对于外部性的表述并非现在所描述的空间外部性，但他这一开创性思想引发了之后的学者们对空间外部性的思考。

胡佛（1990）[26]对集聚经济的研究更加深入地触及了空间外部性的内涵。他区分了集聚经济的三种基本形态：一是在企业层面上的规模经济，也就是内部规模经济；二是本地化经济，即与区域产业规模相关的规模经济；三是城市化经济，即与区域经济总体规模相关的规模经济，也就是各种经济活动集聚到同一地区带来的地方化经济效应。显然，这三种形态中的后两种都隐含了空间外部性的作用。Papageorgiou（1978）[27]对空间外部性这一概念做了完整归纳，也就是说，假如在一定地区内分布着特定的企业，每个企业都可以产生影响该地区其他企业的外部性，那么，所有企业都会受到该区域内其他企业所产生的外部性的综合作用，这种外部性的综合作用或总体的外部性就是空间外部性。

3.4.2 空间外部性与产业集聚

空间外部性强调的是每个企业之间通过相互作用并对其他经济活动产生的影响。最开始的研究中，学者们把研究集中于外部规模经济上，他们认为专业化工业区的生产柔性化，是一定地区内部共享导致的"集体效率"和产业链专业化的结果，但是学者们未探究这些外部优势是如何产生的，新贸易理论则直接忽略了外部规模经济。不同于传统贸易理论里假定生产要素是不可流动的，新经济地理学中把产业区位与要素（资本、劳动力与其他资源）的流动性一起整合起来，产业区位不再像传统贸易理论中所言的被外生决定，不同于原先的比较优势假设，优势总是内生于企业与消费者的区位决策中。新经济地理学认为在形成了规模经济的生产中，集中的生产力量和运输成本引起的生产分散的力量的关系决定了产业的集聚位置，其强调集聚经济、生产的收益递增，以及累积循环过程对经济活动空间分布的影响。生产活动的不完全可分性、生产要素和商品与服务的不完全流动性使企业的生产规模报酬递增。而产业集聚的外部效应会进一步促使企业集聚，如此累积循环，形成了产业分布的中心与边缘。

在新古典经济学的研究中，空间外部性的经济性主要表现在：通过地区分工以及地区的专业化生产带来各种收益。研究的结论具体体现在，区域分工能够带动其他地区经济活动的发展是由于区位因素在空间活动中产生了乘数效应。对于两个存在差异的地区来说，比较发达的地区，他所拥有的内部性因素可以向区域以外辐射并扩散，对相对落后的区域形成正外部性，在一定程度上，可以使落后区域的内部性改变，同时也可以使自己的生存和发展空间扩大，导致发达区域内部性外部化，相对落后区域外部性内部化，两个区域协调发展。早期的研究者把研究点放到外部规模经济上，认为地区共享导致"集体效率"、产业链专业化会导致专业化工业区的生产柔性化，但是研究者们未探究这种外部优势是如何产生的。

近代工业区位论的奠基人韦伯（1997）[28]于1909年出版了《工业区位论》一书，在该书中他首创性地将演绎和抽象的研究方法相结合，建立了一套阐释工业生产活动地理空间分布的理论体系，他在区位理论中指出了工业生产企业们在某个特定空间范围内集聚的原因，把这些原因总结为两类——一般原因和特殊原因。共享辅助性工业以及其他的一些公共设施所带来的生产费用的降低为一般原因；而资源禀赋和交通条件是特殊原因。另外，韦伯（1997）[28]分析了影响工业位置的经济因素。他提出区位因子的本质是利益。按照作用方式的不同，区位因子可以被分为集聚因子和区域因子。集聚因子主要指的是，当实施工业生产活动的主体准备在某些特定的地理空间范围内固定下来，伴随着集聚过程所产生的分工细化、环境污染、人口膨胀以及城镇化发展等因素。它的发展有两个阶段：初级阶段为经济活动主体由于规模扩大而形成集聚优势；高级阶段为不同规模的经济活动主体因为产品性质相同或其他方面的联系，从而实现地方工业化。区域因子主要是指，对工业生产主体的布局位置造成影响的一系列因素，比如，交通运输的便捷可达性、运输成本的高低、水资源和矿产资源是否邻近可取等。集聚因子和区域因子都是工业区位理论重点研究的内容。韦伯（1997）[28]综合考虑了多种工业区位影响因素之后，得出结论——货物运输成本、劳动力生产成本以及集聚作用三者的总成本最低的地点，即为比较恰当的工业区位地理位置选择。韦伯（1997）[28]工业区位理论中还提出，由于工业生产企业集聚水平的高低不同，其生产制造成本、劳动力雇佣成本及货物运输费用也会有显著区别。集聚不仅包括集中因子，也包括分散因子。假设工业生产主体通过集聚作用所能获得的经济收益显著高于由交通运输的便利性和专业化劳动力的充沛供给等有利条件带来的经济收益时，那么集聚因子决定着工业区位的选择。韦伯（1997）[28]进一步用等费线这种研究方法对这一观点进行了论证，同时指出当集聚因子决定工业区位选择时，通常集聚费用较低的区域是有优势的。韦伯（1997）[28]的区位产业集聚理论在马歇尔（2006）[21]的理论基础上进行了创新，二者的产业集聚理论都诞生于凯恩斯的宏观经济理论之前，都属于古典理论，在这一时期，政府干预尚未得到大力宣扬，因此，产业集聚现象大多是自发形成的。

新贸易理论忽略了外部规模经济，Krugman（1993）[18]认为，经济活动聚集最初有历史偶然性，但是，集聚从产生开始便会不断进行自我循环，从而产生"中心—外围"的特征，此特征本身有"锁定"功能。收益递增的作用是使每一种产品只有在一个地方生产才有利可图，这样的结果是不同地方生产差别产品。在一个经济规模较大的生产地区内，不断发展形成产业链，由于前向和后向联系，会出现一种自我持续的制造业集中现象，经济规模越大，集中越明显。运输

第3章 "自然资源禀赋—分工—空间外部性—制度环境"理论分析框架

成本越低,那么在一个地区的经济中,制造业占的比例会增大,放到企业的位置上,规模经济的水平与聚集呈正相关,"中心—边缘"这一结构的产生与规模经济、地区国民收入中的制造业份额、运输成本等有关。Stiglitz研究了规模经济、贸易模式与市场的关系,进一步奠定了新贸易理论的基础,他假定,人类都是相同的、不存在任何差异,生产中的规模经济是永无止境的,但是消费者却喜欢多样化的消费模式。在这一基础下,为了吸引消费者,厂商应该生产更多种类的产品,但是从生产的角度考虑,生产产品的种类应该趋向单一,这是由于一种产品的生产规模与他的成本呈反向关系(许庆等,2011)[29]。由于资源本身是有限的,甚至一些自然资源具有稀缺性,因此,当增加了产品的种类时,生产每种产品的规模只能缩小,规模效应无法形成,每种产品的生产成本上升,此时,产品的价格会上升,从而减少消费者的效用。市场的竞争总是会选择平衡,从而获得一种垄断竞争的均衡。虽然结果并非最优,但在垄断无法避免的情况下,这样的方法可以使消费者的净福利最大化。如果人口增多或可用资源增加,那么市场折中这种两难冲突的余地就可以增大。因此,在统一市场的规模扩大时,他的产品种类数和生产率也会增加。因为国际贸易可以增大世界市场的规模,每个人都有机会消费更便宜、更多类型的产品,在这种情况下,每个国家都选择出口本国中产生规模经济的商品,分工的结构就是这样决定的。在这之后,许多学者都开始依靠这一框架展开研究,其中以美国经济学家Krugman(1993)[18]、范帅邦等(2015)[30]等为主要代表。他们建立了垄断竞争、规模报酬递增、异质产品、专业化分工等与贸易结构的模型,并系统地阐述了这类模型,将他们与传统的模型联系起来,而且,他们还将分工与贸易理论从零维推进到二维空间,在研究贸易模式的同时,研究经济活动在一定区域聚集的原因。随着生产规模的扩大,由于规模报酬递增,产品的平均成本不断下降,每种商品仅有一家企业生产,因此形成了不同国家的专业化分工,空间外部性对于产业集聚的影响也由此形成。新经济地理学模型当作地区贸易新类型的基础,有限的一体化会损害外围的福利,在分析以跨国公司投资为主导的国际分工模式时,他假定生产所需的要素不可以自由流动,若中间性商品受到规模经济和运费的影响,则区际经济分化一定会在生产过程中出现。在生产要素不能自由流动的情况下,中间性商品的市场主要出现在大量制造业所在区域,这也让一些国家趋于集中,可以使下游生产赢得成本优势,一直强化这样的优势形成。此外,还把运输成本纳入HO模型,他得出生产和贸易的方式不仅依赖要素密集度和资源禀赋,还取决于运输成本的大小,然而运输成本与该地区的地理位置有关,新贸易活动区位的选择相对于已有的贸易活动密度而言,依赖于要素和运输密集度。

新兴古典经济学是基于最古典的亚当·斯密(1997)[20]展开研究,认为分工水平的提高是经济发展的根本原因，并且分工水平的提高不是连续的，而交易效率和市场规模是推动这种不连续的关键因素。分工的模式是由外生的资源和要素比较优势以及内生的交易效率比较优势共同决定的，会形成许多与传统经济理论不同的现象。新古典贸易理论强调地理位置之间的要素禀赋和比较优势对产业空间分布的影响，该理论认为产业集聚的地理位置选择是由该地理区域中的自然资源要素禀赋、技术水平与地理位置等外生变量共同决定的，产业集聚在空间上的分布取决于上述这些外生变量在各个地区间的分布情况，也就是说，行业分布是取决于"第一"性的，产业在这些具有比较优势的地区进行布局，比较优势决定了一个地区的专业化方向。比较优势理论对产业转移这一现象也有解释，具体表述为：随着各个地区之间自然资源禀赋以及其他生产要素结构的改变，地区的比较优势总是会有变化，所处地区的产业结构也会进行重新配置。在正常情况下，发达国家在资本、知识密集等方面相对比较有优势，而发展中国家的优势则体现在劳动力成本上。因此，在降低成本的前提下，国际上呈现出产业逐渐由发达国家向发展中国家进行转移的现象。

基于新贸易理论对一个地区产生产业集聚这种现象进行研究，发现每个地区总是根据自己的优势进行合理的分工和专业化的生产。每个地区在发展的过程中，随着经济活动主体在空间分布位置上的变化，以及经济利益格局的改变，无法避免地经历激烈的竞争。分工是社会经济制度在生产领域中的集中反映，他的深化可以推动交易制度的规范与完善，促进生产制度的创新。区域经济是一种综合经济，在一个地区，专业化生产的发展可以带动本地区内其他生产部门的综合发展，并逐渐形成主导产业、辅助产业和基础产业，三种产业相互协调，共同发展。一个地区的专业化分工对这个区域整体的协调发展有着巨大的作用，这一作用主要表现为经济性。这样的经济性是指：通过区域分工地区的专业化生产所带来的各种利益。第一，区域分工能够带来整体功能效应。一个合理的地区分工可以使各个地区中具有优势的自然资源得到比较充分地利用，随着地区间生成的不断精细化，他们之间的依赖也更加紧密，地区之间互相交流的规模不断扩大，从而形成高效有序的社会经济网络系统，单个的地区是无法在一个网络中独自生存的。第二，规模经济和聚集经济效应由地区的专业化产生。地区内各类型企业规模的逐渐扩大，同类型的企业在地理上开始集中，不同的企业可以一起利用该地区的基础设施和商业服务设施，从而减小分散布局所需的额外投资，也可以节省相互间物质和信息流的运输费用。并且相同行业在地理上的集聚有利于人力资本积累、企业间相互合作和竞争以及区域技术的创新，进而形成较大的规模，产生规模经济和聚集效应。规模经济和聚集效应又会进一步加强区域的分工，从而形成正反馈循环，而这也是空间外部性对产业集聚的吸引力之一。第三，一个地区中企业的专业化会推动该地理位置内新的行业或产业的衍生,并且有利于相关辅助产业的发展,从而带来企业生产率的增长。第四,区域分工可以通过区位因素在空间活动中的乘数效应来带动周围地区经济活动的发展。两个地区之间存在差异的,相对比较发达的地区,它所拥有的内部性因素可以向区域外扩散和辐射,对相对落后的区域形成正外部性,也在一定程度上使落后区域的内部性改变,与此同时可以使自己的生存和发展空间扩大,这会导致相对发达区域内部性外部化、相对落后区域外部性内部化,使两个区域协调发展。第五,区域分工使各类的生产要素可以在地区间自由流动。生产要素的空间流动可以使自身实现增值,这也成为地区之间实现利益的基础。分工格局的形成,更好地发挥了要素流动的放大效应。技术在一个地区内的转移有助于消除区域之间的技术差距,这是区域经济活力之源。

不同于传统贸易理论假定的生产要素是不可流动的,新经济地理学把产业区位与要素(资本、劳动力与其他资源)的流动性整合起来,产业区位不再如传统贸易理论所言的为外生决定,也不同于原先的比较优势假设,而且优势内生于企业与消费者的区位决策中。新经济地理学认为,根植于规模经济的生产集中的力量和运输成本引起的生产分散的力量的关系决定了产业区位,其强调集聚经济、累积循环过程、生产的收益递增对经济活动空间分布的影响。生产活动的不完全可分性、生产要素和商品与服务的不完全流动性使企业生产规模报酬递增,产业集聚在生产要素供给和需求市场大的地区,而产业集聚的外部效应进一步促使企业集聚,如此累积循环形成产业在空间分布上的中心与边缘。新经济地理学通过分析产业集聚来探讨产业转移,研究产业集聚演进过程中伴随着产业空间集聚程度的变化以及产业集聚所选地理位置的转移。产业地理位置的改变是空间经济系统内生变化的表现之一。产业地理位置的选择是一个地区集聚力和扩散力相互作用的结果,集聚力和扩散力的此消彼长和相互作用决定了产业在空间分布方面的变化。在产业前后向相互联系,互相影响的作用下,贸易成本逐渐降低,在该地理环境中制造业形成聚集,这也就是中心—边缘结构的形成。但是随着贸易成本的进一步降低,中心—边缘这一结构下的空间不均等状况会发生变化,这是因为随着对工业产品需求量的长期增加,位于中心区的工资将与边缘区的工资有越来越大的差距,事实来说,产业集聚与产业扩散是伴随而生的。也就是在产业集聚达到一定规模后,集聚地区范围内非贸易品的价格居高不下、该地区的地租上升、环境污染加大等问题逐渐使离心力增强。一些相关产业在这种离心力的作用下脱离该产业集聚区后寻找并转移到新的区位。在这个机制作用下可以得出,相对来说,与产业聚集关联度较弱的产业、对工资比较敏感的行业以及其他对该地区该产业聚集体的依赖程度比较弱的产业会最先扩散出去。一般而言,中心和边缘地区产业结构变化显现出：先进地区先发展某些产业，然后把这些产业让渡给紧随其后的地区，而自身向"高级产业"转移（Jacob et al, 2019）[31]。

魏守华（2010）认为，集聚发展的动力机制主要包括外部动力和内部动力。他基于外部经济、技术创新与扩散、合作效率、社会资本的地域分工，并用图形的方式构造出产业集聚的动力机制[32]。上海交通大学的刘恒江和陈继祥（2004）总结出产业集聚动力机制有两个方面，即内源动力机制和外源动力机制。其中，内源动力机制激发内生优势，表现为认知根植性、组织根植性、制度根植性和地理根植性等；而外源动力机制激发外生优势，具体表现为政府行为和外部竞争[33]。产业集聚的形成主要由企业间的协作发展以及社会关系网络的影响决定，产业集聚之间有较强的相似性、关联性和互补性，集聚产业内部的不同企业有着得天独厚的发展条件，比如即时的信息服务、广阔的销售渠道和复杂的社会关系网络体系，这不仅能够提供丰富的劳动力、生产要素等，而且值得提出的是这些企业间能够分担彼此的风险。Porter（1998）[34]在自己的著作中也从产业链的角度指出对产业集聚的理解，产业集聚是产业链上下游产业，以及产业内的企业实体间通过一定的模式在一定地理空间内的集聚，这从本质上也是一种空间外部性。联合国在综合了学者有关产业集聚的不同定义的基础上，指出形成产业集聚的个体主要为中小企业，这些中小企业或从事生产，或从事产品销售，彼此间相关或者互补，聚集在特定的地理区域共同应对产业发展过程中面临的机遇和挑战。刘友金和黄鲁成通过研究指出，产业有广义和狭义之分，具体到产业集聚中，他认为是狭义的产业。两位学者在研究中从专业化特征的基础上给出了产业集聚的定义，在他们看来，产业集聚就是在特定领域中，大量密切的企业及相关机构在一定的空间范围内相互影响、协同发展所形成的持续发展现象（刘友金和黄鲁成，2001）[35]。

Porter（1998）[34]是战略管理学派的领军人物，他从企业如何占据竞争优势的视角对产业集聚现象展开探讨。Porter从1986年开始，利用四年的时间对美国、英国、意大利、瑞士、日本等十个国家的产业集聚现象进行了调查研究，并于1990年出版了《国家竞争优势》一书，在此书中，他提出了对后世影响深远的"产业群"（Industrial Clusters）概念及国家竞争优势理论，同时运用钻石模型对产业群与产地集聚现象做出了分析。Porter（1998）[34]对产业集聚的理论分析框架包括：需求条件、竞争战略、生产要素、产业群（相关及支持性产业），机会和政府管理，其中后两项因素属于附加因素。前四项要素是国家竞争优势水平高低的决定因素，当上述这些要素在一定的空间范围内集聚时，就将为这一空间带来集聚现象的产生。在钻石模型中，Porter（1998）[34]强调了创新在企业竞争优势中的重大作用。他认为"产业群"主要通过三种方式来影响一个企业或地区竞争优势的获得:第一,通过提高一个国家形成的产业群内企业的生产力,这就需要有特殊的自然资源优势,工人生产的专业化分工等;第二,通过发掘创新需求鼓励企业及社会的创新程度、降低在这一过程中的信息搜寻成本、降低时间成本、缩短创新所需的周期、加快创新成果的取得,为未来超过社会平均盈利能力的实现创造条件;第三,国家通过提供资金、技术及专业化工人,来降低潜在进入者的门槛,这一地区可以实行一系列的政策来鼓励并扶持新建企业,为地区吸收新生力量,使产业集聚增强竞争实力和发展活力。与一些学者的观点不同,Porter (1998)[34]认为,竞争主要是存在于企业之间,而不是在不同国家之间或不同性质的产业之间。对十个重要贸易国的调查使他认识到贸易专业化并不能完全通过自然资源优势来解释,产业集聚是工业化发展的必经之路,发达经济体中广泛分布着产业集聚。对产业集聚现象含义的理解应该更为宏观,它不仅限于某种产业的生产企业在空间范围内的集中,也不局限于某个城市地区,而是一定地理空间内的多种工业产业因某种原因产生联系,进而相互融合,以及不同机构相互联结的共生体。包括作为原材料供应方的上游企业、中间商、产业链下游的消费者、掌握相关技术或者投入资金但属于其他产业的企业,以及提供互补品的供货商,此外,还包括政府或一些非政府机构。产业集聚并非多个企业或机构的简单组合叠加,而是不同经济主体的合作整合。

产业集聚的形成在根本上是为了提高资源要素的配置效率,从而提高企业的生产效率。提高资源要素的配置效率是指企业消耗最低的成本来完成对资源的配置,这里的成本包括生产成本、时间成本等,同时企业能消耗最低的成本生产出满足消费者需求的商品。资源配置效率的高低反映了经济活动主体对稀缺资源利用程度的高低。产业集聚这一现象主要是从一个地区的劳动力、资金以及基础设施完善三个方面影响资源配置效率。首先,企业在同一地理空间上进行集中,为众多的劳动力提供合适的岗位,这些劳动力在这一地区有专业化的技能,可以有效地降低企业教育培训劳动力的支出,不仅如此,行业的聚集使各类专业人才有了更多交流的机会,多样的岗位也使工作者与企业之间更好地进行双向选择,实现人尽其才;其次,在同一集聚区内,各类型各行业的企业之间由于地理区位上的方便性,可以建立长期的合作关系,有利于企业之间相互信任,建立更好的资金拆借关系,从而降低企业的资金借贷成本,提高资金周转效率;最后,产业集聚的形成使该地区内的企业种类逐渐增多,不同行业的进入为产业集聚区创造了专业又高效的服务氛围,无论该地区发展何种产业,一定的基础设施作为物质支撑条件都是必不可少的,企业在一定空间范围内的集中,有利于共享该空间范围内已经有的基础设施,同时产业集聚的形成也对该地区基础设施的配套完善提供了动力。Porter (1998)[34]指出了产业集聚是企业获得竞争优势的源泉,同时他阐述了产业集聚影响企业竞争优势的途径。他的研究还表明了产业集聚在企业区位选择中扮演着非同一般的角色。如果产业集聚区已经形成，那么集聚因素应该是优于其他区位因素并且在企业选择地理区位时必须首先考虑的。政府部门对于推动产业集聚的形成是可发挥主观能动性的，重点应从建设完善基础设施、制定产业优先发展政策、培训教育专业化人才等方面着手。这些基于空间外部性的产业集聚在市场上有着更大的竞争力，使产业能够更稳定地发展。

通过对新古典贸易理论、新贸易理论和新经济地理理论三种区域"分工—贸易"理论进行细致梳理，可以看出空间外部性与地区的产业集聚之间存在着必然的联系。细化的区域分工影响着各个不同特色地区，甚至影响着各个国家之间的贸易往来；不同的地理区域由于其自然资源、经济资源、文化资源的禀赋不同，拥有各自不同的地理位置优势，各个地理区域可以依据各自所拥有的独特优势进行专业化的分工，从而生产出具备企业或地球竞争优势的产品，并用这些商品同其他地区的专业化生产的商品进行交换，形成一种空间外部性。在市场的不断演化中，空间外部性的作用越来越强，这也是逐渐形成资源型产业地理聚集的过程，许多行业的经济活动最突出的地理特征就是集中，这意味着具有明显的集聚经济效应，在本质上，这就是一种空间外部性。

3.5 制度环境对产业集聚的影响

3.5.1 制度环境的界定

从广义上来说，制度是一个社会的博弈规则集，几乎涵盖了人类生活的方方面面。在通常情况下，制度有正式和非正式之分，正式制度包括政治及司法的规则、经济规则和合约，即一系列与政治、经济和文化有关的法律、法规。非正式制度主要表现为行为准则、习俗和惯例，即人们在长期交往中自发形成的，并被人们无意识接受的行为规范和习俗。在市场经济时代，非正式制度只起到从属和补充的作用，而正式制度发挥的作用越来越重要。制度环境在制度的定义下，指可供人们选择制度安排的范围。人们在通过选择制度安排来追求自身利益的时候会受到一系列特定的限制，这种限制就被界定为制度环境。作为一种外部的宏观治理因素，制度环境可以影响在他所涉及范围里的一切经济主体。这种影响表现在：不同的经济主体在制度环境的差异下会做出不同的行为决策。这些不同的行为决策又会直接影响到企业的绩效和市场经济的增长等。因此，制度理论中有"制度—行为—绩效"这一影响路径。制度环境的变化会影响处于这种制度环境下的机构投资者的决策和行为,从而对企业的绩效产生影响。国内外对于制度环境对企业或行业的影响这一研究有一些差异。这些差异主要表现在:国内的学者多依靠各省份制度环境的差异来进行研究,而国外的学者则是基于国别或者是法系的差异来研究制度环境差异进行研究。尽管国内外有关制度环境的研究方向存在差异,但得出的研究结论却是大致相同的,即当公司处在一个好的制度环境中时,公司治理机制将更加完善,同样,良好的制度环境也更有利于机构投资者发挥积极股东效应,从而促进企业绩效的提升。

制度理论认为,作为一种约束群体行为的规制、规范和认知,制度在社会中出现并形成,但制度理论认为,社会行为与经济行为不是简单个体的行为。制度理论作为解释许多社会现象的理论,他关注集体和组织遵循制度环境的规则与规范的方式是什么,集体与组织如何更好地维持合法性,也关注组织的生存与合法性的规制、社会与文化的差异等。Scott(1995)[36]对制度的界定是:可以为社会带来具有认知性、稳定、规范性和规制性的结构与活动。在这种基础上,他提出了规范、认知和规制三种合法性的约束,而这三种约束则构成了企业的外部制度环境。

要素配置效率会受到制度环境的影响,而要素配置效率又会对一个地区经济的增长产生影响。制度环境对一个地区的企业或行业的发展产生影响的因素至少有以下五个方面,即制度可以影响这一地区政府与市场关系、考察市场分配经济资源的比重、减少政府对企业的干预、减轻农民的税费负担、缩小政府的规模以及减轻企业的税外负担。作为宏观经济调控的主体,政府分配资源对于稳定一个地区的经济和实现地区公平发挥着极大的作用。然而,不当的或者过多的政府干预也会对市场、地区经济发展等方面产生负面的影响、降低经济效率。综上所述,良好的、有度的政府与市场关系对经济的发展至关重要。企业家是一个企业可以发展的一项重要的资源,但一个社会生产力的发展是否迅速,科技进步是否有效,主要不是取决于该社会企业家的多少,而是取决于稀缺的企业家资源将被该社会的制度安排引向何处。Baumol和William(1990)[37]把企业家的活动类型分为生产性活动和非生产性活动,不一样的组织方式和制度环境会决定这些企业家获取报酬的多少,也会影响追求利益最大化的企业家在两种活动之间投入的配置。所以,企业家所处的制度环境会影响他们对经济繁荣所做出的贡献。政府激励、市场约束与企业家才能的配置。具体而言,政府分配经济资源的比例越大、控制的资源越多,企业通过市场获取资源的自由度就越小,也越容易诱导企业家和企业的非生产性寻租行为。

3.5.2 制度环境对产业集聚的影响

制度是社会博弈规则之一,是用以规范人们相互交往行为的某种安排(邓宏图和宋高燕，2016)[38]。高质量的制度可以通过提供信任来有效地促进组织之间的交易活动，以此来降低企业的生产成本和商品的流通成本，提高企业在生产、专业化分工和贸易等方面的收益（王永和崔春华，2019)[39]。恰恰相反的是，较低的制度质量则会阻碍区域高技术产业集聚。一是低劣的制度质量会增加某一地区产品的交易费用和生产成本。二是制度的波动将为市场带来不确定性，这种不确定性会降低产品的产值，同时掠夺性的行为不仅会减少产品产量，还会导致资源从高技术产业流向其他产业。三是制度质量的高低还会影响高技术产品在区域间的流通。稳定性是制度的一个重要特性，稳定的制度能够形成人们对未来的稳定预期，进而降低了企业未来发展的不确定性。合理的制度体系能够促进产业的集聚。但是，一般来说，制度质量的改善往往伴随着一系列的制度变革，同时，在这一段时间内的制度非常不稳定。制度变革和由此产生的制度不稳定必然会在一定时期内对一个地区的产业发展造成影响，况且制度变革的方向可能是正向的，也可能是反向的，即使是对高技术产业集聚和经济增长有利的制度变革，短时期内也会由于制度的不稳定而增加产业集聚的成本（郭苏文等，2011)[40]。

随着信息技术的发展与科学技术的进步，地球逐渐变为地球村，经济全球化不再是梦想，各个国家的产业分工逐渐深化，各个国家、区域、企业之间的竞争也随着经济全球化的实现日益激烈，产业集聚的形成，可以使一个区域具有规模经济、范围经济和知识外溢等一系列优势。因此，产业集聚这一模式逐渐成为国家、地区以及各个企业为提高自身的综合竞争力而争相选择的一种产业发展形式。举例来说，各种传统的产业开始在意大利中部和东北部的七个省内集聚，被称为"第三意大利"；众多高科技产业在美国集聚，造就了美国硅谷；汽车配件等机械产业在日本集聚，造就了东京大田区等。拿中国来说，为科学反映我国不同区域的社会经济发展状况，为实现党中央、国务院制定区域发展政策提供依据。根据《国务院发布关于西部大开发若干政策措施的实施意见》等文件的精神，我国的经济区域可以划分为东北、东部、中部和西部四大地区。在全球进行产业分工热潮，经济全球化的宏观背景下，发展产业集聚的组织形态是大势所趋。改革开放40多年来，我国的东部沿海地区由于具有先天地理位置的优势以及后天政策的倾斜，已经逐渐形成了诸多产业集聚区，这些产业集聚区为该地理位置的经济发展做出了许多贡献，使东部沿海地区的经济发展速度在全国遥遥领先。这其中，长江三角洲、珠江三角洲和京津冀地区得益于独特的地理位置优势，在国家和地区政策的支持下取得了飞速的发展，各类型生产要素的快速聚集使多个产业集聚区产生。举例来说，广泛分布于三大经济区的产业集聚区有北京中关村的IT业、浙江绍兴的纺织业、昆山的光电业等。

按照要素禀赋论的分析框架，研究发现：整个行业产生差异化主要是制度环境的改善会受到不完全契约、专业化分工和投资不确定性等方面的影响,这样的影响有利于具有制度依赖性行业逐步建立起比较优势(Nunn,2007)[41]。王永进等(2010)通过建立一个两地区垄断竞争模型,考察了契约制度对产业集聚影响的微观机制,研究发现良好的契约制度有助于缓解契约不完全所导致的投资不足,促进技术进步和提高劳动生产率,对厂商的区位选择和产业集聚有重要影响[42]。谢里和张敬斌(2016)明确提出,当一个地区的制度环境越好时,制造业劳动力向该地区集中,即制造业企业越容易向该地区集聚。不同的制度安排隐含着不同的激励结构,导致行为模式的差异,对企业家精神的有效发挥也具有至关重要的影响[43]。李后建(2013)基于我国30个省级区域1998~2009年的面板数据,研究发现由于相关制度的市场化改革进程滞后,这样引起的腐败等负面影响会打击企业家创新和创业精神[44],从而影响一个地区产业集聚的形成与发展。

新制度经济学派指出了交易成本的存在。学者们通过研究指出:在某一产权从某个特定的经济主体转向另一个经济主体的过程中,所消耗的所有必需的资源成本即为交易成本。交易成本可以分为两类:一类是完成一次交易所需承担的费用,包括寻找交易机会、交易双方进行相关的谈判以及交易实施进程中必要的监督等活动的成本;而另一类交易成本则是保护制度结构所需支付的费用,包括出资维持司法体系和警察力量等。显然,交易效率反映了在一定条件下开展交易活动所需支付的成本高低,交易效率与交易成本是一种反比例关系,交易的成本越低,则交易的效率越高,反之亦然。在良好制度下的产业聚集可以优化资源配置,降低交易成本,制度环境对跨国公司的影响最为显著。每个成功的公司都有自身比较有优势的部门和特色产品。大型的跨国公司为了更好地发展,总是把一些较为低端和附加值不高的产品零部件外包到劳动力比较充实,政策比较优惠的地区。这样不但可以降低成本,而且能增加企业自身抵抗市场风险的能力。因此,能承接跨国公司外包业务的地区必然要有相当规模、效率高效的企业群作为依托。跨国公司在选择投资区域最看重的是当地企业能否保证自身与跨国公司形成强而有效的关联。相同或相似产业链上有关联关系的企业群通过自身的优势发展和当地政府的政策扶持会形成产业集聚区。产业集聚区能通过政府提供的优惠政策帮助跨国公司与当地的配套企业进行更好的合作,并降低跨国公司的运营成本,为跨国公司提供各种优良政策与服务。

在全球化下,跨国公司因为制度环境的吸引选择建立分公司以此提升创新绩效。全球化不仅为跨国公司提供了广阔的市场,同时也对跨国公司提出了新的要求,由于竞争压力的不断加大,尤其是产品更易于被模仿,需要跨国公司进行更高效的创新。而对于跨国公司而言,产业集聚区可以为他们提供更为便利的条件。在良好制度环境下的产业集聚会降低交易费用。产业集聚区多分布于地理位置优越、基础配套相对完善且靠近市场的地区。因而通过区域优势，不但能增加企业之间交易的次数而且可以大幅度地减少运输、加工及销售所带来的费用。更为重要的是，空间上的接近更能强化企业之间的互信度，从而帮助跨国企业与当地合作公司建立良好合作信誉并且优化跨国企业的社会资本，为进一步便利跨国企业的经营活动提供帮助。随着经济全球化的普及，友好的制度环境为本国吸引来大量的跨国公司，而跨国公司更好地实施本地化战略来实现发展，从而反过来促进这一国家和地区产业集聚的发展。跨国公司对东道国的经营环境并不熟悉，因而常采用本地化战略来规避跨国经营管理过程中的风险，即在人才招聘、采购、加工、运输、销售等环节与东道国进行结合，合理利用本地资源。本地化战略对于跨国公司融入市场，与利益相关者建立良好的关系具有重要的作用。但值得注意的是跨国公司的本地化战略不仅取决于自身，更与当地的地理位置、基础设施及市场有极大关系。在此方面，产业集聚区方面具有得天独厚的条件，从而便于跨国公司实行本地化战略。陈强远等（2014）[45]将产业集聚视为一种普遍的经济现象，这种产业集聚随着时间的推移和产业的不断完善、它们的形成原因、形成方式，以及所形成的特点都会逐渐产生一定的改变，而且在一个产业集聚区域的发展过程中，国家及当地政府部门应该提出一些相关的对策，使产业集聚的发展能够促进该地区经济水平的发展，并提高该地区社会水平的发展。

产业集聚本质上是产业和资源优化配置的一种具体表现，其增长和发展不可能发生在制度真空中，而是需要一个良好的制度环境。企业的基础在于社会的制度环境。事实上，产业集聚是企业寻求交易成本降低和经济效益提高的结果，它的形成和发展有赖于各种制度安排的激励和约束。根据新制度经济学研究成果，一个制度运行的成本是交易费用。与生产成本一样，交易费用也可以影响一类商品的相对总成本。如果说降低生产和交易成本，寻求高生产率和交易效率是产业集聚发展的动力，那么制度环境则是影响交易费用和交易效率的重要因素。产业集聚通过专业化的协作与分工，在集聚区域内形成了一种有效率的交易层系和市场结构，促使长期正式的合作以及非正式交流企业、机构间建立一种相对稳定的关系，既防止了相互之间的机会主义行为，也节约了一部分交易费用。在新经济地理学框架下，制度环境决定了企业在该地从事生产与经营活动内生的交易成本（谢里，2009）[46]。如果运输成本很低、企业选择迁移到的地区，它的支出水平或市场份额足够大，但是迁移所带来的规模经济效应依然难以抵消由于内生的交易成本提升所带来的负面效应，则即便迁移地具有一定的资源禀赋优势、行业的规模报酬递增与经济的外部性，厂商也不会有跨区域迁移的动力，难以形成产业的空间集聚。可以说，交易成本是制度环境与高技术产业集聚的理论桥梁。清晰的产权（如政府与市场的关系）、竞争性的市场制度（如产品市场的发育程度）、契约制度（如市场的法制环境）等，为企业带来了强烈的竞争压力和相对公平的竞争环境，形成了良好的信用基础和社会秩序，促成柔性的问题解决机制，从而降低不确定性风险，减少企业交易的搜寻、谈判、执行和监督成本，进而提升产业竞争的成本优势，推动各类要素、资本的流动及重组，对高技术产业集聚起着稳定性、基础性的作用（卫兴华，2015）[47]。根据信号传递理论，高质量的制度环境可以为投资者提供稳定的投资和创业环境；而低质量的制度环境会增加市场的不确定性和风险，不能为潜在投资者和创业者提供稳定的商业环境，同时低水平制度环境限制了创业资金的可获得性和技术创新（田毕飞和陈紫若，2017）[48]。

3.6 "自然资源禀赋—分工—空间外部性—制度环境"四维理论分析框架的形成

3.6.1 框架构建说明

马歇尔（2006）[21]指出充分利用自然资源条件来发展区域经济是产业集聚形成的原始动力。拥有资源禀赋，基于运输、交易等成本费用的比较优势，在政府的合理规划下，大型勘探、开发企业的进入，围绕着特定资源转化的诸多产业链节点企业的跟进，科研、金融、中介等服务机构的健全，一个逻辑系统的形成，标志着资源型产业集聚的诞生（颉茂华等，2019）[49]。邵帅等（2013）认为：在资源型产业群的演进初期加入制度因素分析，才能真正揭示资源型产业集聚的形成机理和过程[50]。他们将资源型产业集聚的动态演进大致分成了三个阶段：第一阶段，比较优势源于区域内的自然资源和核心企业的整合能力；第二阶段，比较优势源于政府政策的倾斜和支持；第三阶段，比较优势源于以资源型产业集聚为基础组成创新网络（张云飞，2014）[51]。

根据上文分析，分工与专业化的发展促进"迂回生产"这一生产方式的出现和部门的细化，使在一定的空间范围内，众多的经济活动逐渐集中，形成集聚经济和产业集聚。想要降低专业化分工带来的成本，一个重要方式就是进行资源型产业地理集聚。不同的企业由于其所在地理环境中自然、文化、制度等优势的不同，依据各自所拥有的不同优势进行专业化的分工，从而生产出具备独特的竞争优势的产品，再将这些具有竞争优势的产品同其他地区的专业化生产的商品进行交换。在许多的经济活动中，最突出的地理特征就是集中，具有明显的集聚经济效应。集聚经济在降低专业化分工带来成本的同时，形成资源型产业地理集聚，从而使相关企业逐渐形成规模效应，加大竞争力的同时促进技术的发展与进步，从而形成一条无可代替的产业链，降低资源运输等方面的成本，为企业带来规模经济的同时也带来金融的外部性与技术的外部性。

然而，在资源禀赋理论中，一些学者认为资源禀赋对地区经济的发展一直是正向作用，而另一些学者则支持"资源诅咒"学说，而自然资源禀赋的存在对地区产业的发展究竟是促进作用还是负相关，需要研究的进一步论证，但可以确定的是，资源禀赋是资源型产业地理集聚产生的必要条件，资源型产业地理集聚依靠一个地区特殊的资源禀赋建立起来，并利用地区的自然资源来发展，从而带动地区发展。

资源的聚集是资源型产业集聚的关键。随着资源型产业群的形成、市场需求的逐渐扩大、市场进入者的增加，拥有无限前景的同时竞争也接踵而来。此时，如何降低企业成本成为每个企业必须解决的问题。一些企业开始引进大型的机械化作业来替代人工，由于工人的个人差异性与工作性质的差异性，专业化的分工可以满足不同工人的工作需求，在培养出一批专业化程度极高的工人的同时，实现产品的差异化；大型机械设备的应用极大地解放了生产力，提高企业生产效率的同时节约了生产成本。劳动力分工与专业化下的产业集聚开始显示出成本上的优势，在降低管理和生产成本后，形成规模效应。而地区间的专业化分工，不同地区有不同的资源禀赋优势，为了交通运输更加便捷、生产成本进一步降低，上下游产业逐渐形成，在一个地区形成区域产业集聚。经济地理学认为根植于规模经济的生产集中的力量和运输成本引起的生产分散的力量的关系决定了产业区位。其强调生产的收益递增、集聚经济和累积循环过程对经济活动空间分布的影响。而产业集聚的外部效应进一步促使企业集聚，如此累积循环，形成产业分布的中心与边缘。比较优势决定了一个地区的专业化方向。比较优势理论对产业转移这一现象也有解释，具体表述为：随着各个地区之间自然资源禀赋以及其他生产要素结构的改变，地区的比较优势会发生变化，产业结构也会进行重新配置。按照这一理论，在国际分工中，拥有众多劳动力的国家应当生产劳动密集型产品，而资本密集型、技术密集型产品则应当由那些拥有资本和技术优势的国家进行生产。一般而言，发达国家在资本、知识密集等方面相对而言比较有优势，而发展中国家的优势则体现在劳动力成本上。因此，在降低成本的前提下，国际上呈现出产业逐渐由发达国家向发展中国家进行转移的现象。

区域经济的发展，不仅会带动本区域经济的发展，在制度环境的影响下，区域经济将会带动周边地区的经济。资源型产业地理集聚的形成，本质上是产业和资源优化配置的一种具体表现，其增长和发展不可能发生在制度真空中，需要一

第3章 "自然资源禀赋—分工—空间外部性—制度环境"理论分析框架

个良好的制度环境。企业的基础在于社会的制度环境。事实上，产业集聚是企业寻求交易成本降低和经济效益提高的结果，它的形成和发展有赖于各种制度安排的激励和约束。区域内产业越做越大，需要国家相关政策的扶持，更需要一个地区完善它的基础设施建设。而且，高水平制度环境可为投资者提供稳定的投资和创业环境；而低水平制度环境会增加市场的不确定性和风险，不能为潜在投资者和创业者提供稳定的商业环境，也会限制了创业资金的可获得性和技术创新。金融业、运输业的进入与完善，为资源型产业地理集聚提供了良好的发展保证，以一种产业来影响其他企业，以一个地区的发展来影响外部其他地区的经济与制度结构，从本质上来说，也是一种外部性的表现。

基于对新古典贸易理论、新贸易理论和新经济地理理论三种区域分工—贸易理论的梳理与总结，以及对新经济制度理论的分析，本部分通过对直接观察到的中国资源型产业专业化地理集聚现象进行描述，在细致梳理资源型产业地理集聚理论的基础上，构建分析资源型产业地理集聚的理论分析框架，从理论上剖析资源型产业地理集聚的分工源泉和空间外部机制，构建出"自然资源禀赋—分工—空间外部性—制度环境"这一四维理论分析框架。

3.6.2 "自然资源禀赋—分工—空间外部性—制度环境"四维理论分析框架

不同的地区拥有不同的资源禀赋优势，而处于或最先发现这些资源禀赋的企业进入市场，开始利用本地的资源禀赋进行生产，随着企业规模的逐渐扩大，一个地区内比较大型的企业为了在满足市场消费者的不同需求的同时降低生产成本，必须不断地进行产品差异化；工人的喜好与特点也有许多不同，企业为了更好地利用工人技能、性格等方面的差异化，将劳动力分工并培养出一部分专业水平极高的工人。合理的劳动力分工及较高的专业化水平为企业缩减了成本，随着科学技术的发展与社会生产力的不断提高，越来越多的大型生产活动由大型机械来进行，极大地提高了企业的生产效率，市场的竞争也在进一步地加大。一个地区利用自己的资源禀赋逐渐吸引到部分同质企业，在市场不断扩大的情况下，不断有新进入者进入市场，此时企业开始进行细化的分工与合理的资源配置，逐渐扩大规模，在形成规模效应的同时抢占市场，从而形成产业集聚。而一个大型的企业，为了更好地控制成本，提高效率，将逐渐细分出不同的上下游企业，从而形成一个方便的产业链，产业链的逐渐细化形成集聚效应。各类型的企业围绕产业链进入市场，不断完善产业集聚，细化的区域分工影响着各个不同特色地区，乃至各国之间的贸易往来，并形成不同的资源型产业地理集聚模式。专业化分工有利于降低交易成本，提升产业发展的效率，而这正是产业集聚形成与发展的经济动因。

通过对新古典贸易理论、新贸易理论和新经济地理理论三种区域分工—贸易理论进行细致梳理，可以看出劳动力分工与专业化、地理位置、贸易因素等与资源型产业地理集聚之间存在着必然的联系。资源的禀赋是一个产业在某一地区发展的根本原因，有了区别于其他地区的资源禀赋，该地区才可以吸引来有关资源的勘探、开发企业，并逐渐形成一个产业，从而形成产业链，最后诞生产业集聚。资源型产业集聚的产生关键是资源的聚集，一个地区最初产业的形成由所在地区所拥有的特殊资源禀赋优势决定，因此，拥有自然资源禀赋是一个地区可以形成资源地理集聚的根本原因，一个地区自然资源的特殊性会吸引勘探、开发该资源企业的同时，一些与该资源相关的企业为了降低生产成本，选择将企业开设到资源的产地，解决了中间的运输成本与中间商的差价，在合理配置有限资源的同时降低自身的生产成本，从而提升企业的竞争力。

随着相似企业的不断进入，科学技术的进步与企业规模的扩大，企业开始将大型的机械设备投入生产，根据工人的差异性及工作岗位的差异性，将劳动力进行细分，划分细致的部门，由更加专业的、合适的劳动力来负责。这样的劳动分工与专业化，在提高企业劳动生产率、要素配置效率的同时，满足了工人不同的专业化需求，使工人的技能更加纯熟，成为另一种不可多得的"资源优势"，在扩大生产的同时降低生产成本，为企业带来利益，使规模效应带来的企业利益最大化。因此，劳动力分工与专业化的出现，为资源产业地理集聚带来了绝对的经济优势，是资源产业地理集聚可以快速发展起来的经济动因。自然资源的合理分配，地区产业链的不断形成以及所在地区制度环境的影响，共同形成空间外部性对产业集聚的影响，充分地利用地区的自然资源禀赋发展经济，在政府的合理规划下，一些资源型勘探、开发企业不断进入，基于运输、交易等成本费用的比较优势不断地发展，从而带动地区经济的发展，高质量制度的出现，对某一地区产业集聚有着至关重要的作用。拥有自然资源的地区由政府出台一些政策激励，不仅可以吸引更多寻求发展创新的企业在本地区安营扎寨，使一些高度依赖制度的企业具有发展优势；基础建设的完整性体现在科研、金融、中介等服务机构的逐渐健全上，随着时间的推移及城市的发展，一个逻辑系统的逐渐形成，一个地区的政府支持的企业，具有国家地区政策支持的产业，可以在各个领域拥有发展优势，例如税收优惠政策等。这些地区的落户政策等或国家有关政策为资源型产业地理集聚在本地区的稳定发展提供制度保障，让创业者肯来，地区出台政策可以为企业吸引来专业的人才，企业为人才创造并提供大量的就业岗位，而人才则可以更好地促进企业的发展乃至地区的发展。因此，良好的制度环境可以为产业的发展提供稳定的商业环境，为资源型产业地理集聚提供稳定的保障。区域产业的形成，吸引了诸多相似产业链的建立与兴起，围绕着特定资源转化的诸多产业链节点企业不断跟进，这也标志着资源型产业集聚的诞生。而资源是稀缺的、有限

第3章 "自然资源禀赋—分工—空间外部性—制度环境"理论分析框架

的，初具规模的企业为了使企业更好地存续、发展，必须要进行经营管理上的创新，要有企业的战略管理，对所拥有的资源进行合理的配置，充分利用资源的独特性，形成自己的优势。企业因地理资源而建立，利用资源禀赋来发展，合理的资源配置为企业、国家带来效益。企业间为了生存、发展进行一系列的竞争，由制度来为企业的稳定发展创造条件。产业链的形成带动一个地区周边产业的发展，基础设施的建设，金融、交通、科技等领域的不断完善，逐渐与该地区的特色产业共同形成一个无法割分的整体。优越的地理位置，不仅节约了最原始的生产成本，而且有周边产业的发展与扩大加持，无论是进口还是出口，处于关键地理位置的企业都可以拥有更多的机会和更广阔的发展空间，随着周边一系列金融、科技公司的兴起，处于中心位置的企业有着更方便的发展渠道，更好的人力、科技、成本优势。空间外部性不仅仅与周边拥有的自然资源有关，更与所在地区的制度政策密不可分。良好的制度环境促进空间外部性在稳定基础上不断发展，逐渐凸显出所在地区区位优势，使资源型产业地理集聚更加强大，各类型行业的不同影响，无论是良性的竞争，还是产业链的成本优势，都在降低企业的贸易成本的同时，为产业发展带来更多的活力。因此，空间外部性是资源型产业地理集聚的发展动因。

本书基于对新古典贸易理论、新贸易理论和新经济地理理论三种区域分工—贸易理论的梳理与总结，以及对新经济制度理论的分析，构建出"自然资源禀赋—分工—空间外部性—制度环境"这四个维度的理论分析框架，为本书后续的研究提供基本框架思路。

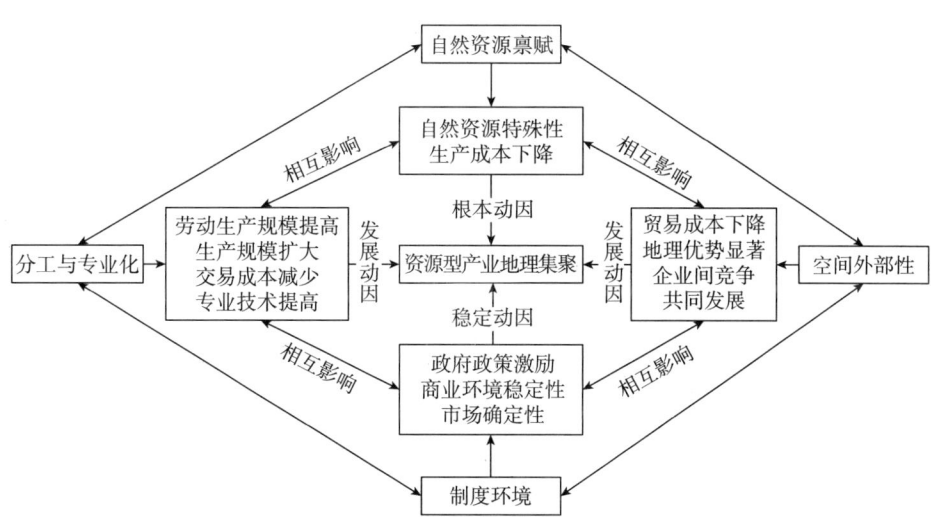

图3-1 "自然资源禀赋—分工—空间外部性—制度环境"四维理论分析框架

3.7 本章小结

随着时代的发展，经济全球化已成为现实，在越来越方便的生产、贸易中，产业集聚的形成成为一个国家提升在世界舞台上的竞争力的有效方法。因此，当前的经济环境下，各个国家都在发展集聚经济，在具有地理优势的地区形成产业集聚，这样可以在充分且合理地配置这一特定地区现有资源的同时，在政府出台政策大力支持下，企业的发展前景得到保证，宽松的制度环境中吸引更多的企业到该地区建厂发展，形成一个具有地方特色的产业集聚后，伴随着该地区出台各类人才激励政策，以及大量发展前景广阔的企业为该地区提供更多就业岗位，使大量的专业性人才涌入，地区专业化程度增强的同时也为国家、该地区以及处于该产业集聚区的企业创造了更大的价值。反之，大量高精尖的人才们能够通过产业的集聚而得到更多学习的机会，在同一地理位置中集聚，方便他们在工作中更好的交流，在提升自己能力的同时为企业创造更多的价值。由此可见，无论是个人、企业、还是该地理位置中形成的产业集聚，乃至国家，都将在这种资源型产业地理集聚中获取价值创造。

在本章节的研究中，由于目前国外的研究中对资源型产业地理集聚这一概念并没有非常明确的表述，也就是说，资源型产业集聚这一基本概念是只有在中国有关产业集聚的研究中才出现的专有名词。在此之前，研究者们大都只是在研究具体行业的产业集聚中提到了资源型产业集聚，或者是在研究一个特定区域的产业时，涉及该区域内的资源型产业集聚。对于专门的有关资源型产业地理集聚的研究很少。因此，本章节的研究从两个方面展开，第一方面是对典型的资源型地区中产生的产业集聚进行研究；第二方面是对与资源型有关行业形成的产业集聚的研究。将两个方面结合起来，研究资源型地区产业集聚与资源型行业产业集聚这两者的关系，并对资源型产业地理集聚进行具体的理论分析，从理论上剖析资源型产业地理集聚的分工源泉和空间外部机制，为研究提供基本的框架思路。

在对资源型产业地理集聚现象进行研究的过程中，对相关理论的研究与阐述必不可少。在本章节中，首先对自然资源禀赋这一概念进行了具体的分析，在查阅相关资料后总结出：自然资源禀赋指的是一个地区自然产生资源的多少，以及该种资源的其他状况与分布范围等。由于研究主要从工业企业中展开叙述，因此本书中的自然资源具体定义主要指的是矿产等不可再生资源。从以往的研究中可以看出，对于自然资源禀赋对经济的影响有两种看法，一些学者认为自然资源是地区原始财富积累的基础，是地区财富增长的必要条件；而另一些学者则提出了

第3章 "自然资源禀赋—分工—空间外部性—制度环境"理论分析框架

"资源诅咒"论、Prebisch-Singer假说以及"荷兰病"命题,而本书的主要内容是自然资源禀赋对产业集聚的影响。事实上,无论自然资源禀赋对一个国家或地区经济的增长从长期来看是负面的还是正面的,自然资源禀赋的拥有都是一个地区产生集聚的根本原因。在对自然资源禀赋与产业集聚的关系进行进一步的分析后,可以得出,一个地区出现丰富的自然资源后,总是会吸引众多针对该种资源勘探、开采的企业进入该地区,根据资源的有限性甚至是一些资源的稀缺性,地区为了更好地、合理地利用该种自然资源,必然会支持该地区企业的发展,随着基础设施完备与相关企业的进入,该地区很容易形成产业集聚,即存在自然资源禀赋的地区,尤其是拥有一些难以运输、只能在一定空间范围内流动的资源,无论是出于交通运输成本的节约,还是生产效率与生产质量的提高,相关企业必然会在此区域内进行聚集,进而产生产业集聚效应,即自然资源禀赋是产业集聚的根本原因。

拥有自然资源禀赋的地区将相关企业聚集在一定的空间范围中,本书接下来从经济、地理位置、社会制度、外部性等方面展开讨论。在经济学的研究中,分工与专业化一直是一个能够使企业发展的必要因素。本章中对分工与专业化这一研究的起源与形成机理进行了梳理,得出分工与专业化与规模效应之间的动态关系,分工与专业化的研究是经济不断发展的产物,随着科学技术的不断发展以及某一地区企业生产规模的扩大,大型的机械化设备逐渐投入使用,解放了大量的生产力,在这样的情况下,由于工人的性格、专业技能不同,企业逐渐开始细化部门,让拥有不同技能的工人走到不同类型的岗位上,实现劳动力分工。在急速扩大的市场中,人类本身具有差异性,这不仅体现在每个人拥有不同的技能这一点上,还体现在每个人都拥有不同类型的需求上,市场上消费者的需求越来越多样化,企业为了生存与发展,不得不进行创新性的发展,以多样化的生产决策来满足不同消费者的多样化需求,也正是因为这样,为了在满足市场多样化需求的同时企业可以形成规模效应,则该地区的企业只能根据自己的优势进行企业间的分工,专业化的生产某一种商品来产生规模效应。总的来说,企业为了追求利益最大化进行分工与专业化的决策,不同类型的企业在这一特定区域中开始集中,每个类型的企业各司其职,为满足市场不同的需求,同时形成上下游的产业链,集中于同一区域后,节约运输成本的同时增强各家企业之间的联系与信任,为产业集聚的发展壮大带来动力。产业集聚形成后,更加有利于该地区分工与专业化的进一步升级,各个公司也更易产生规模效应,实现对资源的有效配置,节约生产成本、运输成本、贸易成本,为企业带来更多的经济效应。

综上所述,分工与专业化是某一地理位置上资源型产业地理集聚产生的经济动因,更好的分工与专业化会为处于产业集聚区内部的各企业创造出更大的价值。

自然资源的拥有是一个地理区域形成的不可或缺的角色,而资源型产业地理集聚的形成不仅与该地区所拥有的自然资源有关,更与该地区针对该类资源或企业出台的相关政策以及该地区周边的经济环境等有关。为研究产业集聚与空间外部性和制度环境的关系,在本章中,首先对空间外部性与制度环境的具体概念进行了详细的界定,其中,空间外部性主要强调的是在一定的地理空间内,每个企业之间通过相互作用对其他经济活动产生的影响。而制度环境则是指在一定空间范围内企业进行经济活动时需要遵循的政策、法律、交易规则等,制度环境在一定意义上也是一种外部性的影响。企业因某一地区特有的自然资源禀赋聚集到一起,同时,该地区在出台自然资源禀赋后,政府也会出台相关的支持该类型企业入驻、发展的一系列政策,在吸引了大量企业进入后,政府才能保证就业率的提高以及当地经济的快速发展。良好的制度环境,不仅包括一系列支持发展的政策出台,更有政府带头对该地区的基础设施进行建设,交通的便利、发达从一定意义上来说,对企业降低运输成本,节约贸易时间等都有着极其重要的作用。对企业发展有利的制度环境,会为该地区产业的发展创造出广阔的发展空间,企业在前方"冲锋陷阵"时,高质量的制度环境会成为企业背后稳定的保障。在产业集聚形成的过程中,企业有了自然资源禀赋的优势,有高质量制度环境的支持,随着社会科技的进步,企业分工化也加速了产业集聚的形成,在这其中,空间外部性的影响发生在方方面面。一种基于自然资源的行业在某一地区最先进入,引起该地区产业的变革,通过政府相关政策的吸引,该地区基础设施的逐渐完善,上下游企业出于对生产成本、生产时效、贸易时间的节约、企业间信任机制的建立、高精尖人才的相互交流等原因,选择进入该地区,从而形成一个资源型产业地理集聚。随着该集聚区企业的增多,金融、交通等服务型行业也开始进入,各类型企业在这一区域内互相促进,共同发展,进而使该地区的经济发展。也就是说,制度环境为产业集聚提供了稳定的发展环境,空间外部性在高质量制度环境的基础上为产业集聚注入发展的活力,它们是资源型产业地理集聚形成与壮大的稳定动因和发展动因。

基于直接观察到的中国资源行业在地理上的集聚现象,本章首先从资源型产业地理集聚的产生动因为出发点进行研究,在搜集并阅读大量文献资料后,对关于资源型产业地理集聚的各种动因以及这些动因对资源型产业地理集聚的影响进行分析,在对自然资源禀赋、分工与专业化、空间外部性以及制度环境的概念进行界定后,探究它们与产业集聚之间的联系和它们对某一特定区域产生产业集聚这一现象的影响。在细致梳理资源型产业地理集聚理论的基础上,采用文献研究法、运用结构理论原理,从研究的科学性与实用性思路出发,分析资源型产业地理集聚的基本机制、丰富产业集聚及其相关理论。在通过对大量相关理论的分析与支持后，运用归纳法与演绎法，构建出了资源型产业地理集聚"自然资源禀赋—分工—空间外部性—制度环境"这四个维度的理论分析框架。

参考文献

[1] Rolf A. E. Mueller, Daniel A. Sumner. Clusters of Grapes and Wine [R]. Providence, RI: Clusters at the Annual Meeting of the American Agricultural Economics Association, 2005.

[2] 杨志军. 德国鲁尔区的转型与区域政策选择[J]. 经济社会体制比较, 2004（4）: 60, 72 - 75.

[3] Rostow. 经济成长的阶段——非共产党宣言[M]. 北京: 商务印书馆, 1962: 8, 78 - 83.

[4] Murphy Kevin M. Andrei Shleifer and Robert Vishny. Income Distribution, Market Size and Industrialization [J]. Quarterly Journal of Economics, 1989: 37 - 64.

[5] Douglass C. Location Theory and Reginal Economic Growth [J]. Journal of Political Economy, 1963: 243 - 258.

[6] Nurkse. Problems of Capital Formation in Under - developed Countries [M]. Oxford: Oxford University Press, 1953: 49.

[7] Rashc R., Tatom J. Znergy Resources and Potential GNP [J]. Federal Reserve Bank of St Louis Review, 1977（6）: 68 - 76.

[8] Habakkuk H. J. American and British Technology in a Century [M]. Cambridge: Cambridge University Press, 1962.

[9] Wright G. The Origins of American Industrial Success [J]. American Economic Review, 1990: 651 - 668.

[10] Auty R. M. Sustaining Development in Mineral Economies: The Resource Curse Thesis [M]. Routledge, 1993: 10 - 12.

[11] Sarkar H. W. Manufactured Exports of Developing Countries and Their Terms of Trade since 1965 [J]. World Development, 1991.

[12] Sachs J. D., Warner A. M. Natural Resource Abundance and Economic Growth [Z]. NBER Working Paper, 1995: 398.

[13] Papyrakis, Gerlagh. The Resource Curse Hypothesis and Its Transmission Channels [J]. Journal of Comparative Economics, 2004（1）: 32.

［14］ Collier, Goderis. Commodity Prices. Growth and the Natural Resource Curse: Reconciling a Conundrum ［Z］. MPRA Paper, 2009: 315.

［15］ Storper M. The Limits to Globalization: Technology Districts and International Trade ［J］. Economic Geography, 1992, 68: 60 – 93.

［16］ Davis D. R., Weinstein D. E. Economic Geography and Regional Production Structure: An Empirical Investigation ［J］. European Economic Review, 1999, 43 (2): 379 – 407.

［17］ Mary Amiti. Location of Vertically Linked Industries: Agglomeration Versus Comparative Advantage ［J］. European Economic Review, 2005 (4).

［18］ Krugman P. First Nature, Second Nature, and Metropolitan Location ［J］. Journal of Regional Science, 1993.

［19］ 柏拉图. 理想国［M］. 北京: 华夏出版社, 2012.

［20］ 亚当·斯密. 国民财富的性质和原因的研究（上卷）［M］. 北京: 商务印书馆, 1997.

［21］ 马歇尔. 经济学原理［M］. 西安: 陕西人民出版社, 2006.

［22］ Young. The Coming Shape of Global Production, Competition and Political Order Regions and the World Economy ［M］. Oxford: Oxford University Press, 1998: 345 – 356.

［23］ 孙然, 孙续元. 项目投资决策风险分析方法研究——一种基于现金流量的边际分析方法［J］. 技术经济, 2007 (1): 29 – 32.

［24］ 杨小凯. 专业化与经济组织［M］. 北京: 经济科学出版社, 1999.

［25］ 季书涵, 朱英明, 张鑫. 产业集聚对资源错配的改善效果研究［J］. 中国工业经济, 2016 (6): 73 – 90.

［26］ 埃德加·M. 胡佛. 区域经济学导论［M］. 北京: 商务印书馆, 1990.

［27］ Papagergiou G. J. Spatial Externalities: Theory ［J］. Annals ofthe Association of American Geographers, 1978, 68 (4): 465 – 476.

［28］ 阿尔弗雷德·韦伯. 工业区位论［M］. 北京: 商务印书馆, 1997.

［29］ 许庆, 尹荣梁, 章辉. 规模经济、规模报酬与农业适度规模经营——基于我国粮食生产的实证研究［J］. 经济研究, 2011, 46 (3): 59 – 71, 94.

［30］ 范帅邦, 郭琪, 贺灿飞. 西方经济地理学的政策研究综述——基于 CiteSpace 的知识图谱分析［J］. 经济地理, 2015, 35 (5): 15 – 24.

［31］ Jacob T., Biehl A. J., Filby L. G. Anchor of Trust: Towards Collusion – resistant Trusted Indoor Location for Enterprise and Industrial Use ［J］. Springer London, 2019.

[32] 魏守华. 集群竞争力的动力机制以及实证分析[J]. 中国工业经济, 2010（10）：27-34.

[33] 刘恒江, 陈继祥. 产业集群动力机制研究的最新动态[J]. 外国经济与管理, 2004, 26（7）：2-7.

[34] Porter M. E. Clusters and the New Economics of Competition [J]. Harvard Business Review, 1998, 76（6）：11-12.

[35] 刘友金, 黄鲁成. 产业群集的区域创新优势与我国高新区的发展[J]. 中国工业经济, 2001（2）：33-37.

[36] Scott W. R. Institutions and Organizations [M]. California：SAGE Publication, 1995.

[37] Baumol, William J. Entrepreneruship：Productive, Unproductive, and Destructive [J]. Journal of Political Economy, 1990, 98（5）：893-921.

[38] 邓宏图, 宋高燕. 学历分布、制度质量与地区经济增长路径的分岔[J]. 经济研究, 2016, 51（9）：89-103.

[39] 王永, 崔春华. 制度质量、自然资源禀赋与出口技术复杂度[J]. 经济经纬, 2019, 36（1）：64-71.

[40] 郭苏文, 黄汉民. 制度质量、制度稳定性与对外贸易：一项实证研究[J]. 国际经贸探索, 2011, 27（4）：47-51.

[41] Nunn N. Historical Legacies：A Model Linking Africa's Past to Its Current Underdevelopment [J]. Journal of Development Economics, 2007, 83（1）：157-175.

[42] 王永进, 李坤望, 盛丹. 契约制度与产业集聚：基于中国的理论及经验研究[J]. 世界经济, 2010, 33（1）：141-156.

[43] 谢里, 张敬斌. 中国制造业集聚的空间技术溢出效应：引入制度环境差异的研究[J]. 地理研究, 2016, 35（5）：909-928.

[44] 李后建. 市场化、腐败与企业家精神[J]. 经济科学, 2013（1）：99-111.

[45] 陈强远, 梁琦. 技术比较优势、劳动力知识溢出与转型经济体城镇化[J]. 管理世界, 2014（11）：47-59.

[46] 谢里. 制度安排与产业集聚：理论与经验研究 [D]. 湖南大学, 2009.

[47] 卫兴华. 社会主义市场经济与法治[J]. 经济研究, 2015, 50（1）：10-12.

[48] 田毕飞, 陈紫若. FDI、制度环境与创业活动：挤入效应与补偿机制

[J]. 统计研究, 2017, 34 (8): 19-31.

[49] 颉茂华, 张婧鑫, 好日娃, 邢秀英. 社会资本、组织学习能力对产业集群竞争力的影响[J]. 资源与产业, 2019, 21 (6): 30-38.

[50] 邵帅, 范美婷, 杨莉莉. 资源产业依赖如何影响经济发展效率?——有条件资源诅咒假说的检验及解释[J]. 管理世界, 2013 (2): 32-63.

[51] 张云飞. 城市群内产业集聚与经济增长关系的实证研究——基于面板数据的分析[J]. 经济地理, 2014, 1: 108-113.

第4章 资源型产业专业化特征、集聚时空特征、变化趋势及其效应

4.1 资源型产业专业化特征

产业地理集聚是指许多具有不同规模的分工合作关系的企业以及与它们的发展有关的各种机构和组织集中在某个地区的特定产业中,并通过纵横交错的网络关系紧密联系的空间集聚体,积聚代表了市场与等级之间的空间经济组织的一种新形式。产业地理集聚区中复杂网络和系统性质的形成是基于人类经济生产过程中的连续分工和专业化。没有分工和专业化,就没有产业地理集聚。分工和专业化决定了产业地理集聚的形成和生产,产业地理集聚形成后,促进了产业地理集聚区域专业化的快速发展。必然的结论是:随着分工的发展,产业地理集聚将逐步发展。这反映了产业地理集聚与专业分工之间的动态辩证关系。分工与专业是一对矛盾的统一。事物的两个方面是紧密联系而又难以分离的:分工导致专业化,而专业化依赖和发展分工。在人类漫长的历史进程中,先后经历了基于性别、年龄或体力的自然分工。第一种社会分工是畜牧业和农业的分工;第二种社会分工是手工业和农业的分工;第三种社会分工是商人阶级的出现,脑力劳动和人力资源的分工人们称之为"第四种社会分工"。生产专业化深入发展,促进了生产方式的转变和生产力的进步。在现代社会,随着机器工业的发展和新技术的革命,新的生产部门和企业不断地从原有的部门和企业中分离出来。单个企业生产的产品日益减少,甚至只生产产品的一部分或一个过程,这使社会分工越来越趋于专业化。分工和专业化,实质上是指一个经济主体(个人、企业或其他微观经济组织)往往只从事一项或几项经济活动,或在一项经济活动中从事一项或几项业务的生产方式。

分工是指两个或两个以上的个人或组织将一个人或一个组织原有的生产活动中所包含的不同职能的运作分开;专业化是指一个人或一个组织在其生产中减少不同职能操作的类型,或者将生产活动集中在较少的不同功能上(洪联英和刘解

龙，2009)[1]。劳动分工和生产专业化是同一事物的两个方面,所有人共同的专业经济就是分工经济。随着专业化和分工的发展,一个人或一个组织的生产活动越来越集中在较少的不同职能上。分工和专业化是人类社会最普遍的现象。然而,关于这一现象的讨论最早出现在柏拉图的《理想国》即《国家篇》,以及《政治家篇》和《法律篇》中。他指出了分工的起源和本质,分工的起源可以从以下两个方面来考察:一方面是从社会分工与人的需要的关系来考察。他指出,人的多样化需求是社会分工的根源;另一方面是社会分工是人性的结果。"没有两个人的本性是完全一样的,我们的才能是有区别的,某些人适于这种工作,某些人适于那些工作。"社会分工本质的论证揭示了社会分工的一些基本特征。社会分工的第一个本质是分工的专业化,第二个本质是分工的整体性和层次性。社会分工是一个庞大的系统,它有两个重要特征:一是系统各部分之间的相互服务。在分工体系中,每个成员都服务于他人,并接受他人的服务。这样,不同分工的个体通过相互交换而结合在一起。二是社会分工体系的多层次性,主要是由人们多层次决策的需要决定的。从柏拉图对分工的起源和本质的理解可以看出,分工是一种社会现象,其在经济领域的进一步深化和发展比其他领域更为突出。亚当·斯密（1997)、Turner Louis (1986) 和杨小凯等 (2003) 在经济领域的贡献,正是这种见解的延续和补充[2-4]。希克斯和厉以平 (1997) 在其《经济史理论》一开始就指出:"经济史往往直接地表现为一个专业化的过程;但专业化不仅是各种经济活动的专门化,也是经济活动（正在变成经济活动的事物）由其他各种活动中分离出来的专门化。这是一个尚未完成也永远不会完成的专业化,但它已经取得了巨大的进展,使我们能够在研究中遵循它[5]。" Kevin 和 Gary (2007) 构建了具有内生分工、专业化水平、知识和协调成本的经济增长模型[6]。主要观点如下:

首先,从分工的表现和衡量来看,分工的发展表明劳动者从事的专业性劳动的范围越来越窄,以专门从事某一产品生产的人数作为分工的衡量指标。如果把专家定义为"对越来越少的事情知道得越来越多的人",那么在现代社会,一个产品是通过一系列互补的工作来完成的,完成这项"互补性工作"的工人是专业化工人,完成这项产品的工人组成一个"团队"。一个完整的产品生产被分解成越多的互补性工作,工人就越专业,团队中参与完成一个产品的工人也就越多。因此,团队成员的数量可以用来衡量分工和专业化程度。从人类专业化的角度来看,分工的发展是指同一产品生产链的延长,即迂回程度的加深;从分工的演化机制来看,一般人力资本或知识之间的相互作用,分工或专业化与协调成本在选择劳动者的长期效用最大化时可以达到最优增长。正如史密斯所说,分工受市场范围的限制,但在更多情况下,特别是在现代社会,分工主要受协调不同专业化工人的"协调成本"的限制,以及一般性知识的限制。知识的增长提高了专业化的经济效应,专业化程度提高的经济效应反过来又增加了知识投资的回报。在专业化和知识增长之间形成了一种自我成长的机制。另外,分工会导致一系列的协调成本,如阻碍其他成员的收入、委托代理成本等。协调成本随着分工的发展而增加。在一定协调机制的前提下,存在着人力资本积累、分工深化和经济增长的最优增长。协调成本的高低决定了均衡分工的水平和相应的产出。最后,从模型的推论来看,对于一国经济增长而言,分工演进的关键因素是协调成本的降低。协调成本较低的国家不仅产出更大,而且增长速度往往更快,因为较低的成本可以通过更广泛的分工而刺激知识投资。

对于企业的空间集聚和区域专业化,早期学者更关注产业集群与城市化的关系。产业集群和城市化形成的共同基础是专业化的外部性理论。基于市场外部性理论特定产业的本土化是专业化城市形成的根本原因。城市化起源于区位选择和产业集聚。城市内部结构理论和马歇尔外部性理论来解释城市产业集聚现象。专业化产业区是以企业集群为基础的地方性产业集群。地方自然资源、人力资源和社会资源的相互作用和协同作用是形成专业化产业园区的初始条件和主导因素。吴德进从专业化分工入手,指出产业关联企业之间而不是企业内部的专业化分工是产业集群发展的基本动力。一大批产业关联企业集聚发展,既能降低内生交易成本,又能降低外生交易成本,推动分工专业化在地理位置相近的大量企业中进行,而不是在有限的企业中进行。巫景飞和芮明杰(2007)运用解释性案例研究方法,考察了计算机产业从主机时代到 PC 时代的演进过程,从企业层面探索和分析了产业模块化的微观动力机制,认为创新行为是由企业之间的竞争所激发的,企业是产业模块化的主要驱动力[7]。产业模块化是一个复杂的协进化过程。在这个过程中,行业标准逐步形成,产业组织从整合走向模块化,各种制度安排出现,市场厚度逐渐加大。演化经济学的兴起为企业空间集聚和区域专业化的分析提供了新的视角。有效的宏观经济政策、产业政策和土地空间布局政策越来越受到专业市场和产业集群的影响。

在演进过程中,区域形成了自身的知识能力基础和制度环境,对本地行为主体的学习过程和创新绩效产生重要影响,并逐步形成区域竞争力。基于 2002~2006 年广东省 21 个地级市 29 个行业的面板数据,赵祥研究了产业集聚对特定行业企业成长的影响。研究结果表明:从整个行业样本来看,专业化集聚对企业资产规模扩张具有显著的正向影响,而多元化集聚对企业成长的影响很小;从行业角度来看,专业化集聚对基础原材料和装配制造业企业规模扩张的促进作用大于资源依赖型和最终消费品制造业企业的规模扩张,但多元化集聚对各行业企业的成长没有正面影响,甚至不利于资源依赖型产业的发展。专业市场与产业集群的互动发展是区域经济增长的重要现象。基于协进化理论分析范式，陆立军和郑小碧（2008）初步构建了专业市场与产业集群多层次、多阶段、协同演化型互动的理论分析框架和简化模型，揭示了专业市场与产业集群互动的一般规律和特殊演化机制专业市场与产业集群的发展。研究结果表明：专业市场与产业集群的互动是一个微观、中观、宏观三个层面相互作用、相互适应的多阶段协同演化过程。在知识增长扩散机制、学习机制和选择机制的协同作用下，专业市场与产业集群的互动模式是由有规则和中间型向随机型内生推动的，二者的互动经历了从萌芽、成长、发展到成熟再发展的转变和过渡[8]。王帮俊等（2009）运用演化博弈分析方法，从煤炭产业链节点企业间合作关系的角度，分析煤炭产业链中企业自主决策、形成产业链前后利润总额的变化，研究了煤炭产业链中各节点企业之间的合作关系，煤炭产业链内部和相关产业链之间的演化机制，发现煤炭产业链的逐步内化构建和演化煤炭产业链的动力机制对煤炭产业链的构建和延伸起着决策支持作用[9]。在全球化进程中，产业区的变迁受到技术组织区协同演化的影响，存在着升级、衰退和形式消失的路径分岔。如果产业区内的企业在学习上相互影响，产业区将升级为创新型产业区；如果产业区内的企业不太关心学习或固定在本地化网络中，造成锁定效应，产业区可能会衰落；如果企业具有组织惯性，不能随着技术范式的改变而及时改变，行业可能会衰落。运用协同学分析方法，选取相应的序数变量，建立了两个系统协同进化水平的评价指标体系，并对进化水平进行了实证分析。结果表明：两个系统在不同区域的协同演化水平呈现出显著的四个梯度分布，演化过程具有持续改进和往复波动并存的特点，总体演化水平较低，东西部差距明显。

资源型企业集聚的研究离不开企业成长的研究，企业成长是现代经济学和管理理论的一个重要方面。随着资源型企业规模的扩大，企业内部的分工越来越普遍。专业化岗位更匹配人力资源，生产效率更高，生产成本更低。企业内部的资源和能力决定了企业成长的路径。人力资源的知识存量、企业家的个性特征、物质资源和管理能力等内部资源决定了企业的成长和集聚。资源依赖理论表明，企业成长是在一定区域内形成企业集聚的过程，它将促进产业集群的形成。产业集群实际上是一种企业网络，其集聚效应有助于企业获取成长所需的各种资源，扩大企业规模，尤其是资源型企业。知识溢出效应、集体行动效应、中间投入相关效应、劳动力共享效应、市场规模效应和基础设施共享效应带来的专业化经济和多元化经济将放大集聚效应，产生增量收入，这将进一步带来产业地理集聚和区域专业化。同样，产业地理集聚和区域专业化将进一步带来企业成长和基于网络效应形成的集聚，如图4-1所示。这就引出了谁是先生、谁是后生抑或企业空间集聚与区域专业化共生的问题。

第4章 资源型产业专业化特征、集聚时空特征、变化趋势及其效应

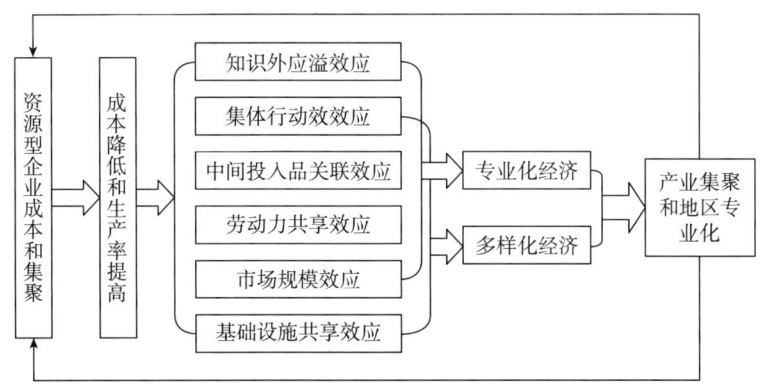

图4-1 资源型企业空间集聚和地区专业化的演化机理

企业空间集聚的逻辑是：企业网络的知识溢出效应、集体行动效应、中间投入相关效应、劳动共享效应和市场规模效应有助于企业进行技术创新，提高生产率，扩大企业规模，从而形成中间产品供给的规模经济，进而提高产业内分工网络的效率，当地市场规模的不断扩大将为企业扩大规模带来市场需求条件；劳动共享效应可以提高劳动力市场供求双方的匹配效率；集体行动效应可以维护企业网络中的信任和承诺，有助于企业合作。由此带来的专业化经济将有助于同类企业提高生产效率，降低成本，促进企业规模化、集聚式增长。多元化经济具有集体行动效应、中间投入相关效应、劳动分享效应、市场规模效应和基础设施共享效应，可以带来范围经济和增加收入。其中，基础设施共享效应来自交通、通信和能源基础设施投资的增加，降低了企业的交易成本。专业化经济和多元化经济将进一步促进产业集聚和区域专业化。区域专业化的逻辑是：资源型企业集聚和区域专业化带来的外部范围经济，可以通过企业集聚实现整个产业整体成本的持续下降，表现为规模收益的不断提高；同时，资源型企业集聚和区域专业化能够带来产业布局的合理性、有效性和经济性，促进区域经济竞争优势的形成，实现资源型产业经济效益的最大化。

综上所述，专业化分工有利于降低交易成本、实现规模收益、提高产业发展效率，是产业地理集聚形成和发展的经济动因。亚当·斯密等认为，分工和专业化的发展促进了"迂回生产"模式的出现和部门的精细化，促使众多经济活动在一定的空间范围内集中，形成集聚经济和产业地理集聚，然后获得规模经济。

4.2 地理集聚的时空特征

什么是地理集聚？根据新经济地理学，地理集聚是由循环累积因果效应引起的，其循环累积因果效应的逻辑如图4-2所示，偶然扰动破坏了对称区域的原有均衡，导致地理集聚区市场规模的扩大，产生了市场扩张效应，使生产要素开始向区域集中。要素和产业的集中导致区域价格指数效应，制造商向区域集中有利于节约运输成本和工人生活成本，使要素进一步集中，进而扩大市场规模、要素进一步集中，形成循环累积因果效应。图4-2实线为直接因果关系，虚线为间接因果关系，即历史上市场规模的扩大和区域因素的集中会导致当前市场规模再次扩大，区域因素再次集中。在地理意义上，企业生产的新产品在地理上是相同的，所以在地理意义上，所有企业都具有相同的生产成本。因此，根据新经济地理学的严格假设，区域市场规模的扩大和产出的增加可以看作是不同产业和要素在特定区域的集聚，从而形成发达地区和欠发达地区的二元中心—外围结构。事实上，从更广泛的理论视角来看，对中心—外围产业地理集聚的研究可以追溯到Myrdal和Hirschman增长极理论的极化和扩散效应。他们认为，偶然的增长刺激会促进未来的增长，而偶然的增长停滞也会影响未来的增长（Myrdal, 1960; Hirschman, 1958)[10-11]。合理集聚是由区域促进产业引起的经济持续增长现象。从产业本土化的角度来看，一些研究认为，许多相同的企业在空间上的集聚产生了进一步产业集聚的外部性，专业的供应商团队、劳动力共享和技术溢出进一步导致了新的集聚，因此，外部性也被认为是造成产业地理集聚循环累积因果效应的因素（Marshall, 1980)[12]，但在这里，产业地理集聚成为同一产业的集聚。Poter (1990) 将竞争优势理论与经济地理学相结合，提出了地理集群的概念。他认为相关企业可以通过地域集中产生群体协同效应，从而形成竞争优势[13]。波特认为，在一定空间内的产业集聚是基于竞争优势的产业自驱动的结果。波特的集群理论的内容不同于新经济地理学。波特的地理集聚不仅包括产业在给定空间内的集聚，还包括相关配套产业在给定空间内的集聚，即波特的集群理论包括第二产业和第三产业的集聚。韦伯（1992）提出，集聚是一种"优势"，即生产成本低廉，或者生产被诱导到市场的某个地方。因此，他认为集聚因素有两种，一种是企业规模经济导致的产业集中，另一种是由于企业之间的合作、分工和基础设施的共同使用，不同企业在一定的空间内集中[14]。新产业区理论（Piore & Sabel, 1984; Rosenthal et al., 1997）认为，产业地理集中的驱动力是外部环境的不确定性和利用范围经济、创新环境和专业化分工提高其创新能力的自我驱动力的结果劳动[15-16]。从现实来看,发达地区作为中心—外围视角的"中心",充满了大量极具活力的产业集群或产业区,因此发达地区的地理集聚可以说是由多种因素造成的。区域地理集聚不仅仅是指外部经济、范围经济和规模经济,还包括分工、合作、共同基础设施、外部性等在集聚过程中,体现为区域第二、第三产业的地理集聚和产业的协调发展,经济持续快速增长,以及生产能力的区域集中。但必须强调的是,由于产业集群或产业带的存在,发达经济圈的中心—外围地理集聚使该区域的产业内竞争比没有集群或产业带的区域更为激烈。

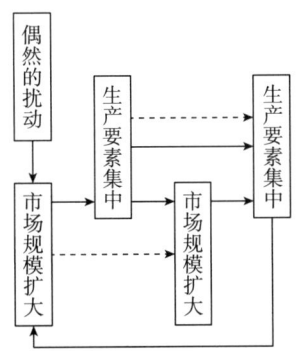

图4-2 循环累计因果效应逻辑

发展资源型产业,直接关系到扩大国内市场需求、促进经济增长、巩固国家资源地位和社会稳定。自然资源丰富的地区,以其独特的地理优势和巨大的市场潜力,成为我国资源战略的重要部署。同时,资源型企业为了降低成本,一般选择在资源密集区附近建厂,逐渐形成产业地理集聚现象。韦伯(1997)在《产业区位理论》中提出了"产业地理集聚经济"的概念。他认为集聚是一种优势,可以有效地促进经济发展[17]。资源型产业作为我国的基础产业,资源依赖度高,产业关联度高,规模效应显著。多数研究指出,我国产业地理集聚现象正在深化,少数资源型产业的研究也表明,部分产业的集聚程度进一步提高(衣保中和周贺,2020;张司飞,2012)[18-19]。但是,资源型产业地理集聚的时空分布特征,以及集聚区的形成是否与资源本身有关,所有资源型产业是否都具有相同的集聚特征?目前,这些问题还没有明确的答案。因此,研究其时空特征、变化趋势和经济效应,探讨这种集聚现象对集聚区域经济的影响,为资源型产业的可持续发展提出切实可行的建议,具有重要的现实意义。

学者们从多个角度研究了资源型产业集聚的特征、时空分布和经济效应。Ellison等(1997)研究了美国制造业的集聚现象,发现近25%的产业地理集聚是由自然资源优势形成的[20]。Guerrieri（2004）认识到，外部经济和集体行动，即集聚效应，会对资源型产业产生影响。他提出了"集体效率"的概念，并根据产业地理集聚的空间特征对资源型产业进行了研究[21]。国内早期的研究主要集中在资源型产业集聚的空间特征、发展趋势及其对资源开发利用和区域经济发展的重要性（毛熙彦等，2015；王丁宏和曹谨，2015；于善波等，2015）[22-24]。在新形势下，资源型产业面临着各种亟待解决的问题。基于利益相关者之间的进化博弈，傅沂和杨修进（2016）、吴洋和范如国（2015）研究了资源型产业地理集聚发展对资源开发利用和区域经济发展的重要性，定量分析了资源型产业的地理集聚，并通过数值模拟，论证了不同参数对其变化趋势的影响[25-26]。罗福周等（2017）结合地理资源的产业集聚的概念，探讨了基于地理资源集聚的中国资源型产业空间集聚的原因[27]。王凯（2019）结合供给侧结构性改革的思路，针对资源型产业地理集聚的经济效应，分析了产业结构改革，表明这种产业地理集聚对地方经济发展具有显著影响[28]。王志亮等（2019）以内蒙古资源型产业地理集聚为例，通过研究社会资本、企业能力和产业集群竞争力之间的关系，指出资源型产业地理集聚在经济发展中的重要作用[29]。

学者们对资源型产业地理集聚的研究为本书的研究提供了新的理论视角。但是，目前的研究还存在以下问题。首先，大多数的研究都局限于资源型产业地理集聚的一定特征，很少甚至没有研究者将资源型产业地理集聚的时空特征、变化趋势和效应结合起来研究，也没有解释资源型产业地理集聚的具体演化路径。其次，现有的研究大多采用描述性方法对特定区域的资源型产业地理集聚进行分析，缺乏对国家层面产业地理集聚时空特征、变化趋势和效应的定量实证分析，从而缺乏现实意义。因此，从理论上讲，对资源型产业集聚的特征、变化趋势和经济效应的把握还不是很清楚。在此基础上，本书以全国 31 个省市为样本，运用赫芬达尔—赫希曼指数、空间集聚指数、区位熵等计量经济学方法，从时间和空间两个方面研究了资源型产业地理集聚的特征、变化趋势和经济效应，提出了相应的对策建议，并提出了资源型产业地理集聚发展的具体思路，在弥补目前理论研究的同时，对资源型产业的发展具有现实意义。

4.2.1 数据来源与样本选择

本书使用的数据来自 2001～2017 年《中国产业统计年鉴》、中宏观产业数据库和中国经济和社会发展统计数据库。根据中国经济统计数据，资源型产业的行业分类和行业代码为：煤炭采和洗选业（X1）、石油和天然气开采业（X2）、黑色金属矿采选业（X3）、有色金属矿采选业（X4）、非金属矿产采选业（X5）、石油加工、炼焦和核燃料加工业（X6）、非金属矿物制品业（X7）、黑色金属冶炼及压延加工业（X8）、有色金属冶炼及压延加工业（X9）、金属制品业（X10）。为了更细致地研究区域差异，本书以31个省市为样本，根据地理位置、经济发展状况和产业布局，将各省市划分为8个经济区域：①黄河中下游地区，包括山西、陕西、河南、内蒙古；②长江中游地区，包括湖北、湖南、江西和安徽；③东北地区，包括辽宁、陕西、河南、内蒙古、吉林和黑龙江；④北部沿海地区，包括北京、天津、河北和山东；⑤东部沿海地区，包括上海、江苏和浙江；⑥南方沿海地区包括福建、广东、海南等；⑦西南地区，包括云南、贵州、四川、重庆和广西；⑧西北地区，包括甘肃、青海、宁夏、西藏和新疆。

在CES生产函数回归中，所用数据为2000~2016年《中国产业统计年鉴》中"全部国有及规模以上非国有企业"表中的利润总额、工业总产值和固定资产净值。为了符合集聚效应理论中资本价格和劳动力价格不变的假设，最终数据为"1990年不变价格"栏中的数据，删除总利润为负的样本，并用stata11移动时间序列对处理后的样本数据进行回归。

4.2.2 模型选择

产业地理集聚是同一产业集中在特定区域的一种产业增长现象，是产业集群形成的前提和必要条件。产业空间集中度通常用来衡量产业集聚程度。这一概念和相应的测度方法是产业集中度应用于集群研究的结果。事实上，传统产业组织理论中提出的产业集中度测度是用来分析行业内市场垄断和竞争的情况。这里的"集中"或"集聚"的概念不是指产业的空间集聚，而是在产业集群研究中继承了衡量集聚程度的思想。近年来，许多学者试图将产业集中度的概念和测度方法引入区域经济理论。在选择衡量的基数时，更多地采用具有空间地域性的指标来反映产业的空间集聚程度，即产业空间集中度。目前，产业空间集中度主要通过行业集中率指标（Concentration Ratio，CR）、区位熵系数（Location Quotient，LQ）、空间基尼系数（Space Gini Coeffcient，G）、赫芬达尔—赫希曼指数（Hirschman – Herfindahl Index，HHI）等来衡量，可根据不同的研究目的或产业集中度的实际情况使用不同的空间测量方法。最常用的基数包括：产量、销售额、销售收入、从业人员数、总资产、产业增加值等（封伟毅和杨硕，2020）[30]。

（1）赫芬达尔—赫希曼指数（Herfindahl – Hirschman Index，HHI），用来衡量市场中制造商规模的分散程度，反映产业集中度的基本指标。该指标充分考虑了区域总量和产业规模的影响，能够准确描述一个产业的集聚程度，HHI值反映了该地区的产业集中度。HHI指数公式为式（4-1）：

$$\mathrm{HHI} = \sum_{i=1}^{N}(X_i/X) \tag{4-1}$$

式中，X 为资源型产业全国总产值；X_i 为资源型产业在 i 区域的总产值；N 为区域数。

(2) 空间聚集指数（EG 指数），由 Ellison 与 Glaeser 提出，在空间基尼系数的基础上，结合 HHI 指数，形成了衡量产业集聚程度的新指标。该指标考虑了不同地区的影响，可以比较不同行业、不同时期的产业集中度，从而解决了空间基尼系数失真的问题。假设一个经济体（国家或地区）的一个行业中有 n 家企业，分布在该经济体的 M 个地理区域内，则空间聚集指数（EG）的计算公式为式（4-2）：

$$y = \frac{G - (1 - \sum_{i=1}^{M} X_i^2) HHI}{(1 - \sum_{i=1}^{M} X_i^2)(1 - HHI)} \quad (4-2)$$

式中，$G = \sum_{i=1}^{M} (S_i - X_i)^2$ 为空间基尼系数，其中，S_i 为 i 区域某产业产值占该产业全部产值的比例，X_i 为 i 区域资源型产业产值占全国资源型产业产值的比例；$HHI = \sum_{j=1}^{N} \left(\frac{X_j}{X} \right)^2$ 为赫芬达尔—赫希曼指数。一般认为，y > 0.05 被视为产业高度集聚；y < 0.02 被视为不存在产业地理集聚。在衡量产业集中度的各种方法中，空间基尼系数可以反映一个产业的空间分布与整个产业的空间分布是否一致。要计算空间基尼系数，需要计算两个比例：一是某个地区某个行业的某个计量基础占整个地区该行业计量基础总值的比重，二是全区各行业测度基数总值所占比重。然后计算各区域在产业中的两个比例的平方差，以此判断区域产业与整个产业的协调程度。从空间基尼系数的定义可以看出，该指标是区域产业与整体产业的比值，是一种相对比较。因此，空间基尼系数越接近 0，产业 i 的空间分布与整个产业的空间分布相匹配；空间基尼系数越接近于 1，说明产业 i 的空间分布与整个产业的空间分布不一致。产业 i 可能集中在一个或几个地区，而在其他地区则很小，换句话说，它是一个产业 i 中高的集合。因此，产业 i 的空间基尼系数越大，产业集聚水平越高。

(3) 区位熵（Location Quotient, LQ），又称专业化率，是指一个地区内某一产业部门的产值占该地区总产值的比例，以及该部门产值占全国总产值的比例。区位熵可以用来衡量产业集聚程度，识别产业集群存在的可能性，衡量产业专业化率。根据区域熵的大小，可以判断某一区域的优势产业。价值越高，产业集中度越高，比较优势越高。计算公式为式（4-3）：

$$LQ_{ij} = \frac{X_{ij}/X_j}{X_i/X} \quad (4-3)$$

式中，i 为产业；j 为地区 X_{ij} 为 j 地区第 i 产业的产值；X_j 为 j 地区所有产业产值总和；X_i 为各地区 i 产业产值的总和；X 为各地区所有产业产值总和。$LQ_{ij} > 1$，表明该地区该产业具有比较优势，一定程度上表明该产业有较强的集聚能力；$LQ_{ij} > 1.5$，表明该地区该产业优势较为明显；$LQ_{ij} > 2$，表示优势十分突出；$LQ_{ij} < 1$，表示该地区该产业处于比较劣势，其集聚能力较弱。

（4）塞尔指数（Theil），将总指标差分为两部分，一部分是组间差异的度量，另一部分是组内差异的度量，既能描述整体产业地理集聚的变化趋势，又能识别出各地区的变化方向。同时，还可以定量地反映部分集中对总体集中的贡献。塞尔指数为从地理区域和产业角度分析集聚趋势提供了一种方法，这是塞尔指数的优势所在。其计算公式为式（4-4）：

$$I_{theil} = I_{(inter)} + \sum_{i,j=1}^{n} \left(\frac{Y_i}{Y}\right) I_{i(intra)} \tag{4-4}$$

式中：$I_{(inter)}$ 为组间差异，计算公式为式（4-5）：

$$I_{(inter)} = \sum_{i=1}^{8} \times \ln[(Y_i/Y)/(X_i/X)] \tag{4-5}$$

$\sum_{i,j=1}^{n} \left(\frac{Y_i}{Y}\right) I_{i(intra)}$ 为组内差异，计算公式为式（4-6）：

$$I_{(intra)} = \sum_{i,j=1}^{n} \left(\frac{y_j}{Y_i}\right) \times \ln[(y_j/Y_i)/(X_j/X_i)] \tag{4-6}$$

式中，i 为地区，i = 1，2，3，…，8；j 为各地区内省（直辖市）；n 为地区和省份代码，如当 i = 1 时，j = 1，2，3，4 分别对应黄河中下游地区 4 个省份，其他地区以此类推；Y_i/Y 为 i 区域产业产值占全国总产业产值的比重；X_i/X 为 i 地区就业人数占全国总就业人数的比重；y_j/Y_i 为 j 省（直辖市）产业产值在 i 区域产业产值中所占比重，$Y_i = \sum_{j=1}^{n} Y_j$；x_j/X_i 为 j 省（直辖市）就业人数在 i 区域就业人数所占比重，$X_i = \sum_{j=1}^{n} X_j$。

（5）CES（Constant Elasticity of Substitution）生产函数，是测算集聚效应的一种直接方法，从函数中体现的规模效应角度来体现产业地理集聚效应，这是学者们研究产业地理集聚效应普遍使用的方法。其模型为式（4-7）：

$$P = AQ^{\beta}K^{\gamma} \tag{4-7}$$

$$h = \frac{1+\gamma}{1-\beta} \tag{4-8}$$

式（4-7）两边同时取对数，得到式（4-9）：

$$\ln P = \ln A + \beta \ln Q + \gamma \ln K \tag{4-9}$$

式中，P 为某产业部门实现的利润；Q 为某产业部门产业总产值；K 为某产业部门某年份固定资产净值；β 为利润产出弹性；γ 为固定资产占用的利润弹性；h 为集聚效应的大小（h≥1，表明具有集聚效应，h 越大，则表示集聚效应越明显；h<1，则表明该行业不存在集聚效应或集聚效应不明显）。

4.2.3 地理集聚的时空特征

为了比较不同矿产资源型产业的区域分布现状，本书选取了包括煤炭采选和加工在内的 10 个矿产资源产业门类，以 2011 年《中国产业经济统计年鉴》和 2011 年《中国统计年鉴》数据为来源，根据空间基尼系数的测度原理，计算得出我国 10 个产业部门的空间基尼系数分布结果如表 4-1 所示。

表 4-1　我国主要矿产资源型产业空间基尼系数分布

行业	空间基尼系数
煤炭开采和洗选业	0.923
石油和天然气开采业	0.918
黑色金属矿采选业	0.912
有色金属矿采选业	0.801
非金属矿采选业	0.227
石油加工、炼焦及核燃料加工业	0.180
非金属矿物制品业	0.117
黑色金属冶炼及压延加工业	0.307
有色金属冶炼及压延加工业	0.169
金属制品业	0.114

结果表明，煤炭开采和洗选业空间基尼系数（0.923）、石油和天然气开采业（0.918）、黑色金属矿采选业（0.912）和有色金属矿采选业（0.801）的空间基尼系数均接近 1，在全国范围内具有较为明显的集聚趋势，但与矿产资源相关的各类制造业集聚优势不显著。以矿产资源开采加工为基础发展起来的加工制造业总体空间基尼系数不高。五个相关制造业的空间基尼系数平均值仅为 0.177，与煤炭开采和洗选业相关的加工制造业，如石油加工、炼焦及核燃料加工业等，其空间基尼系数（0.180），略高于平均值，存在差异但不显著，考虑到这种差异，可能与资源赋存条件和政府政策引导有关。应该说，正如预期的那

样,各矿产采选业的产业集中度高,应该与区域自然资源的赋存密切相关,而相应的制造业相对分散,这反映出资源型产业网络的发展相对松散,围绕区域资源没有紧密的产业链。产业发展仍以自然资源为主,附加值相对较低。综上所述,从以煤炭产业为代表的可枯竭矿产资源空间基尼系数分布来看,我国煤炭产业的发展呈现出一定的集聚特征。但是,现阶段这种集聚的驱动力主要与现有的自然资源优势有关,真正支持从集聚向集群转化的产业网络并不完善,从而摆脱资源的集群产业优势并不显著。也就是说,我国煤炭资源型产业已经具备了围绕主导产业链进行企业集聚的条件,但相关产业和组织的整合与配套还不成熟。

本书以中国大陆31个省级地区的总产值、总就业和利润数据为基础,从不同角度分析了2000~2016年的HHI指数、空间集聚指数和区位熵,总结了资源产业地理集聚的时空特征。本书计算了反映资源型产业地理集聚变化趋势的产业塞尔指数,并在此基础上选取各产业不同年份位列第一的区域,研究区域内的空间集聚与扩散情况。利用CES生产函数对数据进行移动时间序列回归,计算h(集聚效应)指数,观察资源型产业集聚的经济效应。为了简化布局,本书选取了研究期内五年的数据,结果与整个样本的研究结论一致。结果表明,我国资源型产业集聚主要呈现以下几方面时空特征:

(1)从总体上看,我国资源型产业具有地域集聚的特征,如图4-3所示。各行业的HHI指数反映了各行业的产业集中度。从图4-3可以看出,我国资源型产业的HHI指数大于0.05,总体上具有产业集中的特征。根据Elliosn等(1997)对EG指数的划分,Y>0.02,则认为该产业存在产业地理集聚现象,Y>0.05则认为产业高度集中[20]。从图4-4的EG指数可以看出,我国大部分资源型产业的EG指数均大于0.02,X10、X6、X3等部分产业的平均EG指数均高于0.05,呈现出高度的地理集聚。与HHI指数相比,EG指数和HHI指数具有相似的变化趋势和大小关系,这相互支持了本书的研究结果。

(2)不同产业的地理集聚程度存在明显差异。我国资源型产业虽然总体表现为集聚,但产业间的集聚程度存在较大差异。EG指数反映了不同行业的地理集聚程度。从图4-4可以清楚地看出,X3、X6和X10的EG指数均在0.05以上,表现出高度的聚集性。这类产业的特点是依赖自然资源的生产加工,具有较强的区域依赖性。正如马歇尔(1980)所言:"一个产业依赖于自然资源,它需要靠近资源所在地,所以很容易产生地理集聚[12]。"例如,非金属矿产、有色金属和石油在全国广泛分布,呈现出"局部集聚,大部分散"的特征,所以这些产业的整体集聚度不高。

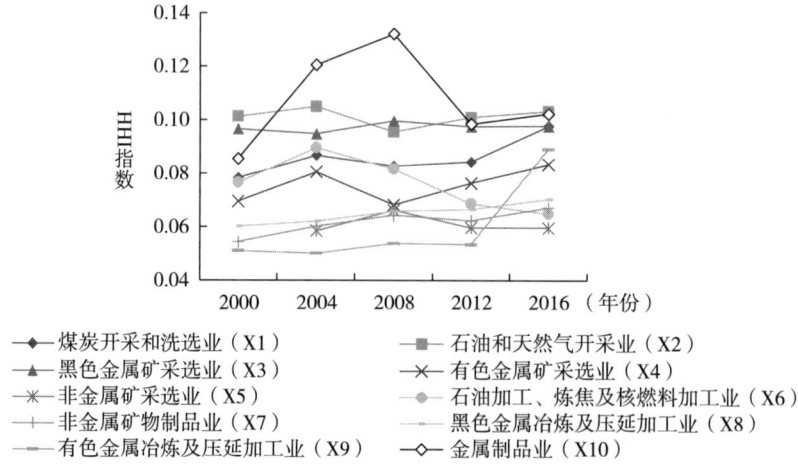

图4-3 2000~2016年全国资源型产业赫芬达尔—赫希曼指数（HHI）及变化趋势

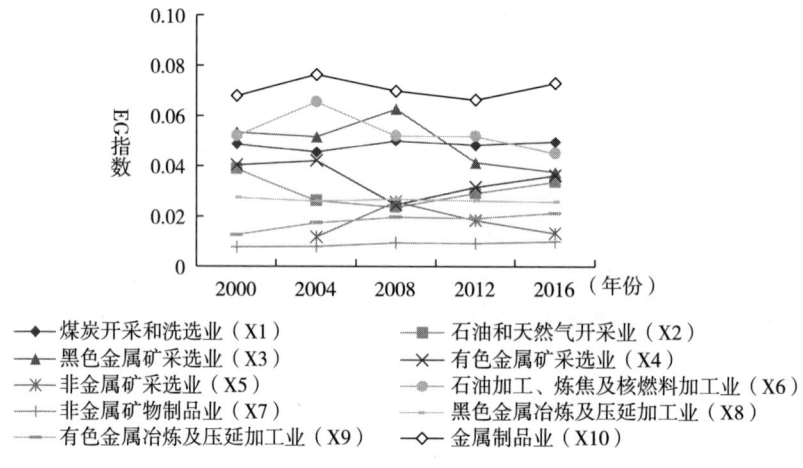

图4-4 2000~2016年全国资源型产业空间集聚指数（EG）及变化趋势

（3）我国资源型产业的空间分布明显不同，不同地区的主导产业也不同。2016年中国资源型产业按地区划分的区位熵如表4-2所示。可以看出，不同产业之间的区域集聚程度存在明显差异。黄河中下游地区X1的区域熵值为3.02，地理集聚现象突出；山西、内蒙古等地有色金属储量充足，有色金属产业也形成较为明显的产业地理集聚，资源型产业的地理集聚与资源的地理分布密切相关。众所周知，西藏、青海、新疆具有得天独厚的地理优势，因此X2主要集中在西北地区；非金属矿产主要集中在西南地区和长江中游地区，其中X5的区位熵最高,为2.08,X7的区位熵最高,为1.34,长江中游地区也决定了该地区存在比较明显的产业地理集聚,这也是由当地要素禀赋决定的。四川省分布着黄铁矿、石墨、云母等重要的非金属矿产,重庆、湖南、贵州被誉为中国锰矿的"金三角"。湖南郴州是中国乃至亚洲最大的微晶石墨产地,素有"五朵金花"之称的钽铌矿居亚洲首位;X6集中在东北地区,黑色金属广泛分布于河北、吉林、江苏、四川等地。因此,X3和X8在北部、东部沿海地区和东北部地区的区位熵都大于1,体现出较为突出的集聚优势;X10则主要集聚在南部和东部沿海地区。

表4-2 2016年中国资源型产业分区域区位熵

地区	煤炭开采和洗选业（X1）	石油和天然气开采业（X2）	黑色金属矿采选业（X3）	有色金属矿采选业（X4）	非金属矿采选业（X5）	石油加工、炼焦及核燃料加工业（X6）	非金属矿物制品业（X7）	黑色金属冶炼及压延加工业（X8）	有色金属冶炼及压延加工业（X9）	金属制品业（X10）
北部沿海	0.54	0.78	1.48	0.80	0.41	1.43	0.73	1.36	0.74	1.14
黄河中下游	3.02	1.61	1.03	2.31	0.87	0.61	1.05	0.70	0.99	0.41
东北地区	0.69	3.37	1.39	0.89	0.77	2.44	0.95	0.92	0.31	0.56
东部沿海	0.07	0.04	0.05	0.03	0.58	0.93	0.84	1.42	0.97	1.72
长江中游	0.44	0.03	1.13	1.07	1.96	0.49	1.34	0.74	1.55	0.91
南部沿海	0.05	0.62	0.44	0.21	1.11	1.02	1.29	0.68	0.98	1.78
大西南	1.47	0.90	1.46	1.24	2.08	0.50	1.21	1.05	0.92	0.62
大西北	1.27	4.84	0.65	0.89	0.33	1.84	0.49	0.47	1.88	0.18

注:方框内数字表示该行业区位熵值最高的地区。
资料来源:《中国工业统计年鉴》、中宏产业数据库以及中国经济与社会发展统计数据库。

4.3 地理集聚的变化趋势

4.3.1 资源型产业地理集聚度的测定

产业地理集聚作为一种产业发展的区域现象,是经济发展的必然产物。通过对其进行改进,可以消除产业在区域内的分散,进而实现规模经济,增强产业的竞争优势。产业地理集聚是一种集聚行为,因此存在着集聚度问题,即产业地理集聚度问题。产业地理集聚可以反映一个地区产业的竞争力和经济实力。至于产业地理集聚程度,前期主要集中在集聚理论的定性研究上,随着研究的不断深入,产业地理集聚度的定量研究成为区域经济学家关注的焦点,从不同角度创造和发展了多种产业地理集聚度的测度方法。产业地理集聚的研究需要从其自身的特点出发,因为它涵盖了空间和产业两个层面,因此相关研究需要综合考虑这两个因素。已有学者发现,从形成和影响机制来看,我国产业集聚受空间规模和产业水平的影响很大。一般来说,空间尺度越小,产业层次越细,越有利于研究产业地理集聚的技术外部性(王帮俊等,2009)[9]。

产业地理集聚能否得到有效的测度,直接关系到研究结论的可信度。本书以不可再生资源为主要分析对象,主要测算了矿产资源的产业地理集聚度,并通过产业地理集聚度的变化趋势分析了矿产资源产业地理集聚行为的演化。截至目前,常用的衡量产业地理集聚程度的方法有:赫芬达尔指数(H)、区位熵(LQ)、空间基尼系数(G)、EG指数、塞尔指数等。由于EG指数和塞尔指数在衡量产业集聚度方面具有更显著的优势,本书选取了以上两种方法衡量我国矿产资源产业地理集聚度,具体计算公式如下:

(1)EG指数,如式(4-10)所示:

$$\gamma = \frac{G_{jt} - \left(1 - \sum_{i=1}^{n} X_{it}^2\right) H_{jt}}{\left(1 - \sum_{i=1}^{n} X_{it}^2\right)(1 - H_{jt})} \quad (4-10)$$

$$G_{jt} = \sum_{i=1}^{m} (S_{it} - X_{it})^2$$

$$H_{jt} = \sum_{j=1}^{n} Z_j^2$$

式中,G_{jt}为t年j产业的空间基尼系数,S_{it}为t年i地区j产业的就业人数占全国j产业就业人数之比,X_{it}为t年i地区就业人数占全国总就业人数之比,H_{jt}为衡量市场集中度的赫芬达尔指数,Z_j为j产业就业占该产业全国就业人数之比。采用面板数据,通过广义最小二乘法对资源型产业集群形成机理模型假说进行回归分析,验证其形成动因。

(2)塞尔指数,如式(4-11)所示:

$$I_{theil} = I_{(inter)} + \sum_{i,j=1}^{n} \left(\frac{Y_i}{Y}\right) I_{i(intra)} \quad (4-11)$$

式中:$I_{(inter)}$为组间差异,计算公式为式(4-12)所示。

第4章 资源型产业专业化特征、集聚时空特征、变化趋势及其效应

$$I_{(inter)} = \sum_{i=1}^{8} \times \ln[(Y_i/Y)/(X_i/X)] \qquad (4-12)$$

$\sum_{i,j=1}^{n}\left(\dfrac{Y_i}{Y}\right)I_{i(intra)}$ 为组内差异,计算公式为式(4-13)所示。

$$I_{i(intra)} = \sum_{i,j=1}^{n}\left(\dfrac{y_j}{Y_i}\right) \times \ln[(y_j/Y_i)/(x_j/X_i)] \qquad (4-13)$$

式中,i 为地区,i = 1,2,3,…,8;j 为各地区内省(直辖市);n 为地区和省份代码,若当 i = 1 时,j = 1,2,3,4 分别对应黄河中下游地区 4 个省份,其他地区以此类推;Y_i/Y 为 i 区域产业产值占全国总产业产值的比重;X_i/X 为 i 地区就业人数占全国总就业人数的比重;y_j/Y_i 为 j 省(直辖市)产业产值在 i 区域产业产值中所占比重,$Y_i = \sum_{j=1}^{n} Y_j$;x_j/X_i 为 j 省(直辖市)就业人数在 i 区域就业人数所占比重,$X_i = \sum_{j=1}^{n} X_j$。

4.3.2 资源型产业地理集聚度的测定及其变化趋势

2000~2011 年中国资源型产业地理集聚指数如表 4-3 所示,需要注意的是:由于我国资源型产业企业数量的详细数据无法从公开发布的数据中获得,本书假设区域内某一资源型产业的企业规模相近,并选取行业平均企业就业人数进行计算。当然,使用这一指标比较粗略,但考虑到矿产资源型产业对资源的依赖性、国家政策的支持性、企业模式的趋同以及发展过程的初级阶段,平均就业的选择也符合实际发展情况。Ellison 和 Glaeser(1997)将地理集中指数分为三个区间:第一个区间为 γ < 0.02,表示该行业为低集中度行业,没有明显的地方化现象;第二个区间为 0.02 ≤ γ ≤ 0.05,表明该行业为中等集中度行业,区域分布相对平均;第三个区间为 γ > 0.05,表明该行业为高集中度行业,没有明显的本地化现象,产业是高集中度的产业,在区域内聚集度分布最为集中[20]。从表 4-4 可以看出,2000~2011 年中国资源型产业集聚指数呈现出以下三个特点:一是 11 个资源型产业集聚度不同,其中 5 个产业集聚度高,3 个产业集聚度中等,3 个产业集聚程度较低。二是 11 个资源型产业集聚趋势不同(见图 4-5)。其中,8 个行业呈现先涨后跌的走势,且总体呈上升趋势。有色金属冶炼及压延加工业和金属制品业两大产业集聚趋于分散,电力、热力产业集聚趋于集中。三是矿产资源型产业,除金属采选业外,其他四大矿产业的产业地理集聚度较高,而初级加工等下游产业集聚度较低。只有石油加工、炼焦、核燃料加工业的空间分布趋于集中。从整体上看,资源型产业集聚度呈波动性增长,2007 年和 2008 年集聚度最高。

表 4-3 资源型产业集群形成机理模型表征指标

理论基础	激理动因或机理动因	表征因素	具体指标	计算公式
比较优势理论	资源禀赋	矿产资源储量	主要矿产基础储量	主要矿产基础储量
		产业平均规模	企业平均总产值	产业总产值/企业数
		相对企业规模	企业平均就业人数	全部就业人员年平均数/企业数
		劳动力市场	全部就业人员年平均时数	全部就业人员年平均时数
产品集聚理论	竞争优势	新产品	新产品销售收入占比	新产品销售收入/主营业务收入
		全员劳动生产率	平均一个从业人员在单位时间内的产品生产量	产业增加值/全部从业人员平均人数
		企业运作成本	主营业务成本占比	主营业务成本/主营业务收入
		产品销售率	产品销售率	产品销售率
国家战略	政府培育	政府投资	国家资本	国家资本

表 4-4 2000~2011 年中国资源型产业地理集聚指数

年份	煤炭开采和洗选业	石油和天然气开采业	黑色金属矿采选业	有色金属矿采选业	非金属矿采选业	石油加工、炼焦及核燃料加工业	非金属矿物制品业	黑色金属冶炼及压延加工业	有色金属冶炼及压延加工业	金属制品业	电力、热力的生产和供应业
2000	0.0456	0.0541	0.0615	0.0454	0.0000	0.0256	0.0048	0.0311	0.0247	0.0151	0.0098
2001	0.0521	0.0514	0.0711	0.0468	0.0000	0.0327	0.0056	0.0328	0.0273	0.0165	0.0110
2002	0.0565	0.0595	0.0696	0.0480	0.0000	0.0495	0.0068	0.0370	0.0307	0.0187	0.0134
2003	0.0658	0.0693	0.0785	0.0542	0.0000	0.0624	0.0083	0.0409	0.0316	0.0203	0.0180
2005	0.0901	0.0961	0.0961	0.0658	0.0259	0.0832	0.0114	0.0480	0.0268	0.0233	0.0285
2006	0.0956	0.1042	0.1015	0.0695	0.0304	0.0859	0.0118	0.0509	0.0241	0.0236	0.0296
2007	0.0977	0.1066	0.0958	0.0840	0.0295	0.0879	0.0125	0.0514	0.0249	0.0246	0.0325
2008	0.0970	0.1108	0.1088	0.0761	0.0270	0.0825	0.0140	0.0503	0.0245	0.0192	0.0300
2009	0.0906	0.1009	0.0989	0.0699	0.0282	0.0811	0.0129	0.0497	0.0246	0.0175	0.0305
2010	0.0912	0.0960	0.0940	0.0743	0.0306	0.0781	0.0130	0.0492	0.0243	0.0163	0.0272
2011	0.0874	0.0916	0.0976	0.0752	0.0289	0.0691	0.0120	0.0456	0.0236	0.0149	0.0341
均值	0.0791	0.0855	0.0885	0.0641	0.0182	0.0671	0.0103	0.0443	0.0261	0.0191	0.0241
集聚度	高	高	高	高	低	高	低	中	中	低	中
变动率	0.9154	0.6936	0.5882	0.6556	0.1129	1.7005	1.4936	0.4673	-0.0415	-0.0120	2.4738
变动趋势	先升后降总体上升	先升后降总体上升	先升后降总体上升	先升后降总体上升	基本平稳总体上升	先升后降总体上升	先升后降总体上升	先升后降总体上升	下降	下降	上升

第4章 资源型产业专业化特征、集聚时空特征、变化趋势及其效应

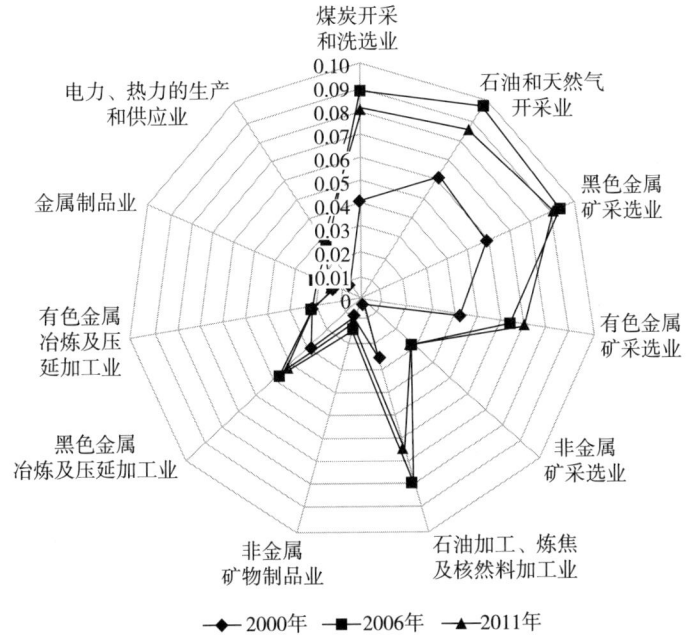

图4-5 代表性年份中国资源型产业地理集聚指数

利用塞尔指数研究目标产业地理集聚的时间变化趋势，表4-5给出了2000～2016年的产业塞尔指数，发现目标产业的地理集聚具有以下两方面趋势：一是从集团间和集团内差异的角度来看，组间差异的贡献显著大于组内差异的贡献；二是从时间序列的角度来看，组间差异随着时间的变化有加大的趋势，而组内差异则有所减小。这表明，同一地区企业技术水平和资源利用率的差距越来越小，龙头企业对企业发展的带动作用明显，从而本地区相对落后的企业通过整顿、重组或兼并等方式提高生产效率，逐步缩小企业之间的差距，各地专业化程度也在进一步加强，使资源型企业因地制宜发挥地区优势。

表4-5 2000～2016年资源型产业分布的塞尔指数

指标	年份	X1	X2	X3	X4	X5	X6	X7	X8	X9	X10
组间差异	2000	0.0167	0.0607	0.0258	0.0286	—	0.0371	0.0309	0.0444	0.0343	0.0259
	2004	0.0330	0.0371	0.0283	0.0531	0.0624	0.0546	0.0302	0.0419	0.0323	0.0228
	2008	0.0357	0.0400	0.0206	0.034	0.0117	0.0433	0.0193	0.0252	0.0159	0.0146
	2012	0.0331	0.0224	0.0136	0.0352	0.0094	0.044	0.0201	0.0180	0.0244	0.0207
	2016	0.0437	0.0584	0.0227	0.037	0.0428	0.0478	0.0369	0.0303	0.0352	0.0559

续表

指标	年份	X1	X2	X3	X4	X5	X6	X7	X8	X9	X10
组内差异	2000	0.0131	0.0286	0.0272	0.0303	—	0.0284	0.0158	0.0148	0.0145	0.0106
	2004	0.0162	0.0256	0.0222	0.0228	0.0326	0.0332	0.0174	0.0137	0.0198	0.0150
	2008	0.0280	0.0267	0.0119	0.0190	0.0195	0.0325	0.0143	0.0119	0.0180	0.0087
	2012	0.0445	0.0447	0.0185	0.0167	0.0131	0.0424	0.0151	0.0119	0.0234	0.0450
	2016	0.0230	0.0401	0.0112	0.0175	0.0173	0.0378	0.0096	0.0190	0.0199	0.0237
塞尔指数	2000	0.0298	0.0893	0.0530	0.0590	—	0.0655	0.0467	0.0593	0.0488	0.0365
	2004	0.0492	0.0627	0.0505	0.0759	0.0949	0.0878	0.0476	0.0556	0.0521	0.0378
	2008	0.0636	0.0667	0.0325	0.0530	0.0312	0.0759	0.0337	0.0371	0.0339	0.0233
	2012	0.0777	0.0671	0.0321	0.0518	0.0226	0.0864	0.0352	0.0299	0.0478	0.0658
	2016	0.0666	0.0984	0.0340	0.0545	0.0601	0.0856	0.0464	0.0493	0.0551	0.0796

资料来源：《中国工业统计年鉴》、中宏产业数据库以及中国经济与社会发展统计数据库。

从行业来看，随着科学技术的进步和生产力的提高，产业地理集聚对企业具有明显的带动作用，使企业区域专业化程度不断提高，以适应新时代对生产能力和产品质量的要求。为了解释资源型产业地理集聚的空间演化特征，在表4-5的基础上，对各产业不同年份塞尔指数最高的地区（见表4-6）进行统计，探讨资源型产业的区域变化过程。区域变化反映了不同产业的专业化演进路径。通过观察，我们可以发现：①X1、X4有向黄河中下游转移的趋势；②沿海地区内部竞争激烈，X7、X9、X10被南部沿海地区竞争；③资源型产业由西北向东南转移的地理变化，由欠发达城市向发达城市转移，从资源短缺地区向资源丰富地区转移。

表4-6 资源型产业地理集聚经济区转移

行业\年份	2000	2004	2008	2012	2016
X1	北部沿海 0.0088	北部沿海 0.0246	黄河中下游 0.0276	黄河中下游 0.0314	黄河中下游 0.0482
X2	南部沿海 0.0273	南部沿海 0.0188	南部沿海 0.0233	北部沿海 0.0259	黄河中下游 0.0349
X3	北部沿海 0.0208	东北地区 0.0132	东北地区 0.01044	东北地区 0.0099	北部沿海 0.0081

续表

年份 行业	2000	2004	2008	2012	2016
X4	北部沿海 0.0166	北部沿海 0.0357	黄河中下游 0.0244	黄河中下游 0.0198	黄河中下游 0.0182
X5	—	北部沿海 0.0306	北部沿海 0.0061	东北地区 0.0050	南部沿海 0.0247
X6	东部沿海 0.0129	东部沿海 0.0341	黄河中下游 0.0184	南部沿海 0.0301	南部沿海 0.0210
X7	东部沿海 0.0118	东部沿海 0.0174	北部沿海 0.0083	南部沿海 0.0101	南部沿海 0.0271
X8	东部沿海 0.0271	东部沿海 0.0264	东部沿海 0.0119	东部沿海 0.0080	南部沿海 0.0156
X9	东部沿海 0.0161	东部沿海 0.0226	黄河中下游 0.0077	南部沿海 0.0115	南部沿海 0.0222
X10	东部沿海 0.0123	东部沿海 0.0251	北部沿海 0.0073	南部沿海 0.0402	南部沿海 0.0490

资料来源:《中国工业统计年鉴》、中宏产业数据库以及中国经济与社会发展统计数据库。

4.4 地理集聚的效应

4.4.1 资源型产业地理集聚效应分析

资源型产业地理集聚的形成有赖于自然资源的地理分布。本书研究了我国资源型产业的时空特征和变化趋势,证实了我国资源型产业存在显著的地理集聚现象,不同产业的地理集聚区域也在发生变化。理论界普遍认为,产业地理集聚可以产生规模经济,降低企业成本,加快技术进步,扩大市场需求,形成区域竞争优势,最终刺激区域经济增长(刘立力和刘宇,2020;王素超和王丽霞,2020)[31-32]。那么,不同产业的地理集聚是否真的促进了区域经济增长呢?这种集聚效应的规模有多大?资源型产业地理集聚对集聚区的影响是什么?本书利用CES生产函数的式,从国家层面衡量产业地理集聚效应。回归结果如表4-7所示:

表 4-7 CES 生产函数回归结果

行业	系数	2000~2009年	2001~2010年	2002~2011年	2003~2012年	2004~2013年	2005~2014年	2006~2015年	2007~2016年
X1	β	1.410	1.017***	0.890***	0.864***	2.700***	2.993***	3.599***	2.788***
	γ	0.921	0.512	0.613*	0.509	-2.122***	-2.523***	-3.315***	-2.443***
X2	β	0.562***	0.576***	0.538***	0.533**	2.114***	2.129***	3.058***	3.045***
	γ	-0.369	-0.340	-0.156	-0.107	-1.231***	-1.168***	-1.732***	-1.788***
X3	β	2.477***	2.003***	1.871***	1.549***	1.807**	2.263***	2.386***	2.291***
	γ	-1.963**	-1.197**	-1.034**	-0.677*	-0.984	-1.485**	-1.550**	-1.494**
X4	β	2.834***	2.669***	2.565**	2.009*	-1.001	2.038**	2.178**	2.256**
	γ	-3.555***	-3.032***	-2.802**	-2.102	1.280	-1.395*	-1.633*	-1.756*
X5	β	1.845***	1.845***	1.881***	1.974***	2.402***	1.593***	1.586***	1.491***
	γ	-1.669***	-1.649***	-1.663***	-1.705***	-2.026***	-0.837**	-0.810**	-0.745**
X6	β	1.644	0.512	0.583	0.248	-4.287*	-1.659	-2.326	-3.491
	γ	-0.565	1.175	0.585	0.572	5.897*	1.061	1.837	3.173
X7	β	1.721**	1.074	0.847	0.857	1.885**	3.280***	3.656***	3.977***
	γ	-0.630	0.476	0.777	0.620	-0.818	-2.627***	-3.121***	-3.492**
X8	β	1.442***	1.227***	1.003**	0.734*	0.790	0.887	2.660**	1.597
	γ	-1.198	-0.799	-0.543	-0.353	-0.415	-0.566	-2.811**	-1.705
X9	β	2.077***	1.842***	1.749***	1.590***	1.894***	2.020***	2.472***	2.377**
	γ	-1.653**	-1.155**	-1.019**	-0.851**	-1.200**	-1.356**	-1.788**	-1.618**
X10	β	1.657***	1.274***	1.056**	0.903**	1.193**	1.561**	2.088**	1.986**
	γ	-0.664*	-0.088	0.196	0.335	0.016	-0.367	-0.822*	-0.753

注：*、**、*** 分别表示在 10%、5%、1% 水平上显著。

资料来源：《中国工业统计年鉴》。

从表 4-7 可以看出，除了 X6 和 X8 的系数不显著，X10 的 γ 系数不显著外，其他行业的相关系数随着时间的变化越来越显著，这说明资源型产业的地理集聚和集聚带来的经济效应也随着时间的推移而增强。研究发现上述黑色金属加工行业的净利润与燃料加工行业净利润相关性不大的原因可能是石油和核燃料加工业、黑色金属加工业利润与产量和固定资产净值的相关性不大，此类加工业主要是以技术为主要增值点，而金属制品业的 γ 系数不显著的原因与此类似。表 4-8 列出了 10 个资源型产业的 h 值及其变化趋势，可以发现，不同产业集聚对区域经济发展的经济效应是不同的：X3、X5、X9 的 h 值均小于 1，说明上述产业的

第4章 资源型产业专业化特征、集聚时空特征、变化趋势及其效应

集聚效应不明显,集聚不产生规模经济效应,甚至有些行业的规模报酬率也在下降;X1、X2、X4、X6、X7 的集中度相同,集聚效应也不同程度地降低,说明这些产业的集聚效应随着时间的推移而减弱,集聚并不能促进区域经济的良性发展。这反映出该区域产业结构不合理,集聚企业之间的专业化分工、相互协调与合作以及产业链之间的衔接未能达到最佳比例。

表4-8 10个资源型产业的 h 值及其变动趋势

行业	2000~2009年	2001~2010年	2002~2011年	2003~2012年	2004~2013年	2005~2014年	2006~2015年	2007~2016年	变动趋势示意图
X1	-4.6854	-88.9412	14.6636	11.0956	0.6600	0.7642	0.8907	0.8070	〰
X2	1.4406	1.5566	1.8268	1.9122	0.2074	0.1488	0,3557	0.3853	〰
X3	0.6520	0.1964	0.0390	-0.5883	-0.0198	0.3840	0.3968	0.3826	〰
X4	1.3931	1.2175	1.1514	1.0922	1.1394	0.3805	0.5374	0.6019	〰
X5	0.7917	0.7680	0.7526	0.7238	0.7318	-0.2749	-0.3242	-0.5193	〰
X6	-0.6755	4.4570	3.8010	2.0904	1.3045	0.7751	0.8530	0.9292	〰
X7	-0.5132	-19.9459	11.6144	11.3287	-0.2056	0.7136	0.7986	0.8371	〰
X8	0.4480	-0.8855	-152.3333	2.4323	2.7857	3.8407	1.0910	1.1809	〰
X9	0.6063	0.1841	0.0254	-0.2525	0.2237	0.3490	0.5353	0.4488	〰
X10	-0.5114	-3.3285	-21.3571	13.7629	-5.2642	-1.1283	-0.1636	-0.2505	〰

资料来源:《中国工业统计年鉴》、中宏产业数据库以及中国经济与社会发展统计数据库。

新经济地理学以规模报酬递增、运输成本和不完全竞争三个假设为基础,提出了一种分析资源型产业集聚效应的理论。结论表明,集聚可以带动经济增长,经济增长将进一步促进区域集聚,即产业地理集聚与经济增长可能是相互内生

的。回顾欧洲的衰落和美国的崛起，展望未来亚洲的复兴，我们不能忽视资源型产业地理集聚在经济发展中的重要地位，而不考虑制度等不同因素。CIT产业地理集聚和产业集群是芬兰知识经济增长的引擎，资源型产业地理集聚优化了产业结构，产业集群的发展提升了区域整体竞争力。具体来说，它具有以下聚集效应：

（1）知识溢出效应。

在产业集群中，企业间的知识溢出效应尤为强烈。这里的知识包括技术知识、需求信息、供给信息、商业经验等，这些知识具有公共物品的性质，一旦创造出来，传播速度越快，拥有的人越多，群体的福利就越大。许多知识很难物化和系统化，如果没有人与人之间的频繁接触和影响，例如经验积累的知识，就会传播缓慢甚至难以传播。有经济学家把这种知识的传播比作传染病的传播，即人际交往的范围越广，接触的频率越高，传播的速度越快，传播的程度就越高。在资源型产业的地理集群中，制造商、供应商、重要客户、相关产业和同一产业的配套产业交织在一起。由于地理位置相近，它们可以共享一个供应商并与业主谈判；他们的高级管理人员可以去同一家餐厅，加入同一个俱乐部；它们的员工可以结交邻居，日夜相处；它们的技术人员可以从一个公司流向另一个公司（薛继亮，2015）[33]。人与人之间的频繁接触和交流增加了管理的"透明度"。行业的秘密不再是秘密，空气中弥漫着产业的气息。这种情况使资源型产业地理集聚的知识传递达到最快、人数最多、溢出效应最大。本书通过"传染模型"探讨了创新技术在产业集群中的扩散与溢出，并具体阐述了资源型产业地理集聚中集群效应如何促进企业知识溢出：

1）资源型产业地理群集内的企业在地理空间上相互靠近，形成信息反馈回路（见图4-6），降低了运输成本和以信息搜索成本为主的交易成本；

2）资源型产业地理集群由专业化分工和协作关系促进产业群内企业间有序竞争来激活企业创新能力；

3）企业间的相互信任使之进行技术创新的合作大大强化，有助于降低弥合企业间知识和经验技能的差距所付出的成本；

4）资源型产业地理集群使企业学习新技术变得容易和低成本。

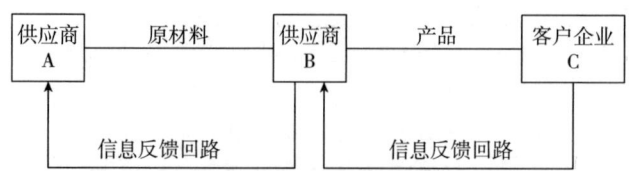

图4-6 企业之间原料和信息流程示意图

(2) 劳动力与中介投入的专业化效应。

资源型产业的地理集聚将各类人才吸引到同一个地方，这使制造商更容易获得所需的人才，各类人才都能找到理想的工作。产业集群集中了大量的特殊人才、知识和信息，使人才和企业更快地获得反馈信息，进行自我评价，在产业集群中看清自己，从而尽快在市场和产业集群中定位。这不仅降低了内部招聘的搜寻成本和交易成本，而且为劳动力提供了良好的人才市场。这样，工人长期失业的可能性就会降低，被一家公司解雇的工人可以在另一家公司找到工作。当劳动者觉得自己的技术能保证找到工作时，他们就更愿意投资于具有产业特色的技术，提高专业化水平。此外，人才的集中也加剧了人才之间的竞争，加剧了淘汰过程，这也迫使人才继续向专业化方向发展。规模经济和较低的运输成本相结合，将鼓励中间投入的用户和供应商近距离聚集。这种集群降低了总运输成本，并产生了足够高的需求水平，这可以确保高度专业化的零件得到补偿。专业化的零件生产将吸引装配制造商，这反过来又鼓励新进入者更专业化。

(3) 促进合作与竞争效应。

企业之间要密切联系，相互了解，建立共同的社区文化，使产业集群内的企业能够长期保持密切联系，增强相互影响。在一个发达的产业集群中，单个企业的机会主义行为是有成本的，因为在产业集群中，企业之间的关系非常密切，信用对于单个企业来说意义重大。单个企业的机会主义行为在短期内可能会给自身带来利益，但也会损害其在产业集群中的声誉，这种合作与信任对于高科技企业尤为重要。例如，先进设备的用户往往需要与制造商广泛接触和沟通，以掌握新技术。因为这种接触和交流可以使他们获得尽可能多的关于新技术的信息，了解制造商的可靠性。同时，他们也可以向生产者明确自己的技术要求，使生产者能够根据自己的需要提供设备。为了使生产商了解自己的特殊需求，用户必须向厂商披露其生产过程或产品的某些细节，除非他们通过与制造商的长期接触建立了信任感，否则他们不愿意披露这些细节。对于厂商来说，与用户的密切接触可以随时得到用户的反馈信息，因此更容易创新。根据对资本品创新的研究，潜在用户，尤其是对技术要求高、技术水平高的用户，是制造商技术创新的激励因素。波特在《竞争优势》一书中称这种用户为"挑剔的顾客"，对区域经济竞争力做出了巨大贡献[34]。合作并不意味着缺乏竞争。产业集群中的企业虽然依赖于产业集群的竞争，但单个企业关心的是自身利益的得失，而不是整个资源型产业地理集群的整体利益。而且，由于地理位置的临近，产业集群中的企业会更直接地感受到竞争压力，竞争壁垒也会进一步降低，从而更容易了解行业动态，造成攀比之心。这样，企业之间的竞争就会加剧，落后企业更容易模仿先进企业，先进企业为了保持优势，也会加大创新力度。尤其是当一个强大的新竞争对手出现时，模仿效应会使其新的思路和新的方式向前、向后或横向发展，从而使整个行业受益。

(4) 区域品牌效应。

在经济全球化时代，国家与企业之间的竞争，从根本上说就是品牌之间的竞争。区位品牌是一种具有较强竞争优势产品的生产区位标志。当人们谈起某一行业的名牌产品时，总会想到产品的原产地，如法国香水、意大利皮具、瑞士手表、烟台苹果、金华火腿等。这些品牌的价值与产品的生产地密切相关，资源型产业集中的位置是品牌的重要组成部分（陈建军和胡晨光，2008）[35]。例如，人们一般不了解杭州以外地区出产的"龙井茶"的价值，这个品牌包含了集群的地理特征和文化历史渊源，是众多企业品牌在集群中的提炼和集中，它比单一的企业品牌更生动、更直接。同时，由于单个企业的生命周期相对较短，品牌效应难以维持，相比之下，定位品牌更耐用。集群形成区位品牌后，可以利用品牌价值的无形资产，强化营销网络功能，获得纵向整合利润。在战略上，采用母品牌与子品牌的组合策略，有利于资源型产业地理集群中企业间的竞争。在充分发挥区域品牌优势的同时，要注意继承与创新的关系，既要保持历史悠久的区域品牌，又要根据区位特点进行品牌创新。

(5) 互补效应。

资源型产业地理集聚的形成，使机构的空间分布更加紧密，企业之间、企业与其他实体（包括高校、科研院所）之间的分工与合作更加互补。信息的获取更加快捷方便，方便企业降低运营成本，而且，这种紧密的分布也使竞争更加激烈，进而带动了高等院校的高水平发展。在一个"簇群"中，成员间广泛联系所产生的总体力大于其各部分的总和。这是因为集群的成员是相互认可的，一个成员的优质服务将促进其他成员的成功。如集群内的金融单位提供可靠的资金来源，企事业单位提供管理机制和市场运行机制，教育机构提供高素质的人力资源，科研机构提供技术支持和高科技生产项目等。因此，在宏观上可以充分发挥双方在资金、生产、人才、科研等方面的综合优势，实现优势互补、相互促进，从而实现共同发展的目标，有助于减少组织体系的重复，优化资源配置。

(6) 群聚效应。

集群效应是指当某一特定产业的相关产业部门发展具有区域关联性趋势时，这些产业在地理上集中于某一区域，具有高度的竞争性但又相互依存、互利共享。这种集聚在上海创意产业企业中已经形成。每一个创意产业地理集聚区聚集了一大批相关的、有竞争力的企业。例如，建国国道8号的"8号桥"已在欧洲、美国、中国香港、中国澳门和中国等80多家企业聚集，又如英国阿尔索普设计公司、法国摩新商务策划咨询（上海）有限公司、SOM建筑设计咨询（上海)有限公司等,这些企业主要从事服装、建筑、产品、企业形象设计和视频制作,集群效应可以使相关产业以自身的优势发展、建设和调整,从而提高产业的整体竞争力。

(7) 产业链效应。

在过去的体制中,很多行业是独立的,它们之间没有联系,而许多外国公司都涉足整个产业链。例如,媒体行业的迪士尼、时代华纳和索尼都生产和分销各种产品。目前,国内许多产业的发展都是借鉴国外先进经验,在产业地理集聚区构建完整的产业链,提升产业的产业增值能力,使产业的产业链出现新的变化,不再仅停留在竖直型,而是在复合结构中纵横混合。只有构建产业链,才能产生规模效应、互动效应、积累效应、示范效应和共享效应。顺德家电产业地理集聚区的建设与发展,通过产业链建设,初步凸显产业联动带来的垂直成本优势和横向竞争优势。目前,顺德家电已经形成了规模化、系列化的白色家电产业链,产业链各部分的分工和专业化也将成为新趋势,同时,有更多的周边地区和企业也参与到顺德家电产业链中。在2007年顺德家电配件展上,我们可以看到,家电配件产品种类繁多,从各种电磁炉外壳、家电防护网、空调外壳,到电阻、开关、插头、电热板,应有尽有。分工越来越细。还有各种产品标签、制冷保温材料、液晶显示屏、家电板配件等,吸引了所有家电采购企业的关注,同时,家电配件的专业技术也有了明显提高。业内人士表示,随着我国家电整体水平的提高,产业链零部件环节的分工和专业化是必然的发展方向。同时,上游零部件厂也需要拥有核心技术,才能真正在产业链中占有一席之地。

(8) 放大效应。

这种效应类似于"蝴蝶效应",即产业的发展会带来一系列综合的经济和社会效应。产业地理集聚不仅可以增加资源价值和投资回报,而且可以增加政府收入,稳定社会就业,促进产业升级,改善环境。因此,产业集聚区不仅促进了产业发展,而且创造了社会效应。一是投资收益增加,产业地理集聚提高了企业的生产效率,降低了生产成本。因此,区域内企业的经济效益将得到提高,从而带来更好的投资回报。二是地方政府税收增加,随着该地区企业数量的增加和利润的增加,政府税收收入也随之增加。三是社会就业的扩大,产业地理集聚区由于众多企业的集聚,可以解决很大一部分的就业问题。

(9) 技术溢出效应。

由于集聚区内企业的邻近性和集中性,大大增加了企业间联系与合作的机会,这些联系增加了企业之间的信息交流和知识转移。同时,许多隐性知识会通过集群内企业间的频繁接触而迅速传播。在企业集群中,先创新的企业起到了很强的示范作用,而落后的企业则会立即模仿和追赶,使第一次创新能够迅速地传递和传播。这样，集群中的中小企业就很容易获得研发、人力资源、信息等方面的溢出效应，包括与生产经营相关的信息、技术、管理方法和企业组织形式等，很快就会被分享和模仿。地理上的邻近性对于难以编码和远距离传输的隐性知识更为重要，只有"集群"内的企业才能获得。

4.4.2 地理集聚效应影响因素分析

地理集聚效应表现为：知识溢出效应、专业化效应、促进合作竞争效应、区域品牌效应、互补效应、集群效应、产业链效应、放大效应和技术溢出效应受技术以及市场和政府行为影响（季书涵等，2016）[36]。集群效应是由于企业地理集中而产生的信息共享效应，受到市场和政府行为的影响。产业链效应是产业地理集聚区形成完整的产业链，提高产业附加值能力的结果，它受到技术和市场的影响。放大效应是指产业发展带来的一系列经济社会综合效应，与政府行为密切相关。集聚区的技术溢出效应也受到技术的影响，这意味着由于地理位置的接近和集中，集聚区内企业之间的联系与合作机会大大增加，从而增加了企业之间的信息交流和知识转移。

（1）技术对产业地理集聚效应的影响。

对于企业来说，技术变革最根本的影响是给企业效率带来的变化，可以说，技术水平是决定企业生产效率的基本要素之一。技术对企业效率的影响体现在企业经营活动的每一个基本环节，主要影响企业的研发和流通过程。因此，本书将技术变革对企业行为的主要影响分为研发和流通两个方面。流通是企业经营活动中的重要环节，企业在生产中需要进口原材料和出口产品，流通效率和流通成本影响着企业的生产效率和盈利能力。对于生产企业来说，流通成本主要由运输成本决定，技术水平将影响企业的运输成本，技术水平越高，路况越好，交通工具越先进，运输速度越快。在同等距离条件下，运输成本与技术水平成反比，即技术越先进，运输成本越低，技术越落后，运输成本越高。随着科技的进步和交通通信的便利，企业市场的辐射力逐渐增强。在许多地区，产品供给可以由区域外的一个生产地提供，而不是由本地供给，从而促进了产业集聚区的形成，增加了集聚区内企业的产出和收入。技术进步促使企业重视研发，因为随着生产和产品技术含量的不断提高，现代企业越来越重视其核心技术。从目前的情况来看，研发和技术创新已经成为企业生存和发展的关键。没有自己的核心技术，企业就无法在市场竞争中占有一席之地。本书在前文中讨论了产业地理集聚具有技术溢出效应，可以使企业更容易获得新技术。因此，企业可以通过集聚在技术研发上占据优势，从而获得更大的利润。技术对提升产业地理集聚效应具有重要作用，相应地，技术密集型产业的产业地理集聚效应越显著。以上两个方面的结论表明，

第4章 资源型产业专业化特征、集聚时空特征、变化趋势及其效应

技术进步对产业集群的集聚效应有重要影响。从动态的角度看,技术不是一成不变的,而是随着人类认识和改造世界能力的不断提高而发展的。但在特定时期内,技术水平的变化并不明显。当技术进步处于渐进阶段时,技术对企业的生产率有一定的制约作用,所有的企业集群都是在这种约束下发展起来的,集群的集聚效应也受到这种约束。然而,技术进步的突变使企业的生产经营活动呈现出完全不同的时代特征。由于技术水平的不同,不同时期产业集群的生产水平发生了很大的变化,使不同时期的产业集群集聚效应存在较大差异。因此,技术进步对产业地理集聚的影响具有持续性和突变性的特点。企业集群在各个历史阶段的集聚效应是不同的,这是由于不同时代的技术约束不同造成的。技术的进步改变了生产效率的约束和企业成本因素的权重,使不同时期的集聚效应呈现出不同的规律。此外,技术进步也会影响区位本身的集聚能力。在技术水平固定的情况下,由于资源和其他因素的限制,任何地点的承载能力都是有限的。但是,随着技术水平的不断提高,区域公共产品的供给能力不断提高,企业对资源的利用能力也会增强。相应地,聚集区域吸引区域外劳动力和自然资源的能力也会增强。所以,技术进步将不断增加集聚区的集聚容量,为产业地理集聚提供更好的区位环境,从而增强区内的产业地理集聚效应。

(2)市场对产业地理集聚效应的影响。

产业地理集聚现象是特定约束条件下企业理性选择的产物。因此,市场条件的变化作为制约因素之一,必然会影响产业地理集聚企业的生存状态,进而影响产业集群的集聚效应。一般来说,市场情况分为市场容量和市场结构,本书探讨了上述两个因素对产业地理集聚效应的影响。①市场规模和市场容量是指市场需求和供给的总和,其规模与顾客的购买力密切相关。市场容量的大小决定着企业的数量和规模,是产业发展的前提和基础。就企业集群的地域集聚现象而言,其存在和发展需要广阔的市场支撑。因为在当前全球化的趋势下,企业为了在全球竞争中获得优势而聚集在一些地区,因此,现代产业地理集聚区以广阔的国际市场为供给对象,在企业集群发展过程中,国内市场和国际市场在不同阶段对企业集群提出了不同的发展要求。随着市场规模的扩大,集聚区内企业数量将增加,集聚效应也将增强(王缉慈和林涛,2007)[37]。②如果市场规模是企业集群存在和发展的基础,那么需求结构的变化将改变企业的区位选择原则,为产业集聚的区域选择提供市场导向。近年来,由于产品结构的差异化和个性化程度的不断降低,在这些因素的影响下,同类产品市场上企业之间的关系发生了很大的变化,从简单的竞争模式转变为动态的合作模式。如今,随着经济全球化和技术进步,市场容量不断扩大,需求结构的变化导致市场进一步细分,没有一家企业有能力迅速调整产品,占领整个市场。因此,为了提高竞争力,避免过度竞争,企业开

始重视竞争与合作相结合,希望通过合作达到双赢的目的。竞争格局的变化为地理集中型产业集聚的出现提供了坚实的基础。因此,产业集群可以扩大,产业地理集聚效应也会增强。

(3) 政府行为对产业地理集聚的影响。

政府将根据地方产业在财政收入中的比重确定管理政策。政府不会太重视财政贡献较少的行业,当然,优惠政策也不会向它们倾斜。但对于占地方财政收入重要份额的行业,政府将给予更多关注,并给予大量优惠政策,有时,地方保护主义甚至会干预,这是因为在集聚区,产业地理集群的税收收入占地方税收的主要份额,政府对集聚企业的政策将直接影响其财政收入。此外,集聚区的形成是一个渐进的过程,其对地方财政收入的贡献也是一个递增的过程,因此,政府将更加重视地方产业的地域集聚,在这个意义上,我们认为集聚企业与政府的关系是互动的,相应地,产业地理集聚效应与政府之间的关系也是互动的。因此,在区域产业集聚效应的形成和发展过程中,政府的作用不容忽视。我们认为,政府尤其是地方政府对产业集聚的影响主要体现在以下四个方面:

1) 公共产品供给。

这是政府在经济运行中能够发挥作用的传统职能,政府需要把精力集中在公共产品的供给上,这一点具有特别显著的溢出效应。政府在基础教育、医疗保健和环境住房方面的投资,加上适当的社会福利措施,可以为当地经济的可持续发展带来巨大的益处。当然,对于企业来说,政府首先需要为企业提供水、电、污水处理等公共产品服务(吴迪,2012)[38]。产业地理集聚的优势之一,是可以获得比分散分布更有利的外部经济,在集聚区企业可以共享公共基础设施、专业技术和劳动力资源,从而降低生产成本,提高效率。因此,地方政府要促进产业集聚,就要做好公共基础设施和公共产品的供给。良好的基础设施建设和公共产品的供给,不仅可以提高集聚区企业的经济效益,而且可以增加集聚区的吸引力,促进区外企业入驻,从而提高集聚优势和产业地理集聚效应。相反,会降低区域吸引力和集聚效应,甚至导致现有集聚的解体。

2) 制度供给。

政府对产业地域集聚的另一重要影响是制度供给。一般来说,制度包括道德规范和社会习俗等非正式规则,以及政治规则(宪法、政府规章等)、经济规则和合同等正式规则。在一定程度上,产业地理集聚的形成和发展需要政府的保障。由于产业地理集聚的形成将导致区域经济结构的单一性,集聚企业将成为地方政府的主要管理对象,因此,政府的作为与不作为将直接影响产业集聚的效果。如果政府提供的税收政策和其他制度具有掠夺性,可能会对地方经济的主要组成部分——集聚企业产生负面影响,产业地理的集聚效应就会降低。特别是我国正处于转型期,经济体制和政治体制都不稳定,地方政府在不断变化的过程中对集聚产业的态度及其所实施的政策对产业地理集聚的发展都具有重要意义。

3) 市场环境的维护。

政府作为经济秩序的维护者和仲裁者,除了提供优良的公共产品和良好的制度保障外,还必须努力为当地提供一个安全、合法、公平、可信的创业环境、就业环境与市场竞争环境,只有这样,政府才能在不丧失集聚优势的前提下,保证地方产业地理集聚的可持续发展。例如,产业地理集聚区会因为地方产业集群而获得区域品牌优势,区域品牌优势会因地方集聚企业的行为而增减,这是由于产业地理集聚效应的外部性所导致的。外部性可以分为外部经济和外部不经济。根据信息经济学的"搭便车理论",集聚区内的企业由于目光短浅,容易采取可能导致整个集聚区崩溃的行为,这些问题不能完全靠区域内企业的自律规则来解决,而是需要强有力的政府监管来维持。因此,政府对集聚区市场环境的良好维护可以增强产业地理集聚效应。

4) 经济引导。

政府最重要的经济职能是创造市场环境,促进资源配置效率。因此,为了供给公共产品,提供制度保障,维护市场环境,政府还需要对集聚区一些基本生产要素的配置进行有效的适度干预,提高这些要素的配置效率,减少当地要素市场的泡沫,保持地方经济和集聚的可持续发展[20]。但是,在市场经济条件下,政府不能具体干预生产资料价格,只能对局部要素的配置进行相对的宏观调控。在经济学中,一般认为企业所需要的共同生产要素是劳动力、土地和资本,任何一个企业都需要这三种生产要素来进行生产经营活动,而这些要素在任何一个地区都是有限的,因此企业会对这三种要素进行竞争。对于产业地理集聚区而言,当集聚规模达到一定程度时,当地要素资源就会紧张,从而导致价格上涨,如果发生这种情况,那么地方产业地理集聚将面临解体的危险。目前,我国浙江省等拥有大量产业地理集聚的地区就面临着类似的问题。

以上讨论表明,政府对产业地理集聚效应具有重要影响。从以上分析可以看出,在大多数情况下,政府在产业地理集聚现象中的作用是滞后的。这里的"角色滞后"是指在产业地理集聚形成之前,政府通常不予以扶持;只有当集聚所表现出的经济实力在区域经济结构中占据重要地位时,才能予以重视,并出台相应的扶持政策,而且在政府重视集聚之前实施的政策往往会阻碍企业向本地集聚。因此,政府对产业地理集聚的影响是一把"双刃剑",如果政府的政策得当、有效、及时,将对产业地理集聚效应的形成和发展起到重要作用。但是,如果政府行为不当,可能会阻碍集聚的形成和发展。

4.4.3 地理集聚效应的作用

联合国贸易和发展会议发布的《2007年世界投资报告》指出，产业地理集聚优势已超越低成本优势，成为吸引外资的重要力量。目前，世界各地都有大量的产业地理集聚地，并由此产生区域竞争优势。可以说，产业地理集聚已经成为影响世界经济格局的重要因素和经济全球化浪潮中的一个亮点。国内外许多经济学家对产业地理集聚效应的成因进行了研究，如认为产业地理集聚的优势来自规模经济、创新网络、社会嵌入性等。本书认为产业地理集聚效应的形成因为产业地理集聚提高了经济运行的效率，在很大程度上改变了集群内企业的成本曲线，增加了企业的利润。具体而言，产业地理集聚作为企业的一种存在形式，将对企业的经济行为、市场交易，乃至区域经济增长产生重要影响。产业地理集聚效应是通过提高效率来实现的，具体表现为对生产效率、竞争效率和创新效率的促进作用。

（1）生产效率的提高是指在相同的投入条件下的产出率。生产效率的提高是指单位投入条件下产量的增加，表现为成本的降低或利润的增加。影响企业生产效率的因素有很多，其中最重要的是技术进步、规模经济和资源配置效率。本书从这三个方面分析了集聚对企业生产力的影响：首先，从技术进步的角度分析了集聚对企业生产效率的影响，技术进步已成为推动生产和经济发展的主要动力，它对生产效率的影响主要来自新技术、新工艺的开发及其成果的应用和推广。企业发展与技术进步是动态的、相互作用的，技术进步将促进企业的生产效率，进而促进企业的发展，而企业的发展也在推动着技术的不断进步。从目前的情况来看，无论大小企业，都已成为从事技术研究、应用和推广的重要力量，因此，集聚对生产效率的提高有很大的影响。从规模经济和范围经济的角度来看，产业地理集聚对生产效率的影响更为显著。所谓规模经济，是指随着企业生产经营规模的扩大，单位成本降低，收入增加的现象。在一定范围内，随着企业规模的扩大，生产效率也会相应提高，就规模经济本身而言，它还受到技术、市场和产业特点的影响。在一定阶段，企业的生产规模受到技术、需求等因素的制约，技术变革将改变企业规模经济的范围，即在不同的技术条件下，企业会根据技术条件采取最有效的生产组织方式。因此，从长期来看，企业规模经济的范围不是固定的，而是具有较强的动态性的，由此，可以认为在不同的约束条件下，同一规模会带来不同的生产效率。企业集群区是企业对约束条件变化的响应，随着市场需求结构趋于多样化和个性化，生产者不得不采取新的方式来满足消费者的需求，因此，通过复杂的纵向分工和横向分工网络，缩小核心企业的生产规模，以外包的形式与众多中小企业形成合作网络，是企业的必然选择。同时，

第4章 资源型产业专业化特征、集聚时空特征、变化趋势及其效应

为了便于对合作企业的控制和相互交易，围绕核心企业的区域产业集群应运而生，并逐渐成为产业地理集群。从资源配置的角度看，产业地理集聚的存在也会影响企业的生产效率。一般来说，在一定的时期和范围内，社会可获得的资源是有限的，为了满足生产的需要，企业必须对如何利用资源做出一定的安排。这个过程通常被称为资源分配。资源配置的效率会影响企业对稀缺资源的利用，进而影响社会总福利。产业地理集聚主要从资本和劳动力两个方面对集聚区内的企业产生影响。第一，在产业地理集聚区，成员企业一般围绕一些核心企业形成完整的产销分工体系，由于长期的商业交易产生的互信，提高了集群内企业间的资金周转效率。例如，许多分包企业和加工企业不需要流动资金，通过与周边合作企业保持业务关系，确保可以正常经营。第二，产业地理集聚提高了劳动力利用效率，工人学习曲线的改变将降低当地劳动力的培训成本。而且，集聚区内的劳动力流动可以进一步传播相关的技术信息，因此集聚区内的许多相关企业经常交换员工进行沟通。硅谷与中关村之间非正式的信息交流，使当地的产业信息和人力资源成为一种外部经济，提高了集聚区企业的效率。第三，产业地理集聚提高了公共产品的利用效率。企业的地域集中，使集聚区的企业更容易以较低的价格获得公共产品和服务，这是由于公共产品成本不断下降造成的。

（2）为了提高企业的竞争效率，本书拟从以下三个方面探讨集聚对企业竞争效率的影响。

第一，产业地理集聚对企业成本的影响。产业地理集聚除了降低交易成本和生产成本外，还从其他几个方面影响区域内企业的成本。但一般而言，产业地理集聚通过以下两个方面影响集聚区内的企业成本。一方面是分工和合作。地方协同系统可以降低企业的研发成本，例如，在当前市场变化非常快、研发风险较高的情况下，没有一家公司能够独立完成产品研发或应对复杂的市场环境。产业地理集聚使区域内企业能够在市场面前进行合作、投资研发、信息共享、面对市场解决问题，从而降低单个企业的市场风险。另一方面是资源共享。集聚区企业获得了许多外部经济利益，如公共产品的供给。此外，动态资源和"区位品牌"效应也是非常重要的可共享资源，因为单个企业可以利用区域品牌效应来降低广告成本。

第二，集聚对产品价格的影响。产品的价格是由供求关系决定的，供不应求，价格上涨；供过于求，价格下降。从需求的角度看，集聚会提升其成员的议价能力。总体而言，集群市场占有率较高，可以实现大规模采购，特别是在原材料供应方面，甚至对原材料的质量标准、规格、型号等做出统一要求；同时，集群内也有一些配套供应商，这对区域外的供应商构成了另一种威胁，并

增强了议价能力。此外,借助区域内的研究机构和行业协会,企业对市场需求进行全面分析,降低了信息不对称导致不公平贸易的可能性,因此,在一定程度上,集聚区内的企业往往被买方垄断。从供给的角度看,由于供应价格的地域集中,会出现两种极端现象,一方面,在利益的诱导下,同类产品的生产厂家之间相互进行价格战,造成区域内的恶性竞争;另一方面,企业之间可能形成不稳定的价格联盟,随着我国企业对市场经济的适应,集聚区的价格联盟日益增多。

第三,集聚对非价格竞争优势形成的影响。由于规模效应,集聚区企业占据了较高的市场份额,因此,他们有机会参与行业制造标准的制定和实施,这将直接影响到行业市场势力的划分,从而集聚使本土企业在市场上具有较强的整体影响力。另外,企业集群在地方经济中所占比重相对较高,因此很容易得到地方政府政策的倾斜和支持,从而获得政策优势。此外,集聚会促进当地企业追求产品差异化。集聚区内的企业既有竞争性又有合作性,由于同一行业地理位置相似,企业行为更容易被竞争对手所知,因此,企业的竞争优势将不断提高。此外,集聚区内企业之间存在着明显的竞争与合作关系,增加了企业间合作和信息交流的机会,客观上促进了集群内企业的差异化竞争。例如,硅谷的电子企业虽然属于同一行业,但它们的专业不同,如表4-9所示。

表4-9 2008年美国硅谷五强企业

名次	企业
1	惠普
2	英特尔
3	思科
4	苹果
5	甲骨文

表4-9显示了2008年硅谷150家最大企业中的前五名。除思科作为互联网设备供应商,提供网络硬件产品、互联网操作系统(iOS)软件、网络设计、实施、维护和优化等专业技术支持和专业培训服务外,其余四家均与计算机有关。惠普的核心业务是打印机和个人电脑。英特尔是世界上最大的半导体公司,也是个人电脑微处理器供应的领导者。Oracle提供数据仓库(不同于数据库)和中间件服务。苹果公司的iPod音乐播放器是市场上最受欢迎的音乐播放器,同时,它也带动了苹果Mac电脑和OSX操作系统的销售,苹果iPhone也成为热门产品。

由此可见，这些企业的主营业务范围各有侧重，虽然在某些领域不可避免地会出现交叉和竞争，但它们的产品之间仍然存在差异。

（3）在科技高速发展的现阶段，创新已成为企业发展的动力。技术创新对其成员企业具有技术集聚效应。一方面，产业地理集聚促进了企业的技术创新活动。首先，集聚吸引了大量的风险投资，促进了区域内企业的创新。由于产业地理集聚是由同行企业组成的，更容易引起投资者的注意，尤其是高新技术企业集聚所产生的"区位品牌"将吸引各地风险投资的目光。其次，由于企业集群吸引了大量围绕核心企业的配套企业，集聚区的产业链构成非常清晰，本土企业家更容易找到创新机会，提升产品或服务质量，构成创新产业链。因此，产业地理集聚在产业链拓展、产品和服务等方面为企业创新提供了有利条件。再次，产业地理集聚使竞争具有局部性。集群内企业的竞争压力使每个企业不断追求领先的竞争态势，学习创新精神在集群中变得非常普遍和重要，本书认为，竞争的压力使整个集群保持了行业领先地位。最后，集聚区内企业之间的合作与交流，使区域内的企业很容易模仿其他企业的创新。因此，本土企业比其他企业更容易了解产品创新的发展方向或潜在市场，把握市场机遇，顺应市场趋势。另一方面，产业地理集聚提高了技术扩散的效率。首先，产业地理集聚有利于专业技能和知识的积累，马歇尔的描述很好地解释了这一点："当一个行业以这种方式选择了自己的位置时，它会在那里停留很长时间；因此，这个行业的秘密不再成为秘密，而似乎是公开的，孩子们不自觉地学到了很多秘密。优良的工业受到正确的赏识，机械上以及制造方法和企业的一般组织上的发明和改良之成绩，得到迅速的研究。如果一个人有了一种思想，就为别人所采纳，并与别人的意见结合起来。因此，它就成为更新的思想源泉。不久，辅助的行业就在附近地方产生了，供给上述工业以工具和原料，为它组织运输，而在许多地方有助于它的原料的经济"（朱英明等，2012）[39]。其次，集聚区内的员工之间以及不同企业的员工之间存在正式和非正式的沟通，为信息技术的传播提供了便利的途径。所谓正式交流，是指企业官方组织的学习交流机会。非正式沟通是在休息时间，在聚集区工作的人们之间获取信息和学习交流的一种方式，有的甚至成为聚会场所的文化符号，中关村俱乐部文化的形成就是一个很好的例子。最后，集聚区的合作精神对提高技术扩散效率具有重要作用。特别是在产业互补集聚中，企业间高度的分工与合作对技术、工艺乃至管理经验的传播和扩散起着关键作用。这种关系使企业形成利益共同体，掌握先进的质量管理、生产方法、工艺设计和产品开发技术的企业将主动将这些关键技术信息传递给合作企业，甚至一些重要的管理方法也需要企业合作。比如丰田的"零库存"管理需要周边企业的配合，集聚区企业间的合作在一定程度上促进了技术的传播和产品的升级。

4.4.4 产业地理集聚效应的作用过程

Losh（周起业，2001）[40]认为，同类企业的集聚主要有以下原因：首先是大量生产和联合生产的利益，集聚容易扩大市场规模，外部经济可以节约企业的生产费用；其次是为了重要的供应源，生产技术或与所利用的原材料和中间产品的一个重要来源地结合着，或者与其生产品的消费者的重要区位联结在一起；最后是内部的竞争，降低了费用增加了需求，并且使需求集中起来，需求集中将进一步刺激生产的集中（张云飞，2014）[41]。在集聚区，由于企业数量多、竞争激烈，迫使该地区企业提高效率，降低成本，尽可能满足市场多元化的需求，因此，产业地理集聚可以提升企业的竞争力，促进区域经济的发展。从经济学角度看，产业地理集聚效应从以下三个方面影响企业效率。第一，产业地理集聚导致运输成本降低。运输成本是交易成本的重要组成部分，在某些条件下，地理上相邻的企业之间的交易将更加有效，因为地理集聚使得区域内企业更容易实施"零库存"等高效交易，进一步降低了企业之间的交易成本，提高了效率，增加了收益。第二，减少了信息不对称。由于市场主体之间的信息不对称，交易中存在信息搜索成本，产业地理集聚可以客观地降低成本。现代企业集群具有地理集中性和社会网络嵌入性两大特征，这两个特点有利于提高地方企业之间的信息对称性。由于地域集中，交易双方面对面交流的机会更多，当地企业的经营状况、信用状况等信息更容易被对方获取。此外，集群内的企业扎根于当地的社会网络，具有兼容的企业文化，企业主关系密切，有的甚至有血缘关系，有利于克服机会主义，增加信息交流的可能性。产业地理集聚使得本地集群网络更加紧凑，大大降低了信息搜索成本和合同履行成本，这也是一些经济学家将产业地理集聚视为中介组织的主要原因之一。第三，降低谈判成本和监督成本，提高合作效率。集群中的企业，特别是互补性集聚，由于企业的地理集中增加了企业之间的相互认同，在多次交易过程中形成了利益共同体，它们之间存在着地缘政治上无形的契约关系，这使得交易的许多方面被省略，从而降低了谈判成本。同样，集群区域内企业的机会主义行为也会减少，违约造成的不确定性也会降低。此外，由于企业之间距离近、沟通密切，便于对企业之间的合同进行监管，也加深了集群内企业的信任度，保证了合作效率。地理集中的企业所形成的专业化区域具有区域品牌，在一定程度上表现为"一荣俱荣，一损俱损"的利益共同体，提升了集聚区企业的效率。事实上，产业地理集聚效应归根结底是由于规模经济和同类企业地理位置相近，导致企业之间交流的增加。产业地理集聚效应的影响因素与生产效率、竞争效率和创新效率的关系如图4-7所示。

政府行为通过产业政策和市场政策的颁布影响产品市场，从而影响企业的竞

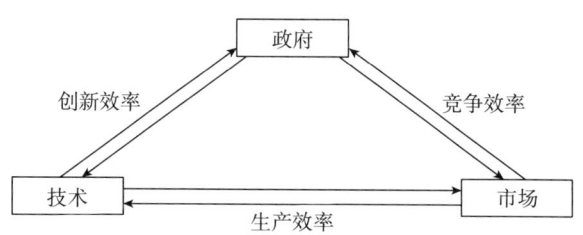

图4-7 产业地理集聚效应影响因素作用过程

争效率。当政府采取鼓励性产业政策时,市场会扩大,更多的企业会看到好消息进入市场,竞争效率就会提高,反之亦然,同样,产品市场的变化也会导致政府对市场和各行业政策的变化,从而影响企业的竞争效率。随着市场的扩大,企业不断进入市场,竞争效率不断提高,市场结构和产品替代性的变化,会增加消费者对产品差异性的需求,改变企业的竞争模式,影响企业的技术创新和应用,进而影响企业的生产效率。当市场进一步细分,产品替代性降低时,企业技术水平提高,生产效率提高,反之亦然。技术进步也将使企业能够更好地满足消费者的需求,生产出多样化的产品,从而改变市场结构和竞争模式。技术进步会提高企业的生产效率,反之亦然。政府可以通过制定法律和调整政策倾向来影响技术进步,从而影响企业的创新效率。政府颁布鼓励技术进步和企业技术投资的法律,可以加快技术进步的速度,提高企业创新的效率,反之亦然。技术的发展也会影响政府的技术政策和企业发展,从而影响企业技术创新的效率。当技术进步时,企业的创新效率会提高,反之亦然。

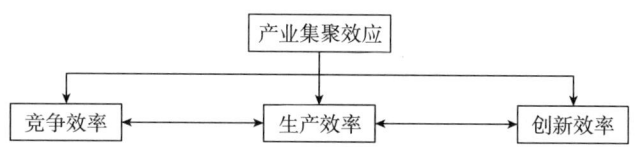

图4-8 产业地理集聚效应作用过程

如上所述,产业地理集聚效应的形成,归根结底是由于规模经济和相似企业地理位置相近,企业间交流增加所带来的效益。产业地理集聚效应可以提高集聚区内企业的竞争效率、生产效率和创新效率。通过以上分析,我们可以看出,市场的变化会影响竞争效率和生产效率。竞争效率的提高会使企业感受到竞争压力,提高生产效率,当生产效率提高,产品产量增加,市场饱和时,竞争加剧,竞争效率提高。生产效率和创新效率同时与技术有关,并相互影响。创新效率的提高可以改进生产方法，从而提高生产效率。生产效率的提高会导致产品数量的增加，市场趋于饱和。因此，企业将积极开发新产品，开拓新市场，从而提高创新效率。

4.4.5 资源型产业地理集聚是促进产业结构调整的有效途径

资源型产业的地理集聚是指一批地理上相邻、相互关联的企业和相关法人机构在空间上相互集聚、相互补充，形成强大的、可持续的竞争优势的现象。所谓路径依赖，是指技术发展或制度变迁受到其初始选择的影响和制约，一旦确定了某一选择，就会对这种选择产生依赖。这种选择本身具有发展的惯性，具有自我强化的放大效应，从而不断强化这种初始选择（邵帅等，2013）[42]。由于技术发展和制度变迁的路径依赖性，产业结构调整也具有路径依赖性，产业集群是产业结构调整的路径依赖。美国哈佛大学波特认为，一个国家的产业竞争力主要体现在国内以集群形式出现的产业。相关企业一旦聚集到某一区域形成产业集群，该产业就具有比较优势。在集群外部规模经济效应下，各类大中型企业将进一步向区域集聚，从而进一步强化产业集群的优势。正如波特指出的，集群一旦形成，一个自我强化的过程将促进其成长。发展资源型产业地理集聚已成为建设现代产业体系和产业基地的主要途径，在新一轮经济增长中，产业竞争力与产业地理集聚的关系将更加密切（迈克尔·波特，1997）[34]。

（1）资源型产业地理集聚可以有效促进产业结构调整和优化升级。

从产业结构和产品结构来看，资源型产业的地理集聚实际上是某种产品的加工深度和产业链的延伸，从某种意义上讲，就是产业结构的调整和优化升级。从结构上看，资源型产业的地理集聚是指在一定区域内相互关联、相对集中的企业和各种机构的集合，它是一个完整的经济组织体系，包括某一产业从投入到产出、流通的各个相关主体。主体是一大批提供有竞争力的最终产品和服务的企业，包括原材料、零部件、机械设备等专业投入品的上游供应商，批发、零售、代理、进出口等下游流通企业，专业服务和特殊基础设施（如人才和金融）的供应商，以及生产互补产品的制造商。资源型产业的地理集聚，除了直接从事某一特定产业的生产经营企业外，还包括许多直接或间接支持其生存和发展的行为体，如提供专业培训的大学和政府机构，教育、信息、研究和技术支持，以及其他促进企业联系和互动的机构，如黄金金融机构、客户和行业协会。事实上，任何一个地区的发展都不可能由一个孤立的行为体来完成，它的发展可以看作是区域内外各种行为体相互交织的各种活动相互作用的结果，而资源型产业的地理集聚只是一种有效的经济组织，保证了不同参与者之间的各种活动具有更高效率的经济组织形式（臧新和李菡，2011）[43]。通过集聚的特殊组织结构，企业可以建立长期稳定的创新合作关系,从而提高企业整体的创新能力。在资源型产业的地理集聚中,各主体之间并不是孤立的,而是通过区域网络紧密联系在一起。这种区域网络是一种在集群内部看似封闭的关系模式,但实际上它与集群外部仍有许多联系。从资源禀赋的角度看,资源型产业地理集聚是一种资源配置模式,它以最佳的方式,有效地组织一个地区的各种资源要素,从事一些对该地区最具竞争优势的经济活动。从产品结构来看,由于内部竞争压力,集群内的企业可以获得单个自由企业难以具备的产品质量优势、产品差异化优势和基于质量的产品差异化优势,有利于产品结构和技术结构的优化。此外,集群内的小企业承担着大企业产品结构调整所需的大量资金和设备,使大企业在资金不足的情况下能够顺利承担产业升级的主体作用。集聚以其固有的交易和组织关系,使大企业能够引领和带动小企业进入高水平的生产空间,使小企业的生产经营方向与产业结构变化方向保持着很强的"相关性",使之成为产业升级的助推器。

(2) 产业集群是进行产业结构调整的一种有效的产业组织形式。

1) 产业集群是产业结构调整的微观组织形式。

产业结构的调整和升级与产业组织密切相关。广义上的产业组织是指一个行业内企业之间的相互关系,即企业内部和企业之间生产要素的动态组合方式和活动。组合方式是指生产要素如何组合,采用何种组合形式。组合活动是实现某种组合方式的一系列活动(焦勇,2015)[44]。产业组织的本质是生产要素在产业内的配置,因此,它是一种"微观产业结构",没有产业组织这一微观载体,就无法实现产业结构对生产要素的宏观配置。产业组织的主要模式可分为三种类型:一是排他性模式,即纯层级组织;二是竞争模式,即纯市场组织;三是中间性制度组织,分为寡头垄断企业集团模式和产业集群模式。产业集群是产业结构与产业组织相结合的产物,是指产业在一个循环中的集群发展,也就是说,某一产业链或某一产业链在某一区域内或某一区域之间形成。产业集群作为一种重要的产业组织形式,在产业结构调整过程中越来越具有吸引力,这是因为,从交易成本的角度看,当企业内部交易成本过高时,可以通过市场交易进行外部化;相反,当市场交易成本过高,企业效率较高时,可以通过企业组织"内化"。如果企业和市场的交易成本相对较高(这是比较普遍的情况),产业集群和其他中间性制度组织就会应运而生。

2) 资源型产业地理集聚是能够灵活适应产业结构要求的产业组织形式。

不同的产业结构需要相应的产业组织。一般来说,发达和高度发达的产业结构需要一个相对完善的产业组织(即在高度不确定性的情况下仍然存在较低的交易成本),而欠发达和低水平的产业结构则需要较低层次的产业组织。资源型产业地理集聚作为中介性制度组织的主要表现形式，具有广泛的适应性，正是因为它是一个能够适应外部贸易条件和市场环境变化的经济体系，所以它的主要组成部分和组织结构可以根据复杂多变的市场环境进行灵活、持续的重组和自我调整，也就是说，这种产业组织具有很强的"韧性"和生存能力。从微观层面看，产业结构的调整必须伴随着产业组织的重构，产业结构的优化必须以合理的产业组织为基础。

（3）资源型产业地理集聚是产业结构政策实施更有效的产业组织形式。

产业组织是实现产业政策中介目标的微观环境基础。在产业结构调整过程中，产业政策往往是调整的手段，而调整的载体是产业组织，包括资源型产业的地域集聚对产业政策的响应。这种反应直接表现为生产要素在企业之间甚至产业之间的再分配，企业间信息和物流网络的适应性调整，使产业结构朝着产业政策引导的方向变化（如果产业政策是有效的），这种调整反应过程成为产业结构政策的作用机制。同时，与纯粹的层级组织、纯市场组织相比，产业集群等中介性制度组织的存在更具有普遍性。因此，产业政策可以通过产业集群等中介制度组织的自适应调整产业结构。

（4）资源型产业地理集聚是区域竞争力的重要源泉。

产业集群实际上是由一定区域内的大量企业或大公司、大企业集团按照纵向专业化分工和横向竞争合作关系形成的具有集聚经济性质的产业组织，上游企业、下游企业、上下游企业之间细致、紧密的分工与合作，可以有效地促进产业结构升级。从产业组织内部，即经济的微观基础——企业，要打破"大而全，小而全"的传统商业模式，构建适合市场经济的企业组织形式和生产组织模式，进而通过大企业精干主体，发挥龙头作用，促进产业扩张和产业价值链的形成，进一步提升对产业升级的带动作用。作为在高度专业化分工基础上形成的支撑体系，企业间的分工已经细化到零部件生产及其各个环节，在这里，每个企业只做一个部分，甚至一个部分的一个环节，这使得单个企业能够专门从事产品的开发和生产，同时，由于企业密度大，专门从事产品开发和生产的企业不仅相互竞争，而且合作密切。产业集群中企业间的创新竞争，相互借鉴，必然导致技术创新和技术进步，进而推动产业结构升级，例如，某主机厂附近有多家零部件厂配套，某零部件厂也为附近多家主机厂提供配套设施。这种产业网络既有贴近市场的便利，又有技术创新的便利性和强大动力，使产品的生产成本和交易成本极大地降低，同时也使产品质量不断提高。这种在区域内相对集中、分工高度细化的产业地理集聚的产业竞争力，与区域内"大而全，小而全"的生产方式以及相对分散的生产方式是不可比拟的。

综上所述，资源型产业的地理集聚是调整产业结构的有效途径，而这种路径一旦形成,就会有一个自我强化的过程,从而加快产业结构的调整和优化,资源型产业的地理集聚有其自身的演变和发展规律。一大批相关企业地理集中,以灵活专业化为核心的社会网络,积极的创新氛围,基于合作竞争和路径依赖的互动机制是资源型产业地理集聚成功,以及竞争优势形成和保持的基础。资源型产业的地理集聚一旦形成并成熟,将在全国乃至世界市场上具有较强的竞争优势,占据更高的市场份额,形成知名的区域品牌效应。在市场体系完善的条件下,产业集群将通过多种渠道和机制对企业、行业乃至区域的竞争力产生重要影响,这种竞争力不为非资源型产业地理集聚区和资源型产业地理集聚区以外的企业所具备。

4.4.6 资源型产业地理集聚对技术结构调整的促进作用

我国产业结构不合理的深层次原因是产业技术结构水平低下。我国整个产业的发展基本上处于低技术水平的扩张阶段,大部分还没有达到产业技术结构升级的水平。资源型产业的地理集聚可以从以下几个方面促进技术结构的调整,从产业空间集聚的角度看,产业集聚使经济联系紧密的企业在地理空间上相互靠近,大大降低了以信息搜索成本为主的交易成本,从而优化环境禀赋,促进技术创新专业化与合作化。产业集聚是在共同市场发展的基础上建立起来的,稳定的专业化分工与合作,不仅促进了企业间有序竞争,激活了创新动力,而且使小企业在某种技术上越来越专业化,大大降低了各企业承担的技术创新投资成本。从企业组织关系来看,集群内企业之间的关系不仅是"自然选择",而且由于融入当地社会文化环境和人际网络的支持,企业之间在技术创新方面的合作大大加强,有助于降低弥合企业之间在知识、经验和技能上的差距的成本。从学习过程来看,集聚有助于强化技术知识的"传染",落后企业可以利用先进技术创新的经验溢出效应,企业的技术和信息可以通过模仿和学习来缩小差距,节约成本。显然,集聚使企业更容易、更便宜地学习新技术,总之,这四个方面形成的资源型产业地理集聚效应,促进了资源型产业地理集聚中企业的技术创新,从而有助于国家整体技术结构的优化。

4.5 本章小结

资源型产业地理集聚由于其独特的空间位置和产业组织性质,在国内外区域经济和产业经济的理论研究和实践发展中发挥着越来越重要的作用。就经济全球化而言,以区位向量为依托的产业集聚形成动态合作和虚拟联盟,已成为国际经

资源产业地理集聚特征、影响要素与动态优化

济分工和区域产业转移的重要趋势,以及获取竞争优势的重要途径。从国内经济现实来看,产业集聚在我国区域经济发展中发挥着重要作用,已经成为区域发展和区域产业布局的重要方式,其变化将直接影响我国经济发展的可持续性。因此,研究其演化机理和可操作性具有重要的理论和现实意义。本章以产业经济学、区域经济学和系统动力学理论为基础,将产业地理集聚的演化视为一个系统过程,运用自组织和复杂系统的理论方法,分析了产业地理集聚的内在演化机制。首先,通过 EG 指数和塞尔指数的计算,证明我国煤炭资源型产业已具备围绕主导产业链进行企业集聚的条件;其次,通过对煤炭资源型产业的分类、绩效分析,得出我国煤炭资源型产业已经具备了围绕主导产业链进行企业集聚的条件;再次,通过分析产业地理集聚效应的分类、表现、影响因素和作用原理,指出技术、市场和政府对产业地理集聚的效率都会产生影响,而产业地理集聚作为一种企业的存在状况,将对企业的经济行为、市场交易乃至区域经济增长产生重要影响;最后,通过测算我国资源型产业的产业集中度,分析了我国资源型产业的发展趋势。

与以往研究有所不同的是,本章主要选取了我国典型的资源型产业地理集聚区,从产业和区域两条路径对 20 世纪 80 年代以来我国资源型产业的地理集聚进行了全面考察。本章在回顾大量已有研究成果的基础上,从多个角度对计算结果进行了分析,得出以下结论:① 我国不同产业之间的产业集聚具有明显的地域差异性。EG 指数反映了不同行业随时间的地理集聚程度:一是"高度集中",具有较强的区域依赖性,依靠自然资源完成生产加工,如金属制品业、黑色金属矿、石油加工、炼焦、核燃料加工业;二是"其他则相对较低",表现出"局部聚集,大部分散"的特点,如非金属矿物类、有色金属和石油类。② 从我国资源型产业地理集聚的时空特征来看,资源型产业的空间分布差异明显,不同地区对资源型产业的依赖程度也不同。X1、X6、X7、X10 主要集中在沿海地区,X2、X3、X8 主要集中在内陆地区。③从我国资源型产业的变化趋势来看,随着科学技术的进步和生产力的提高,产业地理集聚对企业具有明显的带动作用,使得企业的区域专业化程度不断提高。总的规律是,资源型产业的地域变化由西北向东南转移,由欠发达城市向发达城市转移,由资源短缺地区向资源丰富地区转移。④从资源型产业集聚效应来看,资源型产业集聚可以促进区域经济的发展,但部分产业的集聚效应并不明显,甚至具有负面效应。X3、X5 和 X9 的 h 值均小于 1,说明上述产业的集聚效应不明显。X1、X2、X4、X6、X7 的集聚效应均有不同程度的下降,说明这些产业的集聚效应随着时间的推移而减弱,集聚并没有促进区域经济的良性发展,这反映出该区域产业结构不合理,集聚企业之间的专业化分工、相互协调与合作以及产业链之间的衔接未能达到最佳比例。

资源型产业地理集聚效应会带来规模经济效应和外部经济,同时促进区域经济发展。因此,不断推进资源型产业地理集聚,充分发挥产业地理集聚的积极作用,促进企业稳定发展,已成为企业和地方政府亟待解决的问题。因此,在本章结论的基础上,本书提出以下政策建议:

(1)针对不同区域的资源型产业,加强资源型产业链管理,扩大产业地理集聚效应。本书的结论表明,我国资源型产业具有明显的地域集聚特征,空间分布差异明显,不同区域的发展水平和经济效应也不同。因此,对于不同区域的资源型产业,转入地区应强化资源产业链,加强与地方政府、资源型企业和行业协会的联系,扩大产业地理集聚效应。转出地区应完善生态环境体系和产业组织形式,考虑当地形成产业地理集聚区的能力,探索新的投资点吸引产业。地方政府不仅要因地制宜地制定适合当地发展的产业地理集聚模式,还要考虑集聚企业的资质条件,同时注重产业集聚和产业生命周期的适时引导。通过市场自律机制,将集聚区由西北向东南转移,由欠发达城市向发达城市转移,从资源短缺地区向资源丰富地区转移,解决资源型产业时空分布不均的问题。

(2)强化地理集聚区资源型产业网络优势,协调发展,实现资源共享。研究发现,部分资源型产业地理集聚效应弱化的原因是企业分布分散、产业结构单一、国有大企业垄断。要解决这些问题,就要强化集聚区的网络优势,使大量企业在特定区域内集聚发展,共同利用基础设施和公共信息资源,增强成员间的知识溢出效应,减少系统的僵化和封闭,避免资源浪费和规模不经济的发生。同时要减少政府干预,全面实施错位发展战略,充分利用各地区的比较优势,制定优惠政策,减少集聚区企业之间的盲目竞争,充分发挥集聚优势。

参考文献

[1] 洪联英,刘解龙. 我国垂直专业化发展进程评估及其产业分布特征——基于投入—产出法的国际比较分析[J]. 中国工业经济,2009,6:67-76.

[2] 亚当. 斯密. 国民财富的性质和原因的研究(上卷)[M]. 北京:商务印书馆,1997.

[3] Turner Louis. Triad Power: The Coming Shape of Global Competition [J]. Narnia,1986,62(4).

[4] 杨小凯,张定胜. 经济学:新兴古典与新古典框架[M]. 北京:社会科学文献出版社,2003.

[5] 希克斯,厉以平. 经济史理论[M]. 北京:商务印书馆,1987.

[6] Kevin M., Gary B. The Equilibrium Distribution of Income and the Market for Status [J]. Journal of Environmental Economics and Management, 2007: 17-22.

[7] 巫景飞, 芮明杰. 产业模块化的微观动力机制研究——基于计算机产业演化史的考察[J]. 管理世界, 2007 (10): 75-83.

[8] 陆立军, 郑小碧. 区域创新平台的企业参与机制研究[J]. 科研管理, 2008 (2): 124-129.

[9] 王帮俊, 吉峰, 周敏. 产业集群中技术创新扩散系统要素构成与特征分析[J]. 中国矿业大学学报（社会科学版）, 2009, 11 (1).

[10] Myrdal G. Economic Theory and Underdeveloped Regionen [M]. London: Duckworth, 1957.

[11] Hirschman, Albert O. The Strategy of Economic Development [M]. The Strategy of Economic Development, 1958.

[12] Mallshall A. Principles of Economics [M]. London: Macmillan, 1980.

[13] Porter M. E. Clusters and New Economics of Competition [J]. Harvard Business Review, 1998, 76 (6): 77-90.

[14] Weber A. Theory of the Location of Industries [M]. Friedrich C, Trans. Chicago: University of Chicago Press, 1992.

[15] Piore, M. and Sabel, C., 1984, The Second Industrial Divide: Possibilities for Properity, New York: Haper and Row.

[16] Rosenthal, Strange. Manufacturing Industries: A Dartboard Approach [J]. Journal of Political Economy, 1997, 105 (5): 889-927.

[17] Weber A. Theory of the Location of Industries [M]. Friedrich C, Trans. Chicago: University of Chicago Press, 1992.

[18] 衣保中, 周贺. 中国工业集聚趋势及其影响因素[J]. 当代经济研究, 2020 (4): 92-99.

[19] 张司飞. 我国中部地区发展产业集群品牌的可行性与对策[J]. 科技进步与对策, 2012 (14): 33-37.

[20] Ellison G., Glaeser E. L. Geographic Concentration in U. S. Manufacturing Industries: A Dartboard Approach [J]. Journal of Political Economy, 1997, 105 (5): 889-927.

[21] Guerrieri P. C. Pietrobelli Industrial Districs Evolution and Technological Regimes: Italy and Taiwan [J]. Technovation, 2004, 24: 889-914.

[22] 毛熙彦, 刘颖, 贺灿飞. 中国资源性产业空间演变特征[J]. 自然资源学报, 2015, 30 (8): 1332-1342.

[23] 王丁宏, 曹瑾. 河西走廊资源型产业集群识别及生态化对策研究[J]. 产业与科技论坛, 2015 (19): 24-27.

[24] 于善波, 吕雨聪. 资源型产业集群升级与转型的对策研究[J]. 经济研究导刊, 2015 (15): 35-36.

[25] 傅沂, 杨修进. 资源型产业集群演化机理研究: 基于利益主体间演化博弈和仿真视角[J]. 中南大学学报(社会科学版), 2016, 22 (1): 106-113.

[26] 吴洋, 范如国. 资源型产业集群低碳技术开发演化博弈及仿真[J]. 科技管理研究, 2015, 35 (1): 212-216, 250.

[27] 罗福周, 陆邦柱, 方永恒. 区域循环矿产资源产业集群发展水平预测的实证研究: 基于陕西的经验分析[J]. 人文杂志, 2017 (9): 58-62.

[28] 王凯. 基于区位熵的资源型产业集群发展研究: 以贵州省为例[J]. 开发研究, 2019 (2): 110-116.

[29] 王志亮, 贾宇虹. 社会资本、企业能力对产业集群竞争力的影响研究: 以内蒙古资源型产业集群为例[J]. 南京财经大学学报, 2019 (5): 66-74.

[30] 封伟毅, 杨硕. 高技术产业地理集聚度测度与比较研究——基于中国2007~2017年数据的实证分析[J]. 产业技术经济, 2020, 39 (6): 154-160.

[31] 刘立力, 刘宇. 流通产业集聚空间异质性对区域经济的影响研究[J]. 商业经济研究, 2020 (11): 9-12.

[32] 王素超, 王丽霞. 规模经济、集聚效应与流通效率的空间差异性研究[J]. 商业经济研究, 2020 (9): 14-16.

[33] 薛继亮. 资源型产业地理集聚、技术溢出与资源富集地区经济增长[J]. 产业技术经济, 2015, 5: 49-55.

[34] 迈克尔·波特. 竞争优势[M]. 北京: 华夏出版社, 1997.

[35] 陈建军, 胡晨光. 产业地理集聚的集聚效应——以长江三角洲次区域为例的理论和实证分析[J]. 管理世界, 2008, 6: 68-83.

[36] 季书涵, 朱英明, 张鑫. 产业地理集聚对资源错配的改善效果研究[J]. 中国产业经济, 2016 (6): 73-90.

[37] 王缉慈, 林涛. 我国外向型制造业集群发展和研究的新视角[J]. 北京大学学报(自然科学版), 2007.

[38] 吴迪. 产业集聚与区域竞争力的关系研究[D]. 东北财经大学, 2012.

[39] 朱英明, 杨连盛, 吕慧君, 沈星. 资源短缺、环境损害及其产业地理集聚效果研究——基于21世纪我国省级产业集聚的实证分析[J]. 管理世界, 2012, 11: 28-44.

[40] 周起业. 区域经济学[M]. 北京：中国人民大学出版社，2001：47.

[41] 张云飞. 城市群内产业集聚与经济增长关系的实证研究——基于面板数据的分析[J]. 经济地理，2014，1：108 – 113.

[42] 邵帅，范美婷，杨莉莉. 资源产业依赖如何影响经济发展效率？——有条件资源诅咒假说的检验及解释[J]. 管理世界，2013（2）：32 – 63.

[43] 臧新，李菡. 垂直专业化与产业地理集聚的互动关系：基于中国制造行业样本的实证研究[J]. 中国产业经济，2011（8）：57 – 67.

[44] 焦勇. 生产要素地理集聚会影响产业结构变迁吗[J]. 统计研究，2015，32（8）：54 – 61.

第5章 资源型产业地理集聚的影响因素实证分析研究

5.1 资源型产业地理集聚影响因素

5.1.1 资源型产业地理集聚影响因素分析

相似或相同的事物集中出现于同一空间,在空间集中的过程中被称为集聚。在空间上产业的集中分布现象被称为产业集聚,是产业从分散到集中的转变过程。在某一共同的空间,行业内的同类企业在产业链上纵向发展,形成上下游的合作与互补的关系。产业集聚强调行业层面的集中,有形实体相互之间的依附作用,各产业可以共享基础设施,产生规模经济效益,相互联系的企业依托竞争力优势持续发展,形成具有一定规模的产业集群。资源型产业集聚的形成受到多种因素共同作用,现有的多数研究聚焦于某一地区,或是测试少量的相关指标,对于探究其形成机理有一定作用,但还缺少普遍性和全面性。因此,有必要对全国资源型产业地理集聚的影响因素进行进一步探究,找到其关键因素,这对于行业的发展同样有着重要意义。

19世纪末,产业集聚问题开始被学者们关注,相关理论研究也由此展开。早在1890年,"内部经济"和"外部经济"的概念就已经被提出,用于产业集聚的研究(马歇尔,1890)[1]。《工业区位论》提出了影响产业集聚的区位因素,主要为劳动力成本和运输成本,同时也提出了循环因果模型的雏形(韦伯,1909)[2]。在此基础上,空间经济学被应用于研究集聚因素,研究表明,运输成本下降和规模报酬递增均有助于产业的集聚(克鲁德曼,1991)[3]。产业集群理论研究来自经济地理学和区域经济学的视角。经济地理学的主要任务是研究经济(产业)活动在空间上分散和集聚的过程[4-5]。有关产业集聚效应的研究中。波特(1998)提出的"钻石模型"从产业空间布局、外部经济、区域创新等方面解释产业集聚现象,他通过阐述具有国家竞争优势产业的形成对产业集聚进行研究，代表性的观点是"钻石结构"由以下四个因素决定：企业战略、要素和需求条件、相关或支撑型产业以及结构和竞争[6]。在迈克尔·波特"钻石模型"作为分析框架的基础上，王承云（2010）的研究发现政策驱动和市场驱动也起到了重要作用[7]。近年来，有关产业集聚的研究方法呈现多样化、丰富化的趋势。有些学者从经济学角度出发，得出现代物流业的发展会对产业集聚区位因素产生质变影响，进而促使产业集聚发生和巩固的结论（邱斌和孙少勤，2005）[8]。同时，随着经济社会的发展，城市化进程也对产业结构转移有着显著的驱动效应（马子量，2016）[9]。

在空间经济世界中，资源型产业地理集聚可能是以下四种要素的各种组合和共同作用：基于要素禀赋差异的比较优势、基于分工产生的空间外部性、垄断竞争的市场结构和良好的制度环境。

基于要素禀赋差异的比较优势。每个地区专业化生产要素禀赋相对丰裕的产品。集聚度高的行业多数是资源依赖性的（樊秀峰和康晓琴，2013）[10]。探究产业集聚的影响因素时，关键是具有综合观点的同时要结合地区自有特点，对各个影响因素的结构和作用进行具体分析（李国平等，2003）[11]。从区域经济学的角度来看，区域经济发展的影响因素除了本身的区域要素外，还包括自然资源、资本和劳动力等要素，这些要素或资源在区域间存在着不平衡分布，区域间要素禀赋的差异性进而影响了产业的发展状况，使其产生差异。劳动力充足的地区，为劳动力密集型产业发展提供了必要条件，量多质优的劳动力有利于该产业发展和集中；自然资源的丰富程度也会影响地区有关产业的发展，资源型产业的发展离不开丰裕的自然资源。在这些生产要素的集聚下，地区产业竞争力也随之提高，由此带来相关产业的聚集效应。

基于分工产生的空间外部性。经济增长的一个重要来源是分工带来的规模报酬递增，分工的一种空间组织形态为产业地理集聚。从区域经济学视角来看，资源型产业集聚对其本身、整个经济部门和区域经济都具有明显的技术溢出效应。资源型产业集聚带来的技术扩散和知识学习效应可以为区域经济发展带来集聚优势，形成竞争力（刘媛媛和孙慧，2014）[12]。马歇尔（1890）最早提出外部性的科学描述和界定，即外在于企业、内在于产业（或区域）的加总的规模经济[1]。这种外部规模经济是在空间接近的过程中，企业或产业产生的空间效应，在本质上指的就是空间外部性。企业通过集聚过程，带来的技术外溢等优势会吸引更多的企业在同一空间内集聚，外部性就体现在由此而产生的成本节约以及生产模式的扩大。新经济地理理论认为，出于实现同时降低运输成本和规模报酬递增的目的，制造部门会受到集聚力和上下游联系的影响形成地理集聚，在循环累积因果机制下这种地理集聚又会自我强化。

垄断竞争的市场结构。完全竞争市场的价格机制无法解释规模产业的空间分布问题。在这种情况下,新经济地理理论的研究学者分析产业的空间分布问题时就采用垄断竞争市场结构,完全竞争市场分析框架在后来的空间经济学研究中直接被排除掉,而且,由垄断竞争所带来的"货币外部性"被认为是促成产业集聚的一个更普遍、更重要的因素。垄断竞争市场结构下,决定产业在空间上分布的主要因素为规模经济效应以及跨区交易成本的绝对值,而非相对值。另外,在垄断竞争市场结构下,城市拥挤成本作为对冲变量,其对产业集聚的作用效果与交易成本类似,都会使得产业集聚水平降低。

良好的制度环境。良好的制度环境与政策环境是驱动我国经济高速发展的关键所在,处在市场的大环境下,企业与行业的发展都离不开国家政策的支持。从产业集聚形成和发展的过程来看,尽管市场因素起决定性作用,但政府在产业集聚过程中的作用是不容否定、不可替代的。制度作为特定时期、特定区域范围内的激励机制,其重要任务和存在意义在于对集聚区的个体行为形成持续激励。产业激励政策对相关产业集聚有重要作用(邱立成等,2012)[13]。如基础设施是一个地区发展的重要影响因素,拥有完善的基础设施和公共服务,可以作为吸引企业的重要条件。为企业提供高质量的基础设施服务,能够吸引到更多优质企业加入,从而为资源型产业地理集聚提供动力。然而,基础设施的投资特征和公共产品属性,就决定了其主要依赖政府完成,其中政府的重要作用不言而喻。

5.1.2 理论框架与假说

基于比较优势理论、新经济地理理论和国家制度,本部分构建了要素禀赋差异为形成基础,空间外部性和垄断竞争为动力,制度环境为保障的资源型产业地理集聚形成机制理论假说框架,如图 5-1 所示。

根据上述理论框架,本部分提出以下三个假说:

在比较优势理论下,如自然资源、资本和劳动力等要素相对丰富的地区有着形成资源型产业地理集聚的基础。自然资源是存在于地球上的各类可再生的、不可再生的资源的总称;禀赋是从人天生所具备的素质或天赋中得来的,在自然资源中运用,可以说明一个地区自然资源的状况。通过漫长的历史进程,自然资源的禀赋逐渐形成,成为一种客观存在。自然资源禀赋指的是一个地区自然产生的资源的多少,以及它的其他状况与分布范围等。如今人类对自然资源禀赋的描述更多地取决人类自身的认识与需求。而随着人类社会的发展,经济学上主要研究对有限资源的合理配置,因此,本书的自然资源具体定义主要指的是矿产等不可再生资源。

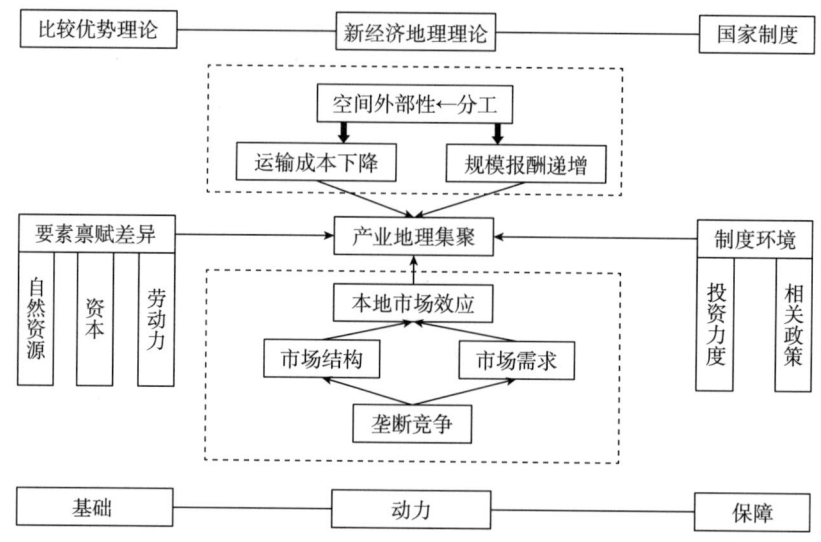

图 5-1 资源型产业地理集聚影响因素理论框架

自然资源禀赋对于一个国家或地区来说，是最重要的财富之一，它对一个国家或地区有关行业的发展有着非常重要的作用。资源禀赋即要素禀赋，指一国或地区所拥有的包括自然资源、人力资本、资金、技术以及对外经济关系在内的多种生产要素，这里仅讨论要素禀赋中的自然资源禀赋。近年来，经济增长与自然资源之间的关系成为研究者们的热点话题。传统的增长模式里，一些有着丰富资源的地区把资源的开发作为促进地区经济增长的一种方式。资源禀赋在一定程度上决定着一个地区的经济发展水平。然而在开放经济条件下，作为生产要素进行开发的资源与资源禀赋之间并不存在必然的联系。一些自然资源丰裕的地区呈现出经济缓慢增长的现象，而部分资源匮乏地区却呈现出经济增长快速的局面。某一国家或地区中的自然资源禀赋可能是它的劣势，但也可能成为它的优势。自然资源禀赋论是指由于各个国家在气候条件、自然资源蕴藏、地理位置等方面都有所不同，导致各个国家专门从事不同部门产品生产的格局。

自然资源禀赋的差异性导致他们的国际分工也有所不同，引起这些不同的原因来自四个方面：第一，是自然资源的"有与无"会在生产过程中产生分工。这种分工表现在一些国家可以大量生产一种产品，然而另一些国家却根本无法生产这种产品。第二，是"多与少"产生分工。有些国家即使对于某种资源的储藏量较少，但对其需要量却很大；而另一些国家尽管拥有大量该种资源，但对其的需求量却很少，这意味着需求量大的国家需要向那些供大于求的国家进口该产品。第三，主要来源于经济。第四，则是战略上的原因。现代经济学的一个重要的研究领域是研究拥有自然资源对一个国家或地区经济发展的影响，结论显示，自然资源的拥有对一个国家来说是至关重要的。从财富增长的角度看，拥有丰富的自然资源是一个国家或地区财富增长的基础，自然资源可以为一个国家或地区经济的发展提供资源保障。Rostow（1962）[14]和 Murphy（1989）[15]认为，自然资源禀赋对于经济增长具有明显的促进作用。Douglass（1963）[16]与 Nurkse（1953）[17]的研究结论都表明，许多发展中国家经济发展的基础就是拥有丰富的自然资源。许多发展中国家通过对自己国家所拥有的自然资源进行开发和出口来获得巨额的收益，从而完成了本国最开始的财富积累，进而促进国家经济的发展。这一结论由发展经济学从两个方面来证明：一方面，Rashez 和 Tatom（1977）[18]从经济学理论模型的构建与实证的角度第一次把自然资源作为要素禀赋引入 C-D 函数，以寻找自然资源开发与经济发展的规律。另一方面，Habakkuk（1962）[19]的研究指出，美国之所以可以占据在全球工业生产中的领导地位，与其对国内铁矿石、煤、石油等自然资源的开采以及生产有着无法分割的关系。丰富的自然资源使美国在工业生产中获得了更高的生产率。19 世纪之后美国经济快速发展，形成了美国经济的繁荣局面，这些也与高生产率的实现密不可分。Wright（1990）[20]在对美国制造业保持世界技术领先水平的原因分析中，测算其产成品的生产要素有哪些，得出高比例的不可再生资源是其制造业出口产品销量领先的原因。众多的学者都赞同一个观点：自然资源是经济增长的物质基础。然而，自 20 世纪 50 年代开始，一些较低的经济发展水平或者是发展停滞的局面在许多自然资源非常丰富的国家出现。学者们由于这一现象的产生开始关注自然资源与经济增长的关系。1993 年，Auty（1993）提出了"资源诅咒"这一命题，丰富的自然资源与一个地区经济增长的负相关关系开始被越来越多的人所关注[21]。Auty（1993）在最开始提出"资源诅咒"时仅想说明，自然资源非常丰富的地区并没有获得像学者们认为的那种快速的增长，恰恰相反的是，自然资源非常丰富的地区的经济发展速度远远小于没有资源优势的地区[21]。也就是说，一个地区经济增长的速度与其所蕴含的自然资源呈相反的关系，丰富的自然资源非但不能促使地区一直保持经济增长，却在一定时期内甚至随着时间的流逝，丰富的自然资源成了制约经济增长的因素。

H0：要素禀赋差异是资源型产业地理集聚的基础。

空间外部性：强调的是每个企业之间通过相互作用并对其他经济活动产生的影响。最开始的研究中，学者们把研究集中于外部规模经济上，他们认为专业化工业区的生产柔性化，是一定地区内部共享导致的"集体效率"和产业链专业化的结果。但是学者们未探究这些外部优势是如何产生的，新贸易理论则直接忽略了外部规模经济。不同于传统贸易理论里假定生产要素是不可流动的，新经济地理学中把产业区位与要素（资本、劳动力与其他资源）的流动性一起整合起来，产业区位不再像传统贸易理论中所言的被外生决定，不同于原先的比较优势假设，优势总是内生于企业与消费者的区位决策中。新经济地理学认为在形成了规模经济的生产中，集中的生产力量和运输成本引起的生产分散的力量的关系决定了产业的集聚位置。其强调集聚经济、生产的收益递增，以及累积循环过程对经济活动空间分布的影响。生产活动的不完全可分性、生产要素和商品与服务的不完全流动性使企业的生产规模报酬递增。而产业集聚的外部效应会进一步促使企业集聚，如此这般累积循环，形成了产业分布的中心与边缘。在新古典经济学的研究中，空间外部性的经济性主要表现在：通过地区分工以及地区的专业化生产带来各种收益。研究的结论具体体现在，区域分工能够带动其他地区经济活动的发展是由于区位因素在空间活动中产生了乘数效应。对于两个存在差异的地区来说，比较发达的地区，他所拥有的内部性因素可以向区域以外辐射并扩散，对相对落后的区域形成正外部性，在一定程度上，可以使落后区域的内部性改变，同时也可以使自己的生存和发展空间扩大，导致发达区域内部性外部化，相对落后区域外部性内部化，两个区域协调发展。早期的研究者把研究点放到外部规模经济上，认为地区共享导致"集体效率"、产业链专业化会导致专业化工业区的生产柔性化，但是研究者未探究这种外部优势是如何产生的。

近代工业区位论的奠基人韦伯于1909年出版了《工业区位论》一书，在该书中他首创性地将演绎和抽象的研究方法相结合，建立了一套阐释工业生产活动地理空间分布的理论体系。他在区位理论中指出了工业生产企业们在某个特定空间范围内集聚的原因，把这些原因总结为两类——一般和特殊。共享辅助性工业以及其他的一些公共设施所带来的生产费用的降低为一般原因；而资源禀赋和交通条件是特殊原因。另外，韦伯（1997）[28]分析了影响工业位置的经济因素。他提出区位因子的本质是利益。按照作用方式的不同，区位因子可以被分为集聚因子和区域因子。集聚因子主要指的是，当实施工业生产活动的主体准备在某些特定的地理空间范围内固定下来，伴随着集聚过程所产生的分工细化、环境污染、人口膨胀以及城镇化发展等因素。它的发展有两个阶段：初级阶段为经济活动主体由于规模扩大而形成集聚优势；高级阶段为不同规模的经济活动主体因为产品性质相同或其他方面的联系，从而实现地方工业化。区域因子主要是指，对工业生产主体的布局位置造成影响的一系列因素，比如，交通运输的便捷可达性、运输成本的高低、水资源和矿产资源是否邻近可取等。集聚因子和区域因子都是工业区位理论重点研究的内容。韦伯（1997）[22]综合考虑了多种工业区位影响因素之后，得出结论——货物运输成本、劳动力生产成本以及集聚作用三者的总成本最低点，为比较恰当的工业区位地理位置选择。韦伯（1997）[22]工业区位理论中还提出,由工业生产企业集聚水平的高低不同,其生产制造成本、劳动力雇佣成本及货物运输费用也会有显著区别。集聚不仅包括集中因子,也包括分散因子。假设工业生产主体通过集聚作用所能获得的经济收益显著高于由交通运输的便利性和专业化劳动力的充沛供给等有利条件带来的经济收益时,那么集聚因子决定着工业区位的选择。韦伯(1997)[22]进一步用等费线这种研究方法对这一观点进行了论证,同时指出当集聚因子决定工业区位选择时,通常集聚费用较低的区域是有优势的。韦伯(1997)[22]的区位产业集聚理论在马歇尔(2006)[1]的理论基础上进行了创新,二者的产业集聚理论都诞生于凯恩斯的宏观经济理论之前,都属于古典理论。在这一时期,政府干预尚未得到大力宣扬,因此,产业集聚现象大多是自发形成的。

  新贸易理论忽略了外部规模经济,Krugman(1993)[3]认为,经济活动聚集最初有历史偶然性,但是,集聚从产生一开始便会不断进行自我循环,从而产生"中心—外围"的特征,此特征本身有"锁定"功能。收益递增的作用是使每一种产品只有在一个地方生产才有利可图,这样的结果使不同地方生产差别产品。在一个经济规模较大的生产地区内,不断发展形成产业链,由于前向和后向联系,会出现一种自我持续的制造业集中现象,经济规模越大,集中越明显。运输成本越低,那么在一个地区的经济中,制造业占的比例会增大。放到企业的位置上,规模经济的水平与聚集呈正相关,"中心—边缘"这一结构的产生与规模经济、地区国民收入中的制造业份额、运输成本等有关。Joseph Eugene Stiglitz 研究了规模经济、贸易模式与市场的关系,进一步奠定了新贸易理论的基础。他假定,人类都是相同的、不存在任何差异的,并且生产中的规模经济是永无止境的,但是消费者却喜欢多样化的消费模式。在这一基础下,为了吸引消费者,厂商应该生产更多种类的产品,但是从生产的角度考虑,生产产品的种类应该趋向单一,这是由于一种产品的生产规模与它的成本呈反向关系(许庆等,2011)[23]。由于资源本身是有限的,甚至一些自然资源具有稀缺性,因此,当增加了产品的种类时,生产每种产品的规模只能缩小,规模效应无法形成,每种产品的生产成本上升,此时,产品的价格会上升,从而减少消费者的效用。市场的竞争总是会选择平衡,从而获得一种垄断竞争的均衡。虽然结果并非最优,但是在垄断竞争无法避免的情况下,这样的方法可以使消费者的净福利最大化。如果人口增多或可用资源增加,那么市场折衷这种两难冲突的余地就可以增大。因此,在统一市场的规模扩大时,他的产品种类数和生产率也会增加。因为国际贸易可以增大世界市场的规模,每个人都有机会消费更便宜、更多类型的产品,在这种情况下,每个国家都选择出口本国中产生规模经济的商品,分工的结构就是这样决定的。在这之后,许多学者都开始依靠这一框架展开研究,其中以美国经济学家Krugman（1993）[3]、范帅邦等（2015）[24]为主要代表。他们建立了垄断竞争、规模报酬递增、异质产品、专业化分工等与贸易结构的模型，并系统地阐述了这类模型，将他们与传统的模型联系起来，而且，他们还将分工与贸易理论从零维推进到二维空间，在研究贸易模式的同时，研究经济活动在一定区域聚集的原因。随着生产规模的扩大，由于规模报酬递增，产品的平均成本不断下降，每种商品仅有一家企业生产，因此形成了不同国家的专业化分工，空间外部性对于产业集聚的影响也由此形成。新经济地理学模型当作地区贸易新类型的基础，有限的一体化会损害外围的福利，在分析以跨国公司投资为主导的国际分工模式时，他假定生产所需的要素不可以自由流动，若中间性商品受到规模经济和运费的影响，则区际经济分化一定会在生产过程中出现。在生产要素不能自由流动的情况下，中间性商品的市场主要出现在大量制造业所在区域，这也让一些国家趋向于集中，可以使下游生产赢得成本优势，一直强化这样的优势形成。此外，还把运输成本纳入HO模型，他得出生产和贸易的方式不仅依赖要素密集度和资源禀赋，还取决于运输成本的大小，然而运输成本与该地区的地理位置有关，新贸易活动区位的选择相对于已有的贸易活动密度而言，依赖于要素和运输密集度。

H1：市场与空间外部性是资源型产业地理集聚的动力。

制度是社会博弈的规则之一，是用以规范人们相互交往行为的某种安排（邓宏图和宋高燕，2016）[25]。高质量的制度可以通过提供信任，从而有效地促进组织之间的交易活动，以此来降低企业的生产成本和商品的流通成本，提高企业在生产、专业化分工和贸易等方面的收益（王永和崔春华，2019）[26]。恰恰相反的是，较低的制度质量则会阻碍区域高技术产业集聚。一是低劣的制度质量会增加某一地区产品的交易费用和生产成本。二是制度的波动将为市场带来不确定性，这种不确定性会降低产品的产值，掠夺性的行为不仅会减少产品产量，还会导致资源从高技术产业流向其他产业。三是制度质量的高低还会影响高技术产品在区域间的流通。稳定性是制度的一个重要特性，稳定的制度能够形成人们对未来的稳定预期，进而降低企业未来发展的不确定性。合理的制度体系能够促进产业的集聚。但是，一般来说，制度质量的改善往往伴随着一系列的制度变革，同时，在这一段时期内的制度非常不稳定。制度变革和由此产生的制度不稳定必然会在一定时期内对一个地区的产业发展造成影响，况且制度变革的方向可能是正向的，也可能是反向的，即使是对高技术产业集聚和经济增长有利的制度变革，短时期内也会由于制度的不稳定而增加产业集聚的成本（郭苏文和黄汉民，2011）[27]。

随着信息技术的发展与科学技术的进步，地球逐渐变为地球村，经济全球化不再是梦想，各个国家的产业分工逐渐深化，各个国家、区域、企业之间的竞争也随着经济全球化的实现日益激烈，产业集聚的形成，可以使一个区域具有规模经济、范围经济和知识外溢等一系列的优势，因此，产业集聚这一模式逐渐成为了国家、区域以及各个企业为提高自身的综合竞争力而竞相选择的一种产业发展形势。举例来说，各种传统的产业开始在意大利中部和东北部的七个省内集聚，被称为"第三意大利"；众多高科技产业在美国的集聚，造就了美国硅谷；汽车配件等机械产业在日本的集聚，造就了东京大田区等。以中国为例，为科学反映我国不同区域的社会经济发展状况，为党中央、国务院制定区域发展政策提供依据，根据《国务院发布关于西部大开发若干政策措施的实施意见》等文件的精神，我国的经济区域可以划分为东北、东部、中部和西部四大地区。在全球进行产业分工热潮、经济全球化的宏观背景下，发展产业集聚的组织形态是大势所趋。改革开放40多年来，我国的东部沿海地区由于具有先天地理位置的优势以及后天政策的倾斜，已经逐渐形成了诸多产业集聚区，这些产业集聚区为该地理位置的经济发展做出了许多贡献，使东部沿海地区的经济发展速度在全国遥遥领先。这其中，长江三角洲、珠江三角洲和京津冀地区得益于独特的地理位置优势，在国家和地区政策的支持下获得了飞速的发展，各类型生产要素的快速聚集使得多个产业集聚区产生。举例来说，广泛分布于三大经济区的产业集聚区有北京中关村的IT业、浙江绍兴的纺织业、昆山的光电业等。根据西部大开发"十一五"总体规划的目标要求：陕西、青海和新疆等西部地区将充分发挥在资源方面的优势，发展煤炭、水电、机械制造等特色优势产业。在国家政策的支持与导向下，我国西部地区的水利基地、煤炭基地、电力基地等纷纷开始规划建设。其中，以规划建设十三个大型亿吨级煤炭基地为例：国家首先提出规划思路，即大型的煤炭基地建设要以大型煤企为主，在建设时优先建设大型的、现代化的、露天煤矿和矿井。国家出台政策，支持大型的煤炭企业重组，并鼓励各个煤炭企业通过合作、合资等形式吸引各类投资者，使各类型的投资者参与到国有煤炭企业的股份制改造中来，各类型企业共同参与煤炭基地的建设，形成配套成熟的产业链条。在国家政策支持下，资源产业以产业集聚形式发展逐渐成了客观的现实，但由于资源产业的特殊性，以及他对非流动资源有着强烈的依赖性，其发展机理注定与我国已经比较成熟的中小企业的产业集聚有所不同。因此，无论是在规划、建设，还是在后续的运行过程中都会存在很多问题，所以需要进行前瞻性和政策性研究。

近年来，各地煤炭行业的结构调整主要从有效整合资源、选择以市场——政府规制型模式来发展煤炭产业集聚、提高煤炭产业的集中度和核心竞争力等方面进行。近年来，国家整顿煤矿生产秩序、关闭非法小煤矿等调控措施的研究开始逐步落实，可以看出煤炭行业正在逐渐市场化。一系列煤炭产业发展政策的

资源产业地理集聚特征、影响要素与动态优化

出台和有效执行也在不断向市场证明该资源产业（煤炭产业）的发展思路。按照要素禀赋论的分析框架，研究发现：整个行业会产生差异化主要是制度环境的改善会通过不完全契约、专业化分工和投资不确定性等方面来影响的，这样的影响有利于具有制度依赖性行业逐步建立起比较优势（Nunn，2007）[28]。王永进等（2010）通过建立一个两地区垄断竞争模型，考察了契约制度对产业集聚影响的微观机制，研究发现良好的契约制度有助于缓解契约不完全所导致的投资不足，促进技术进步和提高劳动生产率，对厂商的区位选择和产业集聚有重要影响[29]。谢里和张敬斌（2016）明确提出，当一个地区的制度环境越好时，制造业劳动力向该地区集中，即制造业企业向该地区集聚。不同的制度安排隐含着不同的激励结构，导致行为模式的差异，对企业家精神的有效发挥也具有至关重要的影响[30]。李后建（2013）基于我国30个省级行政区1998～2009年的面板数据，研究发现由于相关制度的市场化改革进程滞后，这样引起的腐败等负面影响会打击企业家创新和创业精神[31]，从而影响一个地区产业集聚的形成与发展。

新制度经济学派指出了交易成本的存在。学者们通过研究指出：在某一产权从某个特定的经济主体转向另一个经济主体的过程中，所消耗的所有必需的资源成本即为交易成本。交易成本可以分为两类：一类交易成本是完成一次交易所需承担的费用，包括寻找交易机会、交易双方进行相关的谈判以及交易实施进程中必要的监督等活动的成本；而另一类交易成本则是保护制度结构所需支付的费用，包括出资维持司法体系和警察力量等。显然，交易效率反映了在一定条件下开展交易活动所需支付的成本高低，交易效率与交易成本是一种反比例关系，交易的成本越低，则交易的效率越高，反之亦然。在良好制度下的产业聚集可以优化资源配置，降低交易成本，制度环境对跨国公司的影响最为显著。每个成功的公司都有自身比较优势的部门和特色产品。大型的跨国公司为了更好地发展总是把一些比较低端的和附加值不高的产品零部件外包到劳动力比较充实、政策比较优惠的地区，这样不但可以降低成本而且还可以增加企业自身抵抗市场风险的能力。因而，能承接跨国公司外包业务的地区必然要有相当规模、效率高效的企业群作为依托。跨国公司在选择投资区域时最看重的是当地企业能否保证自身与跨国公司形成强而有效的关联。相同或相似产业链上有关联关系的企业群通过自身的优势发展和当地政府的政策扶持会形成产业集聚区，产业集聚区能通过政府提供的优惠政策帮助跨国公司与当地的配套企业进行更好地合作，并降低跨国公司的运营成本，为跨国公司提供各种优惠政策与服务。

在全球化背景下，跨国公司因为制度环境的吸引选择建立分公司可以提升创新绩效。全球化不仅为跨国公司提供了广阔的市场，同时也对跨国公司提出了新

的要求,由于竞争压力的不断加大,尤其是产品更易于被模仿,需要跨国公司进行更高效的创新。而对于跨国公司而言,产业集聚区可以为他们提供更为便利的条件。在良好制度环境下的产业集聚会降低交易费用。产业集聚区多分布于地理位置优越、基础配套相对完善且靠近市场的地区,因而通过区域优势,不仅能增加企业之间交易的次数而且可以大幅度地减少运输、加工及销售所带来的费用,更为重要的是,空间上的接近更能强化企业之间的互信度,从而帮助跨国企业与当地合作公司建立良好合作信誉从而优化跨国企业的社会资本,为进一步便利跨国企业的经营活动提供帮助。随着经济全球化的普及,友好的制度环境为本国吸引来大量的跨国公司,而跨国公司更好地实施本地化战略来实现发展,从而反过来促进这一国家和地区产业集聚的发展。跨国公司由于对东道国的经营环境并不熟悉,因而常采用本地化战略来规避跨国经营管理过程中的风险,即在人才招聘、采购、加工、运输、销售等环节与东道国进行结合,合理利用本地资源。本地化战略对于跨国公司融入市场,与利益相关者建立良好的关系具有重要的作用。但值得注意的是跨国公司的本地化战略不仅取决于自身,而且与当地的地理位置、基础设施及市场有极大关系。在此方面,产业集聚区方面具有得天独厚的条件,从而便于跨国公司进行本地化战略。

陈强远和梁琦(2014)[32]将产业集聚视为一种普遍的经济现象,这种产业集聚随着时间的推移和产业的不断完善,他们的形成原因、形成方式以及所形成的特点都会逐渐发生一定的改变,而且在一个产业集聚区域的发展过程中,国家及当地的政府部门应该提出一些相关的对策,使产业集聚的发展能够促进该地区经济水平的发展,并提高该地区社会水平的发展。产业集聚本质上是产业和资源优化配置的一种具体表现,其增长和发展不可能发生在制度真空中,需要一个良好的制度环境,企业的基础在于社会的制度环境。事实上,产业集聚是企业寻求交易成本降低和经济效益提高的结果,它的形成和发展有赖于各种制度安排的激励和约束。根据新制度经济学研究成果,一个制度运行的成本是交易费用,与生产成本一样,交易费用也可以影响一类商品的相对总成本。如果说降低生产和交易成本,寻求高生产率和交易效率是产业集聚发展的动力,那么制度环境则是影响交易费用和交易效率的重要因素。产业集聚通过专业化的协作与分工,在集聚区域内形成了一种有效率的交易层系和市场结构,促使长期正式的合作以及非正式交流企业、机构间建立一种相对稳定的关系,既防止了相互之间的机会主义行为,也节约了一部分交易费用。在新经济地理学框架下,制度环境决定了企业在该地从事生产与经营活动内生的交易成本(谢里,2009)[33]。如果运输成本很低,企业选择迁移到的地区,他的支出水平或市场份额足够大,但是迁移所带来的规模经济效应依然难以抵消由于内生的交易成本提升所带来的负面效应,则即便迁移地具有一定的资源禀赋优势、行业的规模报酬递增与经济的外部性，厂商也不会有跨区域迁移的动力，难以形成产业的空间集聚。可以说，交易成本是制度环境与高技术产业集聚的理论桥梁。清晰的产权（如政府与市场的关系）、竞争性的市场制度（如产品市场的发育程度）、契约制度（如市场的法制环境）等，为企业带来了强烈的竞争压力和相对公平的竞争环境，形成了良好的信用基础和社会秩序，促成柔性的问题解决机制，从而降低不确定性风险，减少企业交易的搜寻、谈判、执行和监督成本，进而提升产业竞争的成本优势，推动各类要素、资本的流动及重组，对高技术产业集聚起着稳定性、基础性的作用（卫兴华，2015）[34]。根据信号传递理论，高质量的制度环境可为投资者提供稳定的投资和创业环境；而低质量的制度环境会增加市场的不确定性和风险，不能为潜在投资者和创业者提供稳定的商业环境，同时低水平制度环境限制了创业资金的可获得性和技术创新（田毕飞和陈紫若，2017）[35]。在国家制度的推进下，投资力度和相关产业激励政策形成了资源型产业地理集聚的保障。

H2：制度环境是资源型产业地理集聚的保障。

5.2 研究方法

5.2.1 模型选择

（1）产业集聚程度测算。

用区位熵测算（Degree of Industry Clustering，DIC）。区位熵（专门化率）是比率的比率，由地区某产业产值占地区总产值的比重与全国该产业产值占全国产值比重的比率计算得到，被广泛用于区位分析中，表示生产的地区集中程度。计算区位熵得到的值越大，说明该地区某产业的集聚程度越高，形成产业集群的可能性越大。其计算公式为式（5-1）：

$$LQ_{ij} = \frac{P_{ij}/P_j}{P_i/P} \quad (5-1)$$

式中，LQ_{ij} 为 j 地区的 i 产业在全国的区位熵，t 为产业，j 为地区，P_{ij} 为 j 地区 i 产业的产值，P_j 为 j 地区所有产业的产值，P_i 为全国范围内产业的产值。$LQ_{ij} > 1$，表示该地区该产业具有比较优势，一定程度上表明该产业有较强的集聚能力；$LQ_{ij} > 1.5$，表示该地区该产业优势较为明显；$LQ_{ij} > 2$，则优势十分突出；$LQ_{ij} < 1$，表示该地区该产业处于比较劣势，其集聚能力较弱。

（2）实证分析方法。

采用 31 个省市区的面板数据，运用 R - studio 编码模型，进行多元线性逐步回归分析，探究资源型产业地理集聚的影响因素。根据资源型产业地理集聚影响因素理论框架，在比较优势理论、新经济地理理论和国家制度的框架下，将资源型产业地理集聚影响因素的计量模型设置为如式（5-2）所示：

$$Y_{jt} = \alpha 0 + \alpha 1 X_{1jt} + \alpha 2 X_{2jt} + \alpha 3 X_{3jt} + \cdots + \alpha n X_{njt} + \varepsilon_{jt} \quad (5-2)$$

式中，Y 表示资源型产业聚集度，X 表示各机理动因向量，ε_{jt} 表示误差项。

5.2.2 指标选择

表 5-1 资源型产业地理集聚影响因素指标

变量来源	一级指标	二级指标	计算公式或选用指标
要素禀赋	自然资源	主要矿产资源储量	煤炭储量73% + 石油储量×17% + 天然气储量×3%
	劳动力	劳动生产率	产业全社会固定资产投资/ 产业城镇单位就业人员
	城市化进程	城市化率	城镇人口/年末常住人口
	工业化进程	工业化率	工业增加值/GDP
空间外部性	运输成本	公路密度和铁路密度	地区里程/全国总里程数×地区面积/全国面积
		公铁密度	公路密度×铁路密度
		货物周转能力	货物周转量
	地租成本	商业用房价格	商业营业用房平均销售价格
	规模经济	规模以上工业企业生产能力	规模以上工业企业主营业务收入/规模以上工业企业固定资产合计
垄断竞争	市场需求	资源消耗	煤炭消费量、原油消费量和天然气消费量
	市场供给	资源产出	天然气生产量
	市场结构	行业企业数量	规模以上工业企业单位数
		市场繁荣度	社会消费品零售总额/GDP
	产业结构	三次产业结构	第一、二、三产业各自占比
制度环境	国家战略	投资率	采矿业全社会固定资产投资/GDP
		环保投资	工业污染治理完成投资
	外贸活动	对外开放程度	进出口总额/GDP
	经济增长率	人均GDP年均增长率	人均GDP
	市场发展水平	市场化指数	市场化指数总评分

指标说明如下：

自然资源（Natural Resources）。由于在我国的能源生产与消费总量中煤炭、石油、天然气这三种矿产资源占有的绝对比重大，以及它们在工业化进程中具有重要地位，本部分构造了以矿产资源为代表的自然资源指标，主要构建各省煤炭、石油、天然气三种矿产资源的基础储量占全国总量的相对比重,以衡量各地区自然资源禀赋的差异。我国一次能源生产占消费总量中的比重大约是:煤炭占73%、石油占17%、天然气占3%,根据这个比例,分别给予三种资源的相对权重。自然资源集聚度指标的计算公式如式(5-3)所示:

$$RAIi = \frac{Coali}{Coal} \times 0.73 + \frac{Oili}{Oil} \times 0.17 + \frac{Gasi}{Gas} \times 0.03 \qquad (5-3)$$

式中,RAIi 为某省份资源集聚度指数;$\frac{Coali}{Coal}$、$\frac{Oili}{Oil}$、$\frac{Gasi}{Gas}$ 分别为某年某省份煤炭、石油、天然气基础储量占全国煤炭、石油、天然气基础储量的比重。

经济增长率(Economic Growth rate)。在对各地区经济增长速度进行比较时,由于各地区人口数量差异较大,为了避免该因素的影响,本部分选用人均 GDP 年增长率作为衡量地区经济增长的指标。

市场化发展水平。选用各地区市场化指数(Marketization Index,MI)代表该地区制度指标。市场化指数指的是地区的市场化发展程度和水平。市场化指数由以下五个方面的指数组成,即政府和市场间关系、产品市场的发育程度、非国有经济发展水平、要素市场的发育程度以及市场中介组织发育和法律制度环境,每个方面的指数各自反映市场化的某一特定方面。本书选用市场化指数总评分。

5.3 资源型产业地理集聚影响因素实证分析

5.3.1 数据来源与样本选择

本书所使用的数据来自 2015~2016 年《中国工业统计年鉴》、国家统计局以及中国经济与社会发展统计数据库,由于在我国的能源生产与消费总量中煤炭、石油、天然气这三种矿产资源占有绝对比重大,以及它们在工业化进程中具有重要地位,选择采矿业、煤炭开采和洗选业以及石油和天然气开采业代表资源型产业。为了更细致地解释资源型产业集聚的影响因素,本书选取 31 个省市的相关指标作为样本总体。

5.3.2 资源型产业地理集聚影响因素实证分析

(1)产业集聚程度测算。

用区位熵(专门化率)来表示资源型产业集聚程度(Degree of Industry Clustering,DIC),即地区某产业产值占地区总产值的比重与全国该产业产值占全国产值比重的比率。各省市区资源型产业集聚程度如表5-2所示：

表 5-2 资源型产业集聚程度

地区	区位熵	地区	区位熵	地区	区位熵
上海	0.004341684	湖南	0.544527513	黑龙江	1.665026065
浙江	0.035913938	江西	0.61380223	青海	1.782837159
海南	0.095465923	云南	0.689960676	天津	1.845974781
江苏	0.105768578	安徽	0.759926165	甘肃	1.87703615
北京	0.126421637	辽宁	0.948234272	新疆	2.54801387
西藏	0.158554629	山东	1.014270675	宁夏	2.785834382
广东	0.192369523	吉林	1.104008195	贵州	2.813913779
福建	0.224513075	四川	1.179292573	陕西	3.921917985
湖北	0.395150398	河北	1.227541248	内蒙古	4.578567731
广西	0.44698584	河南	1.315224928	山西	6.333163456
重庆	0.52438039				

数据来源：国家统计局、《中国工业经济统计年鉴》、中国经济与社会发展统计数据库。

从表5-2中可以看出，我国中部和西部以及东北的大部分地区的区位熵大于1，说明其资源型产业集聚程度相对较高，而南部及东部沿海的多数地区的区位熵小于1，表明这些地区资源型产业地理集聚程度相对较低，这也与我国的实际情况相符。

（2）数据处理。

1）产业集聚程度正态性检验，如图5-2和图5-3所示：

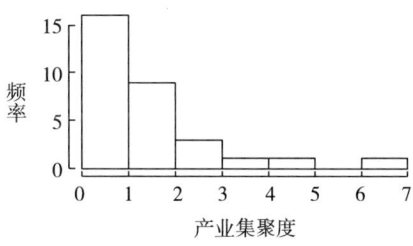

图 5-2 产业聚集度分布直方图

Ncv-Test检验同方差性：$P = 6.637e-05$，p值小于显著性水平 $\alpha = 0.05$，

拒绝原假设。产业集聚度整体不满足正态分布。因此选择 Spearman 秩相关系数进行相关分析。

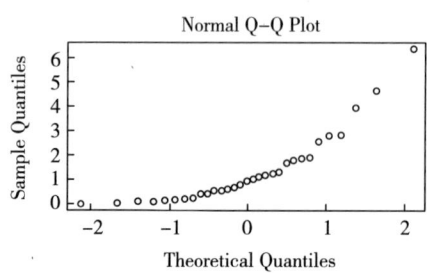

图 5 – 3　Q – Q 图

注：Normal Q – Q Plot：正态分位数—分位数图；Sample Quantiles：样本分位数；理论分位数。

2）相关性分析

采用 Spearman 相关系数，显著性检验为双尾。相关性分析结果如表 5 – 3 所示：

表 5 – 3　相关系数

指标	相关系数	指标	相关系数
产业集聚度	1	规模以上工业企业生产能力	- 0.558**
资源储量	0.848**	工业污染治理完成投资	- 0.03105
人均 GDP 年增长率	- 0.650**	劳动生产率	- 0.731**
市场化总指数评分	- 0.550**	对外开放程度	- 0.600**
工业化率	0.060080645	煤炭消费量	0.405*
投资率	0.716**	原油消费量	- 0.27592
城市化率	- 0.372*	天然气消费量	- 0.09113
市场繁荣度	- 0.126209677	天然气生产量	0.243401
第一产业占比	0.220183487	商业营业用房平均销售价格	- 0.675**
第二产业占比	0.249647111	铁路密度	- 0.26573
第三产业占比	- 0.304154926	公路密度	- 0.409*
货物周转量	- 0.273790323	铁路密度 × 公路密度	- 0.361*
规模以上工业企业单位数	- 0.357*		

注：** 在 0.01 级别（双尾），相关性显著。* 在 0.05 级别（双尾），相关性显著。

第5章 资源型产业地理集聚的影响因素实证分析研究

去除部分无关变量后，其"资源储量"、人均 GDP 年均增长率、市场化总指数评分、投资率、城市化、规模以上工业企业生产能力、劳动生产率、对外开放程度、商业营业用房平均销售价格变量与产业集聚度显著相关。图 5-4 为显著相关（**）相关系数可视化热力图。

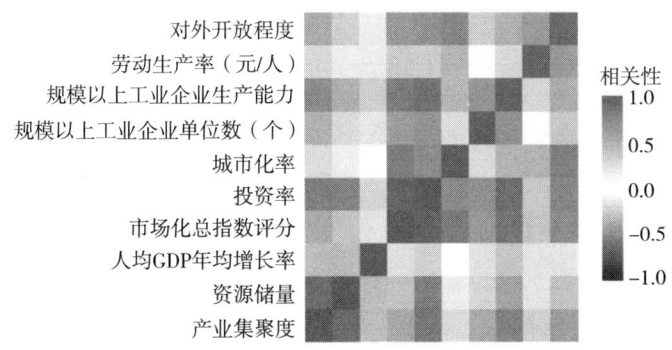

图 5-4 显著相关（）相关系数可视化热力图**

资源储量的系数为 0.848，说明地区自然资源的储量越高，资源型产业地理集聚的可能性就越大，矿产资源作为资源型产业主要的生产要素，初步验证了要素禀赋是资源型产业地理集聚基础的假说。市场化总指数评分的系数为 -0.550，市场化发展水平和程度较高时，资源型产业不易产生地理集聚，这与先前的假设不符。可能是因为产品市场的发育程度是一个重要方面。现在大部分产品的价格已经由市场决定，但资源型产业由于其产业结构等方面的制约，政府的指令性和指导性价格在该产业中所占的比重仍然较高。投资率的系数为 0.716，资源型产业属于资金密集型产业，当国家投入资金更多时，会吸引相关企业进入同一地区，扩大产业规模，有利于资源型产业的地理集聚。人均 GDP 年增长率的系数为 -0.650，说明在经济增长率高的地区，资源型产业集聚度反而并不高，这与假设不符。可能由于资源型产业对本地区的自然资源依赖程度很高，过度依赖资源型产业的经济发展模式，导致多元产业发展格局成形缓慢，经济发展水平较低。劳动生产率的系数为 0.731，资源型产业需要大型的机器设备，而劳动力在此发挥的作用并不显著，即使提高劳动生产率，也无法对产业集聚产生显著影响。对外开放程度的系数为 -0.600，一方面由于区位因素，内陆地区的对外贸易程度相对较低，另一方面由于产业结构制约，缺少活跃的外贸市场。商业营业用房平均销售价格的系数为 -0.675，说明地租成本较高时，会限制资源型产业的地理集聚。

(3) 线性回归模型构造。

表 5-4 模型 1 结果

Coefficients：(1 not defined because of singularities) 系数：(1 因奇点而未定义)

	Estimate（估计）	Pr (> |t|)
(Intercept)（截距）	-8.064e-01	0.5855
X1 资源储量	8.907e+00	0.1855
X2 人均 GDP 年增长率	3.650e+00	0.1758
X3 市场化总指数评分	2.766e-01	0.2633
X4 投资率	2.699e+01	0.1247
X5 城市化率	2.274e+00	0.5072
X6 规模以上工业企业单位数	-2.771e-05	0.2790
X7 规模以上工业企业生产能力	-4.144e-01	0.0837
X8 劳动生产率	-2.768e-07	0.7021
X9 对外开放程度	-1.853e-01	0.8645
X10 煤炭消费量	3.256e-05	0.2891
X11 商业营业用房平均销售价格	-8.040e-05	0.2018
X12 公路密度	-3.343e-03	0.5303
X13 公铁密度	4.397e-08	0.6955
Adjusted R-squared：0.8303		
p-value：3.508e-06		

模型 1 如式（5-4）所示：

$$Y_{jt} = -0.8064 + 8.907X_{1jt} + 3.65X_{2jt} + 0.2766X_{3jt} + 26.99X_{4jt} + 2.274X_{5jt} - 2.771 \times 10^{-5}X_{6jt} - 0.4144X_{7jt} - 2.768 \times 10^{-7}X_{8jt} - 0.1853X_{9jt} + 3.256 \times 10^{-5}X_{10jt} - 8.04 \times 10^{-5}X_{11jt} - 3.343 \times 10^{-3}X_{12jt} \times 4.397 \times 10^{-8}X_{13jt} + \varepsilon_{jt} \quad (5-4)$$

模型检测：残差服从均值为 0，且方差为常数（同方差性，Heteroscedasticity）的正态分布。Ncv-Test 检验同方差性：P=0.20478，P 值 >0.05，通过同方差性检验。模型 AIC 为 68.45417，BIC 为 89.96398。

资源储量的系数为 8.907，表明该变量的影响程度较大，地区内自然资源储量越多，越有利于形成产业集聚；城市化率的系数为 2.274，城市化进程对产业集聚也有着一定的推进作用；劳动生产率的系数为 -2.768×10^{-7}，说明资源型产业对劳动力的依赖程度极小,随着技术的发展,机器设备对于资源型产业的助力远大于劳动力。

公路密度的系数为 -3.343×10^{-3},反映了运输成本较高时,会对产业集聚产生抑制作用。和铁路相比较,公路的造价及运输成本高得多,因此,在使用交叉变量即公铁密度之后,系数为 4.397×10^{-8},基本上抵消了高成本的抑制作用,最终对产业集聚的作用微乎其微;商业营业用房平均销售价格的系数为 -8.04×10^{-5},由于地租成本上升可能会对资源型产业集聚带来一定的负作用,但这种影响非常小。规模以上工业企业生产能力的系数为 -0.4144,这与假说不相符,可能因为大型企业已经拥有较为成熟的供应链市场,占据了大多数资源,对其他企业产生排斥作用,从而抑制产业集聚形成。

人均 GDP 年增长率的系数为 3.65,说明经济发展对产业集聚也有着较强的促进作用;市场化总指数评分的系数为 0.2766,该变量的影响程度较小,对产业集聚的作用有限;投资率的系数为 26.99,这表明政府对产业的投资是资源型产业地理集聚形成的关键因素;对外开放程度的系数为 -0.1853,地区的对外开放程度越高,可能形成资源型产业集聚的概率较小,但这种影响并不明显。

虽然拟合效果较好,模型也显著,但是变量没有显著,与实际情况也存在一定的差异,需要继续优化。

(4)线性回归模型优化——以 AIC 为指标。

以 AIC 为指标优化,采用逐步回归方式调整变量,优化模型,得到模型 2。

表 5 –5　模型 2 结果

Coefficients:(1 not defined because of singularities) 系数:(1 因奇点而未定义)		
	Estimate	Pr(>|t|)
(Intercept)(截距)	$-4.619e-01$	0.58226
X1 资源储量	$7.639e+00$	0.18569
X2 人均 GDP 年增长率	$2.466e+00$	0.22790
X3 市场化总指数评分	$3.958e-01$	0.00538**
X4 投资率	$2.933e+01$	0.05745
X6 规模以上工业企业单位数	$-3.698e-05$	0.02656*
X7 规模以上工业企业生产能力	$-5.156e-01$	0.01032*
X10 煤炭消费量	$3.988e-05$	0.08876
X11 商业营业用房平均销售价格	$-5.916e-05$	0.05362

	Estimate	Pr (> |t|)
Adjusted R – squared：0.8582		
p – value：4.141e–09		

模型2如式（5-5）所示：

$$Y_{jt} = -0.4619 + 7.693X_{1jt} + 2.466X_{2jt} + 0.3958X_{3jt} + 29.33X_{4jt} - 3.698 \times 10^{-5}X_{6jt} - 0.5156X_{7jt} + 3.988 \times 10^{-5}X_{10jt} - 5.916 \times 10^{-5}X_{11jt} + \varepsilon_{jt} \quad (5-5)$$

模型检测：残差服从均值为0，且方差为常数（同方差性，Heteroscedasticity）的正态分布。Ncv – Test 检验同方差性：P=0.27829，P值>0.05，通过同方差性检验。模型 AIC 为60.88326，BIC 为75.22314。其中市场化总指数评分，规模以上工业企业单位数和规模以上工业企业生产能力变量与产业集聚度显著相关。

基于要素禀赋差异的比较优势：自然资源储量的系数为7.639，说明其对资源型产业地理集聚的正效应作用明显。资源型产业对自然资源的依赖性较强，可以依托当地的资源优势因地制宜发展，企业向资源所在地集中，进而形成产业集聚。很好地验证了要素禀赋是资源型产业地理集聚的基础这一假说。

分工产生的空间外部性：规模以上工业企业生产能力的系数为 –0.5156，商业营业用房平均销售价格的系数为 –5.916×10⁻⁵，地租成本较高，对企业的吸引力就会降低，但其影响较小。产业集聚带来的运输成本下降和规模报酬增加足以抵消地租成本损失。

垄断竞争的市场结构：规模以上工业企业单位数的系数为 –3.698×10⁻⁵，企业数量增加会带来更加激烈的竞争，但同样与形成产业集群后产生的规模经济效应相比，影响很小；煤炭消费量的系数为 3.988×10⁻⁵，地区市场需求的增加会刺激生产，引起资源型企业向该地区集中，从而推动资源型产业的地理集聚。验证了市场与空间外部性是资源型产业地理集聚的动力假说。

制度环境：人均 GDP 年增长率的系数为 2.466，表明其对资源型产业地理集聚可以带来一定的正效应。经济增长可以带动产业发展，而企业为了追求效益也会选择经济发展态势较好的地区。市场化总指数评分的系数为 0.3958，说明市场化发展水平高有利于资源型产业的地理集聚。当今资源型产业面临着转型问题，不能过度依赖自然资源，要完成从能源型企业到制造型企业的转变，离不开完善的市场。投资率的系数为 29.33，表明对资源型产业的投资非常有利于形成产业的地理集聚。由于资源型产业是资金密集型产业，生产加工需要大型的机器设备，需要的资金投入量也相应增加。而在某地区投入资金，会吸引企业向该地区集中，从而形成产业的地理集聚。验证了假说3：制度环境是资源型产业地理集聚的保障。

总的来说，该模型较好地解释了资源型产业地理集聚的理论框架。

（5）线性回归模型优化——以BIC为指标。

以BIC为指标优化，采用逐步回归方式调整变量，优化模型，得到模型3。

表5-6 模型3

Coefficients：(1 not defined because of singularities) 系数：(1 因奇点而未定义)

	Estimate	Pr（>|t|）
（Intercept）	-1.398e+00	0.027825
X3 市场化总指数评分	3.877e-01	0.000629 ***
X4 投资率	4.673e+01	5.68e-05 ***
X6 规模以上工业企业单位数	-3.896e-05	0.013468 *
X7 规模以上工业企业生产能力	-4.721e-01	0.012728 *
X10 煤炭消费量	6.351e-05	0.000274 ***
Adjusted R-squared：0.8404		
p-value：3.526e-10		

模型3如式（5-6）所示：

$$Y_{jt} = -1.398 + 0.3877X_{3jt} + 46.73X_{4jt} - 3.896 \times 10^{-5}X_{6jt} - 0.4721X_{7jt} + 6.351 \times 10^{-5}X_{10jt} + \varepsilon_{jt} \tag{5-6}$$

模型检测：残差服从均值为0，且方差为常数（同方差性，Heteroscedasticity）的正态分布。Ncv-Test 检验同方差性：$P=0.24403$，P值>0.05，通过同方差性检验。模型AIC为62.52015，BIC为72.55806。其中市场化总指数评分，投资率，规模以上工业企业单位数、规模以上工业企业生产能力和煤炭消费量变量与产业集聚度均显著相关。

通过模型3可以看出，当前的资源型产业地理集聚最关键的因素依然是投资率，系数为46.73，其次为市场因素和规模经济，在这个模型中，要素禀赋本身的作用已经不再具有优势。当前我国正处于转变经济发展方式的关键时期，在这样的大环境下，资源型产业也面临着结构转型的问题。跨越这一必须跨越的关口，出路就在走创新驱动发展道路，让创新真正成为第一动力。传统的资源型产业对自然资源的依赖程度很高,如何从能源企业转变为制造型企业,是整个行业都要面对的难题。当前各国在推进产业集聚的过程中,最终追求的共同目标都是实现低碳产业和高新技术产业。而政府对产业的投资则是保证产业集聚区可持续发展的关键所在。

（6）回归模型对比。

表5-7 回归模型比较

模型	RSS	AIC	BIC
模型1 $Y_{jt} = -0.8064 + 8.907X_{1jt} + 3.65X_{2jt} + 0.2766X_{3jt} + 26.99X_{4jt} + 2.274X_{5jt} - 2.271 \times 10^{-5}X_{6jt} - 0.4144X_{7jt} - 2.768 \times 10^{-7}X_{8jt} - 0.1853X_{9jt} + 3.256 \times 10^{-5}X_{10jt} - 8.04 \times 10^{-5}X_{11jt} - 3.343 \times 10^{-3}X_{12jt} + 4.397 \times 10^{-8}X_{13jt} + \varepsilon_{jt}$	6.2750	68.45417	89.96398
模型2 $Y_{jt} = -0.4619 + 7.693X_{1jt} + 2.466X_{2jt} + 0.3958X_{3jt} + 29.33X_{4jt} - 3.698 \times 10^{-5}X_{6jt} - 0.5156X_{7jt} + 3.988 \times 10^{-5}X_{10jt} - 5.916 \times 10^{-5}X_{11jt} + \varepsilon_{jt}$	6.7864	60.88326	75.22341
模型3 $Y_{jt} = -1.398 - 0.3877X_{3jt} + 46.73X_{4jt} - 3.896 \times 10^{-5}X_{6jt} - 0.4721X_{7jt} + 6.351 \times 10^{-5}X_{10jt} + \varepsilon_{jt}$	8.6822	62.52015	72.55806

通过对比3类回归模型,可以看出第2类模型具有最小的AIC,第3类模型具有最小的BIC,模型变量最小,且模型变量均显著。在解释变量时,第2类模型可以较好地验证本部分所提出的假说,第3类模型可以反映出当前我国资源型产业面临转型问题的情况。

5.4 研究结论

在对资源型产业地理集聚影响因素的探究过程中,通过实证分析研究验证了要素禀赋差异为形成基础,空间外部性和垄断竞争为动力,制度环境为保障的资源型产业地理集聚形成机制理论假说框架。

投资率对资源型产业地理集聚的作用最为显著,对资源型产业的投资有利于形成产业的地理集聚,由于资源型产业是资金密集型产业,这种影响程度更为显著。投资能直接为产业集聚提供公共基础设施和服务设施,基础设施是地区经济和社会发展的关键资源,它为经济和社会的发展提供了保障和支持。在某地区投入资金,会吸引企业向该地区集中,从而形成产业的地理集聚。

目前资源型产业对自然资源的依赖程度还很高,自然资源对资源型产业地理集聚的作用仅次于投资,但资源型区域不能过度依赖其自然资源,为避免资源型产业发展的路径依赖和锁定效应,应及时对产业集群进行转型升级,提高劳动者素质,运用先进设备和科学技术对初级传统产业进行改造,提高资源型产业生产效率、提升资源型产业集群的创新动力,提升市场化发展程度,让资源更有效率的进行配置和调动。如何突破发展困境,培育接替产业多元发展,将自然资源的优势转化为经济优势,实现地区经济发展可持续是未来发展的重中之重。

5.5 政策建议

增加公共投资,着力完善基础设施。首先,资源型产业的发展离不开基础设施,基础设施是一个地区发展的重要影响因素,它为经济和社会的发展提供了保障和支持。拥有完善的基础设施和公共服务,可以作为吸引企业的重要条件。为企业提供高质量的基础设施服务,能够吸引到更多优质企业加入,从而为资源型产业地理集聚提供动力。然而,作为公共物品,在其投资特征的影响下,基础设施的建设主要由政府来完成。由于建设基础设施需要大量的投资,且通常建设周期长、产生收益慢,除政府外的企业很难有这样的实力进行投资建设。在进行基础建设时,应把交通设施的建设放在重要地位。因为资源型产业需要完善的交通网络和配套设施,搭建物流平台,才能高效快速进行资源产品的有效配置,从而使产业发展起来。同时,医疗保障制度与教育体制完善也需重视,这是吸引人才的重要环节,资源型产业地理集聚也需要人才集聚,要吸引人才,提高忠诚度,满足这样的要求,就要尽量打造适宜的工作生活环境。

加大投资力度,提供有力财政支持。通过本部分的研究,表明投资率对资源型产业集聚有着显著的推动作用。资源型产业是资金密集型产业,促进资源型产业集聚和发展,需要政府提供大量的资金支持。尽管我国在自然资源的分布上颇具特色,有着建立资源型产业集聚区的良好先决条件,但还有着财政经费投入不足、产业发展陷入瓶颈、企业发展方向不明等问题。首先,政府应制定相应的制度来保障财政投入的持续增长,在满足了产业集聚区基础建设的基础上,也要支持企业的创新与产业的转型升级。目前我国虽然经济正在高速发展,但是各项产业均需要大量的资金投入,财政能力相对有限,在这样的情况下,仅仅靠政府的财政投入是不够的。还需要建立相应的投融资体系,将社会的资金利用起来,充分发挥政府的引导作用和财政资金杠杆效应,以解决财政能力有限对产业集聚的制约作用。完善的投融资体系应当具有投资方式灵活多样、投资主体广泛多元化的特点,这样才能保证投资规模持续稳定增长。

深化市场改革,加快产业结构转型。当前我国正处于转变经济发展方式的关键时期,在这样的大环境下,资源型产业也面临着结构转型的问题。传统的资源型产业对自然资源的依赖程度很高,如何从能源企业转变为制造型企业,是整个行业都要面对的难题。首先,当前各国在推进产业集聚的过程中,最终追求的共同目标都是实现低碳产业和高新技术产业。政府应当发挥引导作用,出台相应的政策并提供有力的财政支持,同时制定相应的标准,如技术指标和环保指标,结合适当的社会舆论宣传,从而使产业集聚区内的企业向着高新低碳的目标发展。其次,本部分的研究也发现,市场环境对资源型产业的影响作用也很显著。企业对自然资源的过度依赖会制约产业发展和集聚,政府要充分利用供应链优势,将产业集聚区内上下游企业整合起来,发挥企业各自的优势和协同作用,以推进产业集聚的可持续发展。

推进法制建设,形成有效制度保障。为了推动地区产业聚集和经济发展,政府要打造良好的法治环境,建立公平有效的市场秩序。确保地区整体的发展环境,就要严格保证安全生产,大力治理环境污染,对集聚区内的资源型企业进行严格管理。在产业集聚的过程中,由于企业的过度竞争可能会产生一些短视行为,如"搭便车"和"假冒伪劣"等问题。为了保障产业集聚的健康发展,地方政府应发挥其引导作用,通过"外引内联",使企业完成合理的优化转型重组。制度有正式和非正式制度两个方面,政府制定正式制度,而非正式制度是通过经验自发形成的。政府虽然不是非正式制度的制定者,但应该在其中充分发挥引导者的作用,建设完善的社会信用体系,倡导健康和谐、积极向上的社会环境。根据企业边际理论,交易的成本是由企业与市场的边界决定的,产业集聚作为一种中间组织,是介于企业和市场之间的。政府可以完善信用体系的建设,从而降低企业的交易成本,为企业发展提供有力支持,促进产业集聚可持续发展。

5.6 本章小结

产业集聚是当今世界经济中颇具特色的经济组织形式,是相同或相近产业在特定地理区域的高度集中、产业资本要素在特定空间范围的不断会聚过程。本章探究了资源型产业地理集聚的影响因素,选用31个省市区的数据作为样本总体,采用来自四个维度的多个指标作为变量,运用 R-studio 进行回归分析,建立了三类回归模型。研究结果发现,影响资源型产业地理集聚最为关键的因素是政府投资和自然资源储备,验证了要素禀赋差异为形成基础,空间外部性和垄断竞争为动力,制度环境为保障的资源型产业地理集聚形成机制理论假说框架。提出了改善基础设施,为产业集聚创造良好的运营环境、完善服务体系,为产业集聚搭建健全的平台支持、加强法制建设,为产业集聚营造公平的市场秩序、创新制度体系,为产业集聚提供有效的制度保障、加强政策引导,为产业集聚提供必要的财税支持的相关政策建议。

参考文献

[1] Marshall A. Principles of Economics [M]. London: Macmillan, 1890.

[2] Weber A. Theory of the Location of Industries [M]. Chicago: University of Chicago Press, 1929.

[3] Krugman P. Increasing Returns and Economic Geography [J]. Journal of Political Economy, 1991 (3): 483-499.

[4] Krugman P. What's New about the New Economic Geography? [J]. Oxford Review Economic Policy, 1998, 14: 7-17.

[5] Porter M. E. The Competitive Advantage of Nations [M]. New York: The Free Press, 1990.

[6] Porter M. E. Clusters and the New Economics of Competition [J]. Harvard Business Review, 1998 (6).

[7] 王承云. 日本研发产业的空间集聚与影响因素分析[J]. 地理学报, 2010, 65 (4): 387-396.

[8] 邱斌, 孙少勤. 现代物流业对产业集聚"区位因素"影响的研究[J]. 物流技术, 2005, 10: 160-161, 168.

[9] 马子量. 西北地区城市化进程对产业结构演变的驱动效应研究[J]. 中国人口·资源与环境, 2016, 26 (11): 37-44.

[10] 樊秀峰, 康晓琴. 陕西省制造业产业集聚度测算及其影响因素实证分析[J]. 经济地理, 2013, 33 (9): 115-119, 160.

[11] 李国平, 孙铁山, 卢明华. 北京高科技产业集聚过程及其影响因素[J]. 地理学报, 2003, 6: 927-936.

[12] 刘媛媛, 孙慧. 资源型产业集群形成机理分析与实证[J]. 中国人口·

资源与环境, 2014, 24 (11): 103 - 111.

[13] 邱立成, 曹知修, 王自锋. 欧盟新能源产业集聚的影响因素: 1998~2009年面板数据模型的实证分析[J]. 世界经济研究, 2012, 9: 18 - 22, 87.

[14] Rostow. 经济成长的阶段——非共产党宣言[M]. 北京: 商务印书馆, 1962: 8, 78 - 83.

[15] Murphy Kevin M., Andrei Shleifer and Robert Vishny. Income Distribution, Market Size and Industrialization [J]. Quarterly Journal of Economics, 1989: 37 - 64.

[16] Douglass C. Location Theory and Reginal Economic Growth [J]. Journal of Political Economy, 1963: 243 - 258.

[17] Nurkse. Problems of Capital Formation in Under - Developed Countries [M]. Oxford: Oxford University Press, 1953: 49.

[18] Rashc R., Tatom J. Znergy. Resources and Potential GNP [J]. Federal Reserve Bank of St. Louis Review, 1977 (6): 68 - 76.

[19] Habakkuk H. J. American and British Technology in a Century [M]. Cambridge: Cambridge University Press, 1962.

[20] Wright G. The Origins of American Industrial Success [J]. American Economic Review, 1990: 651 - 668.

[21] Auty R. M. Sustaining Development in Mineral Economies: The Resource Curse Thesis [M]. New York: Routledge, 1993: 10 - 12.

[22] 阿尔弗雷德·韦伯. 工业区位论[M]. 北京: 商务印书馆, 1997.

[23] 许庆, 尹荣梁, 章辉. 规模经济、规模报酬与农业适度规模经营——基于我国粮食生产的实证研究[J]. 经济研究, 2011, 46 (3): 59 - 71, 94.

[24] 范帅邦, 郭琪, 贺灿飞. 西方经济地理学的政策研究综述——基于CiteSpace的知识图谱分析[J]. 经济地理, 2015, 35 (5): 15 - 24.

[25] 邓宏图, 宋高燕. 学历分布、制度质量与地区经济增长路径的分岔[J]. 经济研究, 2016, 51 (9): 89 - 103.

[26] 王永, 崔春华. 制度质量、自然资源禀赋与出口技术复杂度[J]. 经济经纬, 2019, 36 (1): 64 - 71.

[27] 郭苏文, 黄汉民. 制度质量、制度稳定性与对外贸易: 一项实证研究[J]. 国际经贸探索, 2011, 27 (4): 47 - 51.

[28] Nunn N. Historical Legacies: A Model Linking Africa's Past to Its Current Underdevelopment [J]. Journal of Development Economics, 2007, 83 (1): 157 - 175.

[29] 王永进, 李坤望, 盛丹. 契约制度与产业集聚: 基于中国的理论及经验研究[J]. 世界经济, 2010, 33 (1): 141-156.

[30] 谢里, 张敬斌. 中国制造业集聚的空间技术溢出效应: 引入制度环境差异的研究[J]. 地理研究, 2016, 35 (5): 909-928.

[31] 李后建. 市场化、腐败与企业家精神[J]. 经济科学, 2013 (1): 99-111.

[32] 陈强远, 梁琦. 技术比较优势、劳动力知识溢出与转型经济体城镇化[J]. 管理世界, 2014 (11): 47-59.

[33] 谢里. 制度安排与产业集聚: 理论与经验研究[D]. 湖南大学, 2009.

[34] 卫兴华. 社会主义市场经济与法治[J]. 经济研究, 2015, 50 (1): 10-12.

[35] 田毕飞, 陈紫若. FDI、制度环境与创业活动: 挤入效应与补偿机制[J]. 统计研究, 2017, 34 (8): 19-31.

第6章 资源型产业地理集聚最优路径选择

——基于动态优化模型

6.1 资源型产业集聚行为特征演化与路径选择

集群的集聚行为、竞合行为和创新行为特征将会与资源型产业集群共同进行演化，聚集行为内部发生的动态演化，导致了资源型产业集群的演化行为机制与资源型产业集群进行协同演化（雷宇等，2012）[1]。

6.1.1 资源型产业集聚方式的选择博弈分析

6.1.1.1 资源型产业集聚动因

资源型产业最初的形成因素主要依靠于自然资源，此种优势主要依靠于地理位置而存在，此部分中我们将其命名为"区位因素"。其侧重于特定空间存在的异质性要素禀赋产生的外生比较优势，这种优势与地理空间同时存在，并同时消亡。其中异质性要素禀赋主要由自然因素、地理位置、市场条件、人文习俗这些因素构成，这些要素不能发生地理位置上的改变并且与其他集群的要素并不完全相同。然而，自然资源对于优势产业集聚现象形成原因只是占有小部分的因素，因此，认为定义之外的因素为"集聚因素"。其重点强调生产要素的空间集聚产生的规模经济和收益递增导致的内生比较优势，是产业集聚现象形成的关键因素（杨冬梅等，2016）[2]。

（1）区域因素。

由于资源型产业最初由地理区域内所包含的优势自然条件所建立的这一前提条件，因此区域因素对于资源产业集聚的形成发挥的决定性作用。产生集聚根本原因是区域有别于其他区域的异质性资源（如矿产或者劳动力资源）所带来的外生比较优势。我们对自然资源、基础设施以及劳动力资源进行着重的分析（郝大江，2015）[3]。

第6章 资源型产业地理集聚最优路径选择——基于动态优化模型

第一,自然资源因素。是资源型产业集群形成的最直接原因,自然资源是由自然界产生的矿藏、森林、水流、土地一系列的可再生与不可再生资源。19世纪末至20世纪初,部分研究人员就对自然条件对工业生产区位选择的重大影响有所觉察,"多重原因导致了工业的地区分布,在多项条件中,自然是至关重要的条件,金属工业集聚在矿山周围或是能够提供燃料的地方,大量制造陶器的资源型产业,虽然原料不在周围,但是这里的空间范围内却拥有大量的煤产品以及优质的翁土。"在经济、科技逐步发展的当今社会,由于便捷性的增加、运输成本的降低,尽管自然资源在产业形成的过程中发挥的作用逐步减退,但其仍然是关键性要素。

随着社会的进步,人们对于自然资源也应该在认知上有全新的理解,若还是继承着以往的观念,很容易使集群的发展处于窘境之中。在经济发展的起步期,存在的观念是自然资源可以无限制地源源不断地供应。正是基于这种观念,使其陷入"资源诅咒"的悖论中,即资源丰裕区域把经济发展的重心放在资源的开采和销售上,而轻视了产业结构的调整、孕育优秀的人才和一些有助于产业可持续发展的要素(黄滢和陈堂发,2018)[4];另一方面,资源无穷论的错误观念使"区域塌陷"的人们对资源的使用不加节制,并在使用时不注重生态的保护,资源被很快地耗尽,资源型产业形成了恶性循环。所以,为完成"长远、绿色、可持续发展"的目标,人们在开发使用自然资源的同时,还要注意开发的限度,同时对自然资源进行保护。

第二,基础设施因素。资源型产业整体上由于其所需要的生产原料数量巨大,在生产和销售过程中的运输成本也较高。因此,资源产业要想获得较好的发展必须在地理位置的范围内建立优越的基础设施。对于区域内基础设施的共享,也造成资源型企业的地理集聚。运输成本具有在理论及实证研究中至关重要及其方便度量的双重属性,大量的研究人员聚集于对交通基础的研究来代表对基础设施设的研究(陈菊红和郭福利,2010)[5]。交通基础设施使不同地理区位的连接更为便利,为区域间的合作和资源的相互交互增加了可能性,同时这种联通的可能性增加了与聚集区外企业以及顾客的关联。如果在这些方面的投资较少则会获得较少机会、降低创新能力和丢失智力型因素。拥有便利交通的区域依靠着投资收益率的大幅度增加,让庞大数量的可移动资源蜂拥而至,这一系列活动产生的连锁效应最终导致了区域经济优化。同时,随着交通基础建设的完善,其结果导致更多的资源涌进,与区域自然资源禀赋产生协同效应,在提升资源的回报率的同时增强了自然资源的吸引力,集群的规模进一步扩大。

第三,劳动力资源因素。地理范围内的劳动力池,也会造成集聚效应。劳动力市场为企业提供了丰富的人力资源,并且有更充足的人力去完善服务水平。规模较大的劳动力市场由于竞争性强，逐步演化出工人细分，由此产生了专业技术工人。资源型产业集群具有劳动密集特征，依靠集聚产生的共享优势促使很多企业和工人集聚，发展出良性循环体系，使资源型的企业集聚。传统上劳动力分为通用型劳动力、专业技能型劳动力。通用型劳动力往往前期不需要投入，因此他们不具有专业的技术，所获得的佣金也较少，是劳动密集型在企业初始区位的主要雇员。专业技能型劳动力投入较高，在某一特定方面拥有较专业的技术储备。通用型劳动力的替代性较强，其会因为区域外价格的原因导致产业的迁出，因此区域内专业技能劳动力往往是保证区域内产业集聚持续发展的关键因素（蔡啸，2019）[6]。

在满足上述作用的前提下如果可以降低成本和获得地理租金，才能促进资源型产业集聚发展。首先，节约成本。区域要素内的不可移动要素，即使运输成本降低其部分要素的输出，仍会加大成本。因此企业集聚往往依托于资源丰富的地区发展。其次，地理租金。由于区域的"异质性"和"稀缺性"，租金随着对特定区域的脱离随之消失，在租金的诱因下，形成资源型产业集群（张焕勇和杨增雄，2006）[7]。

（2）集聚因素。

产业集群的形成原因中区域因素是一部分原因，然而并非在资源型区域都产生集聚，而在一些并不具有资源优势的区域却又形成了资源型产业集群。因此，在区域因素之外，还存在着其他因素促使资源型产业聚集（李雯和解佳龙，2017）[8]。人为把除区域因素外导致产业集聚的因素称为集聚因素，对于资源型产业集群，集聚因素主要有以下两方面。

其一，在不产生区域效应资源贫瘠地区，历史偶然因素触发了资源型产业集群，早期建立的规模较小的产业集群借助于循环累积效应形成规模经济，与之产生相应的规模较大的集群聚集。偶然因素借助于循环累积效应带来的规模经济，从而形成正外部性，扩大了企业规模。外部性划分为知识集中与外溢的技术外部性、市场供求联系的金钱外部性。于资源型企业而言，分享基于市场供求联系的金钱外部性是集聚的成因，其具体原理是：资源企业在分享资源的过程中使行业规模逐渐扩张，获得相同的资源需要的成本较少，并且金钱外部与资源型企业集聚具有相互作用性（黄建康和将优心，2012）[9]。技术外部性偏重于企业集聚共享知识与信息的外溢在集群演化中产生的影响较小。

其二，专业化分工因素。专业化分工也会加剧集群的产生。企业为了拥有专业化分工带来经济效率，提高红利，并降低交易成本，便将逐渐演化成生产集群化的方式。集群集聚的专业化分工主要是按照供应链的纵向进行，集群内形成以核心大企业为主，众多中小企业为辅，在大企业周边互相匹配分工的分工模式

(柳剑平和孙云华,2006)[10]。在循环累积效应的作用下产生了内生比较优势,其是企业集聚的前提,不但收益大幅提升,组织租金也不断扩大。循环累积效应产生的规模经济带来的正外部性对于集聚的利好是:大规模的地理集聚减少交易成本、提高收益;分工使效率、创新水平增强,进而促使收益增加。企业集聚方便企业生产过程的相互配合,围绕生产形成网络化的组织,使组织处于相对安全的生产环境中,利用集聚达到协同效应,以便拥有组织租金。

6.1.1.2 资源型产业集聚形成的博弈分析:基于区域因素与集聚因素

区域因素与集聚因素均对资源型产业集聚产生影响。为详尽的说明问题,本节采用数理分析的方法。在此部分中资源勘探、开采企业代表上游企业,资源加工销售企业代表下游企业。上游企业行为通常发生在资源丰富的地区,所以该类型的企业通常在资源产地集聚产生(刘渝琳和林永强,2011)[11]。与之不同的是,下游企业面临着区位选择,其地理位置一般不固定。对于资源型的集聚可能是上游企业在具有资源禀赋的区域形成集聚,此种属于传统产业集群,另外还可能是上游企业聚集不在资源产地,而是借助交通的便利将原材料运输出来生产,发展出"零资源经济"下的产业集聚(刘丹,2010)[12]。本章为对动态博弈问题进行较为严谨的分析,同时将资源型企业形成集聚的条件和资源型产业集聚方式的选择纳入考量范围。

(1)资源型产业集聚的形成。

假定1:A、B两个市场,一个上游企业S和一个下游企业X,上游企业只能在A地进行勘探和开采自然资源。下游企业或在A地生产,与上游企业形成集聚;或通过向A地采购上游企业生产的原材料,在B地进行生产,形成分散,并向A、B两个市场销售产品。

假定2:A地为具有自然资源禀赋的区域,具有区域效应g(g>0),假定上游企业和下游企业集聚则产生集聚效应θ(θ>0)。上游企业的单位原材料生产成为C_m,下游企业的单位产品生产成本为C_p,原材料价格为k,产品需求函数为$P = d - f_q$,A市场的产品销售数量为q_A,B市场的产品销售数量为q_B。

假定3:若生产每单位产品需原材料为单位1,每单位原材从A到B地的运输成本为t_m,产品运费为t_p。

1)上下游企业在A地集聚。

此过程由两阶段博弈组成:上游公司根据利润函数确定最大化利润、原材料价格,下游公司由原材料价格确定最优产量。

由上面的假设条件,确定下游公司的利润函数:

$$\pi_X = (d - fq_A + \theta + g - c_p - k)q_A + (d - fq_B + \theta - g - c_p - k - t_p)q_B \quad (6-1)$$

求导:

$$\frac{\partial \pi_X}{\partial q_A} = 0 \Rightarrow q_A^* = \frac{d + \theta + g - c_p - k}{2f}$$

$$\frac{\partial \pi_X}{\partial q_B} = 0 \Rightarrow q_B^* = \frac{d + \theta + g - c_p - k - t_p}{2f} \tag{6-2}$$

可知，上游公司利润函数：

$$\pi_S = (k + \theta + g - c_m)(q_A^* + q_B^*) = (k + \theta + g - c_m)\left(\frac{2d + 2\theta + 2g - 2c_p - 2k - t_p}{2f}\right) = 0$$

$$\frac{\partial \pi_S}{\partial k} = \left(\frac{2d + 2\theta + 2g - 2c_p - 2k - t_p}{2f}\right) + \left(\frac{k + \theta + g - c_m}{-f}\right) = 0 \tag{6-3}$$

为简化分析，设 $C_m = C_p = 0$ 得出 $k'' = (2-t)/4$ ($t < 2$ 保证 $k'' > 0$)

进一步假设 $d = f = 1$，$t_p = t_m = t$

$$q_A^* \frac{4(\theta + g) + t + 2}{8}, \quad q_B^* = \frac{4(\theta + g) + 3t + 2}{8} \left(t < \frac{4(\theta + g) + 2}{3} \text{保证} q_A^* > 0, q_B^* > 0\right) \tag{6-4}$$

由上两式：若 $\theta + g > 1$，则 $t < 2$；若 $\theta + g < 1$，则 $t < [4(\theta + g) + 2]/3$

$$\pi_S = \frac{[4(\theta + g) - t + 2]^2}{16} \tag{6-5}$$

上游公司和下游公司的利润分别为：

$$\pi_X = \frac{[4(\theta + g) + t + 2]^2 + [4(\theta + g) - 3t + 2]^2}{64} \tag{6-6}$$

2) 上下游公司分散，上游公司在 A 地，下游公司在 B 地。

$$\pi_X = (d - fq_A - c_p - k - t_p - t_m)q_A + (d - fq_B - c_p - k - t_m)q_B$$

$$\frac{\partial \pi_X}{\partial q_A} = 0 \Rightarrow q_A^* = \frac{d - c_p - k - t_p - t_m}{2f} = \frac{1 - k - 2t}{2}$$

$$\frac{\partial \pi_X}{\partial q_B} = 0 \Rightarrow q_B^* = \frac{d - c_p - k - t_p - t_m}{2f} = \frac{1 - k - 2t}{2} \tag{6-7}$$

上游公司利润函数：

$$\pi_S = (k + g - c_m)(q_A^* + q_B^*) = (k + g)\left(\frac{2 - 2k - 3t}{2}\right)$$

$$\frac{\partial \pi_S}{\partial k} = \left(\frac{2 - 2k - 3t}{2}\right) + \left(\frac{k + g}{-1}\right) = 0 \tag{6-8}$$

得出 $q_A^* = (2 + 2g - 5t)/8$，$q_B^* = (2 + 2g - t)/8$，$t < (2 + 2g)/5$ 保证 $q_A^* > 0$，$q_B^* > 0$。

由上两式：若 $0 < g < 0.25$，则 $t < (2 + 2g)/5$；0.25 若 $0.25 < g < 1$，则 $t < (2 - 2g)/3$。

上游公司和下游公司的利润分别为：

$$\pi_S = \frac{(2-3t+2g)^2}{16}$$

$$\pi_X = \frac{(2+2g-5t)^2 + (2+2g-t)^2}{64} \quad (6-9)$$

上下游企业要在 A 地形成集聚的前提条件是于 A 地集聚时产生利润大于分散时利润：

$$\begin{cases} \dfrac{[4(\theta+g)-t+2]^2}{16} > \dfrac{(2-3t+2g)^2}{16} \\ \dfrac{[4(\theta+g)+t+2]^2 + [4(\theta+g)-3t+2]^2}{64} > \dfrac{(2+2g-5t)^2 + (2+2g-t)^2}{64} \end{cases}$$

$$(6-10)$$

若 k^*、q_A^*、q_B^* 都大于 0 则以上条件成立，也可以理解当符合条件 t 时，A 地实现产业集聚。经过组合分析，可得出两种情况下：①当 $0 < g < 0.25$ 时 $t < (2+2g)/5$；②当 $0.25 < g < 1$ 时，$t < (2-2g)/3$，在 A 区上下游企业均发展成资源型产业集群。运输成本和区域效应之间的比较决定资源型产业集聚，也揭示了在资源型地理集聚方面，区域效应仍然对企业集聚作用较大。

（2）资源型产业集聚方式的选择。

资源型产业的集聚方式可划分为：传统意义上的产业集聚、"零资源经济"下的产业集聚方式（杨林涛，2014）[13]。为比对不同的集聚方式，继续进行假设：

假定 4：上游企业 1、2 在 A 地集聚，下游企业 3、4 在 AB 两地都可形成集聚。

假定 5：1、2、3、4 均在 A 集聚，对应的集聚效应 θ；如果 1、2 集聚，则产生集聚效应 θ_m（$\theta_m < \theta$），3、4 在 B 地的集聚效应为 θ_B。

1）传统集聚方式。

下游企业利润函数：

$$\pi_3 = [d - f(q_{3A} + q_{4A}) + \theta + g - c_p - k]q_{3A} + [d - f(q_{3B} + q_{4B}) + \theta + g - c_p - k - t_p]q_{3B}$$

$$\pi_4 = [d - f(q_{3A} + q_{4A}) + \theta + g - c_p - k]q_{4A} + [d - f(q_{3B} + q_{4B}) + \theta + g - c_p - k - t_p]q_{4B}$$

$$(6-11)$$

一阶求导，可得 $\alpha\pi_3/\alpha q_{3A} = 0$，$\alpha\pi_4/\alpha q_{4B} = 0$，$\alpha\pi_3/\alpha q_{3B} = 0$，$\alpha\pi_4/\alpha q_{4A} = 0$，可得：

$$q_{3A}^* = q_{4A}^* = \frac{1+\theta+g-k}{3}, \quad q_{3B}^* = q_{4B}^* = \frac{1+\theta+g-k-t}{3} \quad (6-12)$$

上游企业的利润函数：

$$\pi_1 = \pi_2 = (k + \theta + g - c_m)\left(\frac{q_{3A}^* + q_{3B}^* + q_{4A}^* + q_{4B}^*}{2}\right) = (k + \theta + g)\frac{2 + 2\theta + 2g - 2k - t}{3}$$

$$\frac{\partial \pi_1}{\partial k} = \frac{\partial \pi_2}{\partial k} = \frac{2 + 2\theta + 2g - 2k - t}{3} - \frac{2(k + \theta + g)}{3} = 0 \quad (6-13)$$

得出 $k^* = (2 - t)/4$,($t < 2$ 保证 $k^* > 0$)

$$q_{3A}^* = q_{4A}^* = \frac{4(\theta + g) + t + 2}{12}, \quad q_{3B}^* = q_{4B}^* = \frac{4(\theta + g) - 3t + 2}{12} \quad (6-14)$$

$t < 4(\theta + g) + 2$,保证 $q_A^* > 0$、$q_B^* > 0$

若 $\theta + g > 1$,则 $t < 2$;若 $\theta + g < 1$,则:$t < 4(\theta + g) + 2/3$

上下游企业利润为:

$$\pi_1 = \pi_2 = \frac{[4(\theta + g) - t + 2]^2}{24}$$

$$\pi_3 = \pi_4 = \frac{[4(\theta + g) + t + 2]^2 + [4(\theta + g) - 3t + 2]^2}{144} \quad (6-15)$$

2)"零资源"集聚方式。

$$\pi_3 = [d - f(q_{3A} + q_{4A}) + \theta_B - c_p - k - t_m - t_p]q_{3A} + [d - f(q_{3B} + q_{4B}) + \theta_B + c_p - k - t_m]q_{3B}$$

$$\pi_4 = [d - f(q_{3A} + q_{4A}) + \theta_B - c_p - k - t_m - t_p]q_{4A} + [d - f(q_{3B} + q_{4B}) + \theta_B + c_p - k - t_m]q_{4B} \quad (6-16)$$

一阶求导,由 $\alpha\pi_3/\alpha q_3A = 0$,$\alpha\pi_4/\alpha q_4B = 0$,$\alpha\pi_3/\alpha q_3B = 0$,$\alpha\pi_4/\alpha q_4A = 0$,可得:

$$q_{3A}^* = q_{4A}^* = \frac{1 + \theta_B - k - 2t}{3}, \quad q_{3B}^* = q_{4B}^* = \frac{1 + \theta_B - k - t}{3} \quad (6-17)$$

因此上游企业利润函数为:

$$\pi_1 = \pi_2 = (k + \theta_m + g - c_m)\left(\frac{q_{3A}^* + q_{3B}^* + q_{4A}^* + q_{4B}^*}{2}\right) = (k + \theta_m + g)\left(\frac{2 + 2\theta_B - 2k - 3t}{3}\right) \quad (6-18)$$

$$\frac{\partial \pi_1}{\partial k} = \frac{\partial \pi_2}{\partial k} = \frac{2 + 2\theta_B - 2k - 3t}{3} - \frac{2(k + \theta_m + g)}{3} = 0$$

得出 $k^* = \frac{2(1 + \theta_B) - 2(\theta_m + g) - 3t}{4}$

$$q_{3A}^* = q_{4A}^* = \frac{2(1 + \theta_B) + 2(\theta_m + g) - 5t}{12}$$

$$q_{3B}^* = q_{4B}^* = \frac{2(1 + \theta_B) + 2(\theta_m + g) - t}{12}$$

上下游企业利润为:

$$\pi_1 = \pi_2 = \frac{[2(1+\theta_B)+2(\theta_m+g)-3t]^2}{24}$$

$$\pi_3 = \pi_4 = \frac{[2(1+\theta_B)+2(\theta_m+g)-t]^2 + [2(1+\theta_B)+2(\theta_m+g)-5t]^2}{144}$$

(6-19)

当符合以下条件时，零资源区域形成资源型产业集群：

$$\begin{cases} \dfrac{[2(1+\theta_B)+2(\theta_m+g)-3t]^2}{24} > \dfrac{[4(\theta+g)-t+2]^2}{24} \\ \dfrac{[2(1+\theta_B)+2(\theta_m+g)-t]^2 + [2(1+\theta_B)+2(\theta_m+g)-5t]^2}{144} > \\ \dfrac{[4(\theta+g)+t+2]^2 + [4(\theta+g)-3t+2]^2}{144} \end{cases}$$

(6-20)

得出：$\theta_B > \theta + g + t + \theta - \theta_m$，在不同集聚方式下，区域 A 内上游企业在的集聚效应之差，数值上与零资源集聚为上游企业所带来的损失相等。假定该区域要形成资源型产业集群，前提必须满足该地区集聚效应可观，并对区域效应、集聚效应、原材料运输费、上游企业的集聚效应带来的损失进行弥补，否则优先在资源禀赋区域形成产业集聚就成为首要因素。

6.1.1.3 我国资源型产业集聚度变动趋势的测定

由于对自然禀赋的依赖，导致资源型产业偏向于集聚态势。本部分对不可再生资源——矿产资源的产业集聚度为研究法对象，来掌握集聚度的变动规律、集聚的演化过程。产业集聚度测定方法有：赫芬达尔指数（H）、区位熵法（LQ）、空间基尼系数（G）、EG 指数。因为 EG 指数在产业地理集聚度的测度上优点更显而易见，我们选用 EG 指数的方法（杨洪焦等，2009）[14]。

具体计算公式如式（6-21）所示：

$$\gamma = \frac{\sum_{j=1}^{m}(s_{ij}-x_j)^2 - (1-\sum_{j=1}^{m}x_j^2)H}{(1-\sum_{j=1}^{m}x_j^2)(1-H)}$$

(6-21)

其中，S_{ij} 代表的含义为产业 i 在区域 j 的就业人数 L_{ij} 占该产业全部就业人数 I_j 的百分比，X_j 代表的含义为区域 j 内全部就业人数占整个经济体就业人数的百分比，m 则代表在整个的经济体中区域的数量。赫芬达尔指数 $H = \sum_{K=1}^{N^2} ZK$，其中 ZK 的含义为企业 k 就业人数占产业 i 全部就业人数的比重，用就业人数来代表企业规模的分布情况。关于对 EG 指数计算中进行赫芬达尔指数的阐述，我国在企业就业人数的统计方面数据不够完整，所以不能简单使用传统公式计算出赫芬

达尔指数, 有必要对赫芬达尔指数进行调整, 其结果为式 (6-22):

$$H = \sum_{j=1}^{m} n_{ij} \left(\frac{l_{ij}/n_{ij}}{l_i} \right)^2 = \sum_{j=1}^{m} \frac{1}{n_{ij}} \left(\frac{l_{ij}}{l_i} \right)^2 = \sum_{j=1}^{m} \frac{1}{n_{ij}} s_{ij}^2 \qquad (6-22)$$

其中, i、j、m、S_{ij} 仍与传统含义相同, n_{ij} 为在区域 j 内从事产业 i 的企业数。

我国矿产资源产业集聚度的测定及变化趋势。

考虑到数据是否可以准确获得的因素, 我们对煤炭开采和洗选业、石油和天然气开采业、黑色金属矿采选业、有色金属矿采选业、非金属矿采选业、石油加工及炼焦业、非金属矿物制品业、黑色金属冶炼及压延加工业、有色金属冶炼及压延加工业、金属制品业以及电力、蒸汽及热水的生产和供应业 11 个矿产资源产业进行测度和分析。本书对 EG 指数的计算, 探究矿产资源产业集聚度发展趋势, 在不同年份对矿产资源产业的集聚情况测度, 得出了 2003~2019 年部分矿产资源产业的产业集聚度及变动趋势如表 6-1 所示:

表 6-1 中国 11 个矿产资源的地理集聚

行业及代码	2003 年	2007 年	2012 年	2019 年	2003~2019 年变化率 (%)
煤炭开采和洗选业 (B06)	0.0326	0.0309	0.0417	0.0465	43.03
石油和天然气开采业 (B07)	0.0279	0.0145	0.035	0.0597	117.22
黑色金属矿采选业 (B08)	0.0458	0.0454	0.0560	0.0625	36.7
有色金属矿采选业 (B09)	0.0350	0.0275	0.0227	0.0271	-22.44
非金属矿采选业 (B10)	0.0099	0.0081	—	0.0134	38.95
石油加工及炼焦业 (C25)	0.0399	0.0340	0.0533	0.0587	47.47
非金属矿物制品业 (C31)	0.0062	0.0045	0.0069	0.0095	56.89
黑色金属冶炼及压延加工业 (C32)	0.0307	0.0273	0.0264	0.0276	-10.03
有色金属冶炼及压延加工业 (C33)	0.0233	0.0141	0.0144	0.0080	-64.56
金属制品业 (C34)	0.0602	0.0173	0.0566	0.0666	10.67
电力、蒸汽及热水的生产和供应业 (D44)	0.0039	0.0036	0.0052	0.0079	127.27
均值	0.0392	0.0177	0.0298	0.02995	34.65

资料来源:《中国工业统计年鉴》、中宏产业数据库以及中国经济与社会发展统计数据库。

(1) 在 2003~2019 年, 除有色金属矿采选业 (B09)、黑色金属冶炼及压延加工业 (C32)、有色金属冶炼及压延加工业 (C33) 的趋势微弱下降, 其余矿产资源产业的地理集中指数发生增长。在均值方面, 我国矿产资源型产业的集聚程度获得了较大的范围提高。

（2）截至 2019 年，在矿产资源产业中 EG 指数的排序中，前三名依次为金属制品业（C34）、黑色金属矿采选业（B08）及石油和天然气开采业（B07）。后三名为非金属矿物制品业（C31）、有色金属冶炼及压延加工业（C33）以及电力、蒸汽及热水的生产和供应业（D44），经过分析认为，主要形成原因可归结为资源的天然地理分布和市场需求，指向强弱和 EG 指数呈正相关，也可以理解为，产业范围比较广泛或市场需求指向弱，则 EG 数值较小。为分析地区差异和矿产资源型产业集聚所造成的影响，下文将做出进一步分析。

表 6-2 2019 年中国 11 个矿产资源产业分地区聚集度测定

地区行业及代码	全国	东部地区	中西部地区	工业总产值前 5 位的省市
煤炭开采和洗选业（B06）	0.0490	0.0117	0.0360	晋、豫、鲁、蒙、陕
石油和天然气开采业（B07）	0.0629	0.0223	0.0389	黑、陕、津、新、鲁
黑色金属矿采选业（B08）	0.0659	0.0551	0.0092	冀、辽、鲁、蒙、川
有色金属矿采选业（B09）	0.0289	0.0138	0.0145	豫、各、粤、湘、辽
非金属矿采选业（B10）	0.0140	0.0085	0.0049	鲁、豫、粤、辽、川
石油加工及炼焦业（C25）	0.0619	0.0106	0.0493	鲁、辽、粤、冀、晋
非金属矿物制品业（C31）	0.0096	0.0064	0.0023	鲁、豫、粤、苏、辽
黑色金属冶炼及压延加工业（C32）	0.0295	0.0233	0.0054	冀、苏、鲁、辽、津
有色金属冶炼及压延加工业（C33）	0.0089	0.0021	0.0066	苏、鲁、豫、粤、赣
金属制品业（C34）	0.0704	0.0562	0.0117	粤、苏、鲁、浙、辽
电力、蒸汽及热水的生产和供应业（D44）	0.0066	0.0080	0.0011	粤、浙、赫、鲁、豫

资料来源：《中国工业统计年鉴》、中宏产业数据库以及中国经济与社会发展统计数据库。

全国 31 个省、市、自治区大致可以划分为东、中、西部，将中、西部划分为一个整体，考虑两者之间的差异度。从表 6-2 可以看出：

1）在中西部地区，矿产资源采掘业中的煤炭开采和洗选业（B06）、石油和天然气开采业（B07）的产业集聚度较高，在东部黑色金属矿采选业（B08），非金属矿采选业（B10）的集聚程度相对较高一些，有色金属矿采选业（B09）的集聚程度在东部与中西部大致相当，这与各产业中工业总产值排名前 5 位的省市的地理分布具有一致性，即矿产资源采掘业产业集聚度与市场集中度的区域分布相吻合。如黑色金属矿采选业，东部地区的产业集聚度相对较高，而其工业总产值排名前5位的省市河北、辽宁、山东、内蒙古、四川中的头3位都是属于东部地区。

2）矿产资源加工业中，非金属矿物制品业（C31）、黑色金属冶炼及压延加工业（C32）、金属制品业（C34）的产业集聚度与市场集中度的区域分布相吻合，且主要是分布在东部地区。但石油加工及炼焦业（C25）、有色金属冶炼及压延加工业（C33），电力、蒸汽及热水的生产和供应业（D44）的产业集聚度与市场集中度的区域分布相反，如石油加工及炼焦业在中西部地区具有相对高的产业集聚度，但市场主要集中在山东、辽宁、广东、河北等东部地区。这说明依赖于中西部地区丰富的自然资源，资源型产业在中西部地区只是形成了要素的简单"扎堆"，对当地经济的发展并没有产生明显的集聚效应。

6.1.2 资源型产业集聚内企业竞合行为博弈分析

6.1.2.1 资源型产业集群内企业竞合行为的阶段性演化

处于资源型产业集群中的各个企业，其由于所处阶段的不同，在集群内企业竞合的规律不同，且生命周期进行协同演进的态势。自然资源丰裕的地理范围内易于出现产业集群，因此，在研究时要将重点放在自然资源丰裕度和生态位宽度上，其改变时集群内企业竞争合作关系也会产生波动（徐元国，2010）[15]。

（1）生成期时，自然资源充沛等优势，使企业间对资源和市场的争夺较为微弱，企业也处于初创期，各个企业之间缺乏对彼此的认识，其主要依靠对资源进行大量的开采来获取利润，所以企业间合作量稀少且合作方式随意。这时，企业之间的集聚只是地理区域内的相近。

（2）集群的成长和资源型产业的垄断属性的双重作用下，演化出资源型产业集群内的大企业，这些大企业渐渐发展成为集群领导层，并在产业集群内部拥有话语权。为了充分发挥核心业务的优势，大企业需要能够给其提供服务的配套企业，这些企业往往是中小规模（Jipeng L. & Yuan L.，2014）[16]。由于大企业拥有的优势致使其努力与其搭建业务合作关系，进而导致大量的中小企业内部争相抢夺机会。由于中小企业竞争的优劣时常变动，致使大企业更换不同的中小企业作为业务合作对象。这种方式下的合作关系，使资源型集群处于不稳定的情形中，进而导致了不必要的自然资源的消耗。

（3）成熟期，不同规模的企业间形成稳定关系，这种关系导致了供应链模式的产生。其具体方式为：每个核心企业环绕着卫星企业进行，使资源型产业集群形成具有合作关系的供应链。由于自然资源关键作用，所以即使在不同供应链上其产品也拥有同质性，加剧了竞争的激烈性。由于链上产品缺乏差异化以及核心企业的绝对控制力，其竞争方式固定为围绕卫星企业和围绕大企业展开供应链竞争，竞争的激烈逐渐加剧。

（4）随着集群发展中产生的各种问题，资源型产业集群缺乏创新动力，导致大量缺乏创新能力的企业面临着退出市场的风险。与此同时，大企业由于发展规模的扩大为逐步展开企业一体化战略，资源型产业集群模式走向衰败（Li-Li Y，2014）[17]。

6.1.2.2 资源型产业集群内企业竞合行为博弈分析

资源型产业集群的组织架构相似于中卫型，由核心企业为中心和环绕在核心企业周边的数量更多的卫星企业共同组合成以"供给—需求"为基础的供应链模式。核心企业扮演着重要角色，两种类型的企业分工相互协作，形成多层次的外包、再外包网络，随之产生企业间供应链上竞争合作关系（廖春良和程发新，2002）[18]。下文采用博弈方法来解释上述演化过程。

若集群内1为核心企业，2为卫星企业。在这里我们假设竞争呈现出负效应，而合作与此相反。

依据 Lotka-Volterra 模型，根据资源型产业集群特征进行修正，产业集群竞争合作演化博弈模型如式（6-23）：

$$\begin{cases} \dfrac{dx_1}{dt} = r_1 x_1 \left(\dfrac{N_1 - x_1 - \alpha_{12} x_2 + \beta_{12} x_2}{N_1} \right) \\ \dfrac{dx_2}{dt} = r_2 x_2 \left(\dfrac{-N_2 - x_2 - \alpha_{21} x_1 + \beta_{21} x_1}{N_2} \right) \end{cases} \quad \alpha_{12}, \beta_{12}, \alpha_{21}, \beta_{21} \geq 0 \quad (6-23)$$

式中，$N_i > 0$（$i = 1, 2$）表示企业 i 独自生存时，最大产出能力；$x_i > 0$ 表示企业 i 的产出水平；r_i 表示 i 企业产出的自然增长率。由前文陈述可知，α_{12} 是卫星企业进入使核心企业产量增长受到抑制的系数，β_{12} 是卫星企业进入使核心企业产量规模增长的系数；α_{21} 是核心企业进入从而使卫星企业产量规模受到抑制的系数，β_{21} 是核心企业进入使卫星企业产量规模增长的系数。$\alpha_{ij} > \beta_{ij}$ 表示企业 j 给企业 1 带来的分散力大于集聚力，反之则表示集聚力大于分散力。

由 $d_x/d_t = 0$ 可得到四组解：

$$(0, 0), (N_1, 0), \left(\dfrac{N_1 + (\alpha_{12} - \beta_{12}) N_2}{1 - (\alpha_{12} - \beta_{12})(\alpha_{21} - \beta_{21})}, 1 - \dfrac{(\beta_{21} - \alpha_{21}) N_1 - N_2}{(\alpha_{12} - \beta_{12})(\alpha_{21} - \beta_{21})} \right),$$
$$(0, -N_2) \quad (6-24)$$

因为产出水平不能小于0，因此在这里不对（0，$-N_2$）进行考量，只是对 E_1（0，0）E_2（N_1，0）、E_3 三组解的稳定性进行测度。E_2 代表仅有核心企业的存在，核心企业并购中小企业，随之产生一体化布局；E_3 代表核心企业和配套中小企业同时存在。

下面将通过系统等倾线 $r_1 x_1 (N_1 - X_1 - \alpha_{12} x_2 + \beta_{12} x_2)/N_1 = 0$ 和 $r_2 x_2 (-N_1 - X_2 - \alpha_{21} x_1 + \beta_{21} X_1)/N_2 = 0$ 的相交情况、等倾线上系统轨迹的趋势来判定解是否

具有稳定性。

上述等倾线存在以下三种情形：

（1）$\alpha_{12} > \beta_{12}$，$\alpha_{21} < \beta_{21}$。

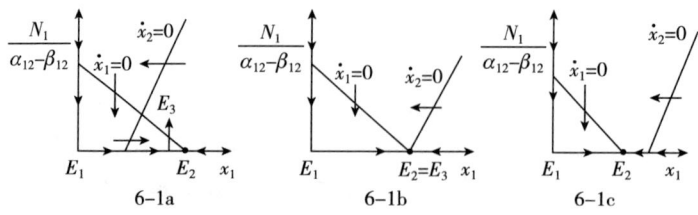

图 6-1

（2）$\alpha_{12} < \beta_{12}$，$\alpha_{21} < \beta_{21}$，$\dfrac{N_1}{\beta_{12} - \alpha_{12}} > N_2$。

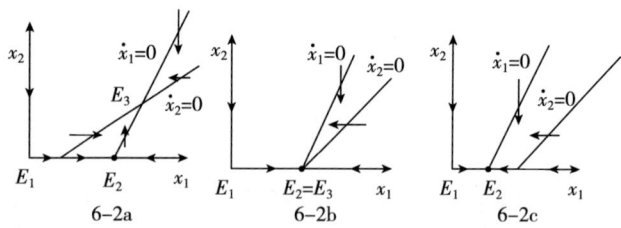

图 6-2

（3）$\alpha_{12} < \beta_{12}$，$\alpha_{21} < \beta_{21}$，$\dfrac{N_1}{\beta_{12} - \alpha_{12}} < N_2$。

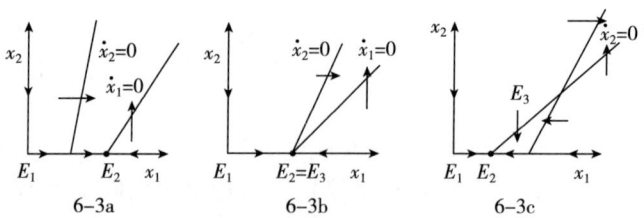

图 6-3

情形（1）表示，卫星企业 2 进入对核心企业 1 带来的集聚力小于分散力，

第6章 资源型产业地理集聚最优路径选择——基于动态优化模型

而核心企业1的进入对卫星企业2产生的集聚力大于分散力,因此核心企业有控制卫星企业进入的想法,但与此相反,卫星企业却一直试图进入。卫星企业进入与否,要继续比对在集群内外生产的不同效益。假如卫星企业进入后收益增大,则卫星企业则通过各种方法弥补核心企业受到损失,以便自身处于产业集群中。图6-1(a)中,由于$\beta_{21}-\beta_{12}>N_2/N_1$,即企业1对企业2的有效效应(合作效应与竞争抑制效应之和)大于企业2与企业1的最大规模之比,即进入集群与在集群外单独生产相比较具有更多优势,从而激发着卫星企业想方设法地处于集群内部,从而产生了核心企业和卫星企业同时存在的状态。在图6-1(b)中,$\beta_{21}-\alpha_{12}>N_2/N_1$卫星企业几乎没有任何改变,在面临核心企业限制其进入的同时,卫星企业不进入,从而只形成核心企业一体化的稳定均衡。图6-1(c)中,$\beta_{21}-\beta_{12}<N_2/N_1$即企业1对企业2的有效效应(合作效应与竞争抑制效应之和)小于企业2与企业1的最大规模之比,面临核心企业的限制,卫星企业更加丧失进入产业集群的内生动力,导致结果最终只有核心企业出现一体化的稳定平衡。

在情形(2)中,卫星企业2进入对核心企业1造成的分散力以及核心企业1的进入对卫星企业2产生的分散力同时小于集聚力。但$\beta_{12}-\alpha_{12}<N_2/N_1$表示卫星企业2对核心企业1的有效效应(合作效应与竞争抑制效应之和)小于企业1与企业2的最大规模之比,因此核心企业对卫星企业制约会进一步增加。在图6-2(a)中,$\beta_{12}-\alpha_{12}>N_2/N_1$,激发着卫星企业涌进集群中,因为卫星企业通过弥补核心企业损失,核心企业便准许卫星企业进入集群,与核心企业形成集聚关系。图6-2(b)中,$\beta_{12}-\alpha_{12}<N_2/N_1$卫星企业是否进入均不存在差异,由于核心企业的抑制,卫星企业便不再进入集群中,此时仅有核心企业。图6-2(c)中,$\beta_{21}-\beta_{12}<N_2/N_1$在核心企业限制其进入的条件下,卫星企业进一步失去进入的动力,最终形成核心企业一体化的稳定平衡。

在情形(3)中,核心企业1的进入对卫星企业2的集聚力大于分散力,卫星企业2进入给核心企业1带来的分散力小于集聚力。$\beta_{12}-\alpha_{12}>N_2/N_1$意味着卫星企业2对核心企业1的有效效应大于企业1与企业2的最大规模的比例。图6-3(a)中,$\beta_{21}-\alpha_{12}>N_2/N_1$核心企业1对卫星企业2的有效效应(合作效应与竞争抑制效应之和)大于企业2与企业1的最大规模比。两者都有形成集聚的动力。由于两者集聚并存解不在第一象限,故无法继续讨论。图6-3(b)中,$\beta_{21}-\beta_{12}=N_2/N_1$表示卫星企业进入与否的效益是同等的。虽然核心企业积极促进卫星企业进入,但卫星企业的选择不确定,因此核心企业一体化或者是两者集聚并存的状态都不稳定。图6-3(c)中,$\beta 21-\beta_{12}<N_2/N_1$,即核心企业对中小企业的有效效应小于企业2与企业1的最大规模之比,中小型企业将不

再和核心企业组合，仅使核心企业用一体化的方式进行生产。表6-3进行了归纳：

表6-3 资源型产业集群竞争合作协同演化

情形		均衡点			博弈结果
		(0, 0)	(N, 0)	$\left(\dfrac{N_1+(\alpha_{12}-\beta_{12})N_2}{1-(\alpha_{12}-\beta_{12})(\alpha_{21}-\beta_{21})},\dfrac{(\beta_{12}-\alpha_{12})N_1-N_2}{1-(\alpha_{12}-\beta_{12})(\alpha_{21}-\beta_{21})}\right)$	
(1) $\alpha_{12}>\beta_{12}$ $\alpha_{21}<\beta_{21}$	$N_1>\dfrac{N_2}{\beta_{21}-\alpha_{21}}$	不稳定	不稳定	稳定	集聚并存 (6-1a)
	$N_1=\dfrac{N_2}{\beta_{21}-\alpha_{21}}$	不稳定	稳定（重根）	稳定（重根）	一体化 (6-1b)
	$N_1<\dfrac{N_2}{\beta_{21}-\alpha_{21}}$	不稳定	稳定	#	一体化 (6-1c)
(2) $\alpha_{12}<\beta_{12}$ $\alpha_{21}<\beta_{21}$ $\dfrac{N_1}{\beta_{12}-\alpha_{12}}>N_2$	$N_1>\dfrac{N_2}{\beta_{21}-\alpha_{21}}$	不稳定	不稳定	稳定	集聚并存 (6-2a)
	$N_1=\dfrac{N_2}{\beta_{21}-\alpha_{21}}$	不稳定	稳定（重根）	稳定（重根）	一体化 (6-2b)
	$N_1<\dfrac{N_2}{\beta_{21}-\alpha_{21}}$	不稳定	稳定	#	一体化 (6-2c)
(3) $\alpha_{12}<\beta_{12}$ $\alpha_{21}<\beta_{21}$ $\dfrac{N_1}{\beta_{12}-\alpha_{12}}<N_2$	$N_1>\dfrac{N_2}{\beta_{21}-\alpha_{21}}$	不稳定	不稳定	#	—
	$N_1=\dfrac{N_2}{\beta_{21}-\alpha_{21}}$	不稳定	不稳定（重根）	不稳定（重根）	— (6-3b)
	$N_1<\dfrac{N_2}{\beta_{21}-\alpha_{21}}$	不稳定	稳定	不稳定	一体化 (6-3c)

注：#表示在第一象限，不予考虑。

6.1.3 资源型产业集聚创新行为演化分析

集群创新产生原因和发展路径较为复杂。在资源型产业集群的分析中从富有特性的自然资源和集群结构入手，研究对资源型产业集群创新行为演化的影响。此外，创新行为与资源型产业集群的关系较为特殊演化，其二者之间具有双向影响力,并产生协同效应(陈金丹等,2011)[19]。

6.1.3.1 自然资源对资源型产业集群创新的影响——价值链视角

在增长模型中,由于资源型产业集群自身特性,有必要把自然资源变量作为考量因素,其更全面、准确的方式,揭示自然资源给创新和增长带来的改变(于喜展和隋映辉,2010)[20]。本部分基于资源型产业集群的价值链视角分析问题,并将资源型产业集群划分为:资源开采部门、创新部门、中间产品部门、终产品生产部门。

设:

最终产品生产部门以劳动力 λL、人力资本 H_Y、中间产品 X_i 和自然资源 $(1-\tau)R$ 生产,且其产品价格为 1,R 为资源开采部门开采的资源数量,价格为 P_R,τ 为资源税率;人口总量保持不变。创新部门的技术为 A、人力资本为 H_A,并将专利技术销售给中间产品部门;中间在获得专利技术后进行大规模的生产,最终将产品以 P_i 的价格向最终产品生产部门销售。资源开采部门利用劳动力 $(1-\lambda)L$ 对地区资源禀赋 E 进行开采,开采效率为 θ。以下是四个部门的利润最大化函数:

(1) 最终产品生产部门:

$$Y = (\lambda L)^\alpha (H_Y)^\beta \left(\int_0^A x_i^\gamma \, di \right) [(1-\tau)R]^{1-\alpha-\beta-\gamma} \quad (6-25)$$

利润函数:

$$\pi_Y = (\lambda L)^\alpha (H_Y)^\beta \left(\int_0^A x_i^\gamma \, di \right) [(1-\tau)R]^{1-\alpha-\beta-\gamma} - W_L(\lambda L) - W_H(H_Y) - P_R(1-\tau)R - \left(\int_0^A p_i x_i \, di \right) \quad (6-26)$$

利润函数依次对 λL、H_Y、X_i、$(1-\tau)R$ 求导,分别得到:$W_L = \alpha Y/\lambda L$

$$W_H = \beta Y/H_Y$$
$$p_i = \gamma (\lambda L)^\alpha (H_Y)^\beta [(1-\tau)R]^{1-\alpha-\beta-\gamma}(x_i^{\gamma-1})$$
$$P_R = (1-\alpha-\beta-\gamma)Y/[(1-\tau)R] \quad (6-27)$$

(2) 中间产品部门:

设生产中间产品的边际成本与单位终极产品成本相等,则其利润函数为:

$$\pi_i = p_i x_i - x_i \quad (6-28)$$

根据中间产品垄断定价规则:$p_i \left(1 - \dfrac{1}{\varepsilon}\right) = MC$

$$\varepsilon = \frac{1}{1-\gamma} \quad (6-29)$$

中间产品的垄断价格为：

$$p = \frac{1}{\gamma}$$

$$\pi = \frac{1}{\gamma}x - x = (1-\gamma)px = \gamma(1-\gamma)Y/A \tag{6-30}$$

中间产品生产部门购买专利，所以中间部门所得到的利润的贴现值与专利技术的价格相同，即：

$$P_A = \pi/r = \frac{\gamma(1-\gamma)}{r} \cdot \frac{Y}{A} \tag{6-31}$$

（3）创新部门：

$$\dot{A} = H_a A \tag{6-32}$$

其中 A 为已有技术，H_A 为用于研发的人力资本：

$$\pi_A = p_A \dot{A} - W_A H_A \tag{6-33}$$

对 H，一阶求导得：

$$W_A = p_A A \tag{6-34}$$

（4）资源开采部门：

$$\pi_R = P_R(1-\tau)\theta E(1-\lambda)L - W_R(1-\lambda)L \tag{6-35}$$

对 $(1-\lambda)L$ 一阶求导：

$$W_R = P_R(1-\tau)\theta E \tag{6-36}$$

（5）消费者欧拉方程：

$$g_c = (r-\rho)/\sigma \tag{6-37}$$

劳动力套利为：$\alpha R = (1-\alpha-\beta-\gamma)(\lambda L)\theta E \tag{6-38}$

由上式可得：

$$g_R = g_E \tag{6-39}$$

在均衡状态时：

$$K = \int_0^A x_i di = Ax$$

$$Y = (\lambda L)^\alpha (H_Y)^\beta [(1-\tau)R]^{1-\alpha-\beta-\gamma} A^{1-\gamma} K^\gamma$$

$$g_Y = g_A + \frac{1-\alpha-\beta-\gamma}{1-\gamma}(g_{1-\tau} + g_R) \tag{6-40}$$

由于均衡路径上 $g_\tau = g_x$

代入式（6-40）得：

$$g_Y = g_A + \frac{1-\alpha-\beta-\gamma}{1-\gamma}(g_E + g_{1-\tau}) \tag{6-41}$$

最终产品部门和创新部门人力资本套利：

$$\beta Y/H_Y = p_A A$$

$$r = \frac{\gamma(1-\gamma)(H_Y)}{\beta} \quad (6-42)$$

在均衡路径上：

$$g_Y = g_c = \frac{r - \rho}{\sigma} = \frac{\gamma(1-\gamma)(H_\gamma) - \beta\rho}{\beta\sigma} \quad (6-43)$$

又因 $ga = A/A = H_A$，$H_R + HA = H$ 可得：

$$g_Y = \frac{\gamma(1-\gamma)(H_\gamma) - \beta\rho}{\beta\sigma} = \frac{\gamma(1-\gamma)(H-g_A) - \beta\rho}{\beta\sigma} \quad (6-44)$$

根据式 (6-44)：

$$\frac{\gamma(1-\gamma)(H-g_A) - \beta\rho}{\beta\sigma} = g_A + \frac{1-\alpha-\beta-\gamma}{1-\gamma}(g_E + g_{1-r})$$

$$g_A = \frac{(1-\alpha-\beta-\gamma)\beta\sigma}{(1-\gamma)[\beta\sigma + \gamma(1-\gamma)]}(g_E + g_{1-r}) + \frac{\gamma(1-\gamma)}{\beta\sigma + \gamma(1-\gamma)}H - \frac{\beta\rho}{\beta\sigma + \gamma(1-\gamma)}$$

$$(6-45)$$

可以得出：

富裕的自然资源对技术产生的挤出效应会促进其快速提升。其挤出效应的具体过程为：由于特定地理范围内资源禀赋较高，为了提高经济增长率，企业往往把要素投入最能直观获取利益的部门——资源开采部门，从而增加对自然资源的储备量。由于要素总量为固定值，因此造成研发部门的要素减少的情况产生，因此技术创新动力不足。但当自然资源总量有限，获得同等自然资源所投入的成本逐渐递增，企业投身于开采技术、替代资源的技术研发，在科技方面促进集群技术进步。资源税在技术进步和经济增长方面进行调节，政府支持自然资源的开采时便对资源税实施税收优惠，企业靠自然资源数量的增加来增加利润。此时内生性创造动力减少。由于大量地使用资源，政府依靠资源税率来控制资源使用，在政策引导下，为节省生产成本，企业调整策略，增加技术的研发投入（徐晓亮等，2012）[21]。若资源税的调节作用无效，资源型产业集群最终陷入衰退。但由于资源型产业集群中，人力资本投入对技术进步率起到反方面作用，所以人力资本投入与技术与生产率增加的关系并不显著。

6.1.3.2 资源型产业集群结构及学习方式对创新的影响

(1) 资源型产业集群网络结构特征演化。

资源型产业集群大多具有中心卫星式网络结构。网络密度、网络中心度和平均路径长度是对集群企业网络的结构特征测度的关键指标，测量分析，集群网络结构特征同时也受集群生命周期演化的影响并随之变化（Hai-Yan Z., 2009）[22]。

资源型产业集群起步的形成阶段，依据自然资源禀赋优势产生。此时群内企业数量少，联系比较少，网络结构松散；由于受到政府的干预以及资源产业自身属性，此时多形成以核心大企业为基础，小企业在周边起辅助作用，网络中心性较高的情形；由于小企业缺乏密切联系，它们之间联系要依赖大企业发挥作用，因此平均路径较长、信息冗余，大企业是进行创新的中坚力量，此时知识通常留存在大企业内部（周静，2016）[23]。

资源型产业集群的演化导致不同规模企业的数量迅速增多，企业之间的竞争关系也逐渐加强，并随着同一时期政府对中小企业和服务性企业实施的政策扶持，使集群内企业联系密切，使集群网络变得密集；在此情形下，部分企业壮大起来，又由于同一时期国有企业改制带来集群形成期的网络中心度有所降低，企业合作关系更为密切，平均路径长度缩短，企业间竞争程度提高迫使企业进行创新，知识的流动速度也更快。到成熟期，企业关系紧密且稳定，形成的网络结构更加密集，大企业的数量有所增加，增加了对先前企业的制衡力量，使集群网络中心结构松散，平均路径有所缩短。但是与合作对象在时间上建立了较长的联系而形成的相对固定模式，供应链所对应的市场范围已逐渐成形，外部企业进入集群的难度加大，经过了相对较长时间的发展，集群内企业制度相似程度提高，带来了创新动力弱化的问题（谢企华，2004）[24]。在这一时期资源逐渐减少，企业由激烈争夺资源产生的成本大幅提高。随着对自然资源的进一步使用，其逐渐挑战环境承载能力。资源缺乏和生态约束逐渐增强使资源型产业集群中大量企业退出。由于企业的异质性使部分企业避免了被淘汰的可能，网络整体也变得分散。相较而言，网络中心度下降，网络的平均路径增长，创新动力明显不足（Tavassoli S. & Zweig K.，2016）[25]。

（2）资源型产业集群学习方式及集群创新水平演化。

产业集群在最初的形成期阶段，区域依靠自然资源吸引企业涌进，并且此时信任关系的表现形态是成本—收益的计算型信任。在成长期，企业通过更为密切的竞争合作关系，获得大量认知机会，渐渐发展成认知型信任，在这一时期社会资本也进行大量累积。当资源型产业集群发展到成熟期，集群内部长久以来建立的稳固关系和社会资本表现出的根植性以及基于对共同的价值观念的奉行，集群内部企业间产生认同型信任，奠定了企业密切的合作所需要的信任基础。但由于产业集群过度嵌入区域的社会资本中，创新能力衰退，集群同样步入衰退期（伍琴等，2005）[26]。

由此我们得出，在资源型产业集群形成阶段，集群内成员间用有意识的交流来弥补自身企业的不足，这一过程使集群合作度增加总体形象优化。导致组织内不同企业的学习不再是刻意行为，而是依照组织结构化路径学习（Humphrey J.，2002）[27]。在此行为中同企业的知识的互补，激发了创新的动力。在成熟阶段网络中心度降幅将进一步增大,但相互过度的学习,给企业带来异质性降低、创新收益获取时间缩短、集群创新动力不足的问题。此时网络稀疏的问题再度显现,信任度逐渐降低,知识产权的保护力度不足,企业的创新成果时常被模仿抄袭,资源型产业集群创新止步不前。

表6-4 资源型产业网络结构、集体学习机制对创新水平的影响

资源型产业集群	网络结构			社会资本	集体学习		创新水平
	网络密度	网络中心度	平均路径长度	信任类型	学习方式	学习结果	
生成期	稀疏	较高	较长	计算型	第Ⅰ类	合理性地位	开始
成长期	密集	降低	缩短	认知型	第Ⅱ类	知识互补	强化
成熟期	进一步密集	进一步降低	进一步缩短	认同型	第Ⅱ类	制度趋同	减少
衰退期	稀疏	不提高	变长	信任退化	模仿	搭便车	停滞

6.1.3.3 创新与资源型产业集群协同演化

创新在集群发展中是持续发展的关键因素,并且二者间是协同演化的。场地、技术共同激发着创新能力。

在发展中国家,协同演化一般划分为两个阶段:第一阶段,市场因素带来的创新。专业化分工的出现在大大降低了交易成本的同时使企业的规模报酬、发展的效率得到提升,分工细化也有助于集群生产力的提高;同时由产业集聚带来的知识技术外溢现象,让技术创新水平逐步攀升(王发明,2010)[28]。第二阶段,技术创新引起的集群发展高峰。这时市场拉动效应已解决不了问题、技术推动变为关键因素。创建研究机构、培养集群创新体系对技术创新机制升级也至关重要,从而使产业集群走向一个新的发展高峰(Thijs B. & Wolfgang G.,2009)[29]。

我们将资源型产业分为采矿业和矿产品两类。采矿业包括煤炭采选业、石油和天然气开采业、黑色金属矿采选业、有色金属矿采选业、非金属矿采选业。矿产品加工业主要分析石油加工,炼焦及核燃料加工业,非金属矿物制品业,黑色金属冶炼及延压加工业,有色金属冶炼及延压加工业,金属制品业、电力、燃气及水的生产和供应业。通过针对市场、技术对集群内创新企业影响程度的比例研究,分析资源型产业集群内的创新情况以及预测未来演化方向。

表6-5 矿产规模以上工业创新动力源对创新的影响

创新动力源	具体项目	影响程度不同的企业占有创新活动企业的比重（%）			
		高	中	低	没有影响
市场	客户与消费者的需求信息	30.5	22.4	13.1	39.8
	设备、原材料、中间产品工业企业的信息	19.7	36.4	21.2	23.3
	本行业其他企业信息	32.4	42.6	10.8	14.1
	商品交易会、展览会信息	7.7	18.7	23.2	52.4
	互联网媒体信息	9.8	29.3	24.9	37.0
技术	企业内部信息	24.5	38.7	14.7	22.2
	技术市场或咨询机构的信息	10.6	30.9	23.1	36.7
	来自高校的信息	6.5	16.5	20.8	57.0
	来自研究机构的信息	9.5	24.1	22.8	44.7
	科技文献	6.6	24.2	28.2	42.8

资料来源：根据2019年全国工业企业创新调查统计资料整理。

由表6-5可知，采矿业中，大多数企业认为技术主导不是激发企业进行创新的关键因素，在来自高校的信息、来自研究机构的信息、科技文献，以及技术市场或咨询机构的信息对创新有影响的方面也并不乐观，其比重分别高达57%、44.7%、42.8%、36.7%。认为企业内部信息对创新活动有中等程度和较高程度的影响，分别只有38.7%和24.5%。研究表明，同行业企业信息、设备、原材料是市场推动创新的关键因素，而认为商品交易会、展览会信息、客户与消费者的需求信息、互联网媒体信息未对企业创新产生影响的企业比重分别高达52.4%、39.8%以及37%。

表6-6 石油加工、炼焦及核燃料加工规模以上企业创新动力源对创新的影响

创新动力源	具体项目	影响程度不同的企业占有创新活动企业的比重（%）			
		高	中	低	没有影响
市场	客户与消费者的需求信息	30.8	47.3	3.9	21.3
	设备、原材料、中间产品工业企业的信息	14.5	31.4	33.1	22.6
	本行业其他企业信息	23.0	32.7	25.5	19.1
	商品交易会、展览会信息	9.0	25.5	22.9	44.3
	互联网媒体信息	24.7	39.2	19.4	16.0

续表

创新动力源	具体项目	影响程度不同的企业占有创新活动企业的比重（%）			
		高	中	低	没有影响
技术	企业内部信息	33.3	36.4	11.7	18.4
	技术市场或咨询机构的信息	14.8	30.3	17.4	38.7
	来自高校的信息	7.9	26.4	20.2	45.6
	来自研究机构的信息	18.8	22.2	15.4	43.7
	科技文献	10.9	26.3	47.7	16.8

资料来源：根据2019年全国工业企业创新调查统计资料整理。

由表6－6可知，石油加工、炼焦及核燃料加工业中的大多数企业认为，技术主导不是创新的主要动力。来自高校的信息、来自研究机构的信息以及技术市场或咨询机构的信息对创新活动没有影响的企业比重依次为45.6%、43.7%、38.7%，认为科技文献影响较小的企业比重达到47.7%，只有36.4%的企业认为企业内部信息对创新活动有中等程度的影响。而在市场对创新的影响中，客户与消费者的需求信息、互联网媒体信息、本行业其他企业信息是市场推动创新的主要方式，而认为商品交易会、展览会信息没有影响的企业比重高达44.3%。

表6－7　非金属矿制品业规模以上企业创新动力源对创新的影响

创新动力源	具体项目	影响程度不同的企业占有创新活动企业的比重（%）			
		高	中	低	没有影响
市场	客户与消费者的需求信息	56.4	22.9	8.5	13.6
	设备、原材料、中间产品工业企业的信息	20.3	41.3	16.9	21.5
	本行业其他企业信息	35.5	43.2	10.7	10.5
	商品交易会、展览会信息	21.1	33.3	14.1	32.3
	互联网媒体信息	12.1	37.4	23.2	27.5
技术	企业内部信息	33.6	50.0	10.0	6.6
	技术市场或咨询机构的信息	15.6	39.7	22.9	21.4
	来自高校的信息	7.5	26.9	21.4	44.1
	来自研究机构的信息	13.9	29.5	21.6	34.7
	科技文献	9.2	33.4	27.8	29.7

资料来源：根据2019年全国工业企业创新调查统计资料整理。

由表 6-7 可知，非金属矿物制品业中，来自高校的信息、来自研究机构的信息对创新活动没有影响的企业比重分别高达 44.1%、34.7%，企业内部信息、技术市场或咨询机构的信息以及科技文献是主要的技术创新源，但对企业创新的影响程度都只有中等水平。市场作为进行创新的重要因素，认为客户与消费者的需求信息影响程度高的企业比重达 56.4%，认为本行业其他企业信息，设备、原材料、中间产品工业企业的信息，互联网媒体信息，以及商品交易会、展览会信息影响程度为中的企业比重分别为 43.20%、41.3%、37.4% 和 33.3%。

表 6-8　黑色金属冶炼及延压加工规模以上企业创新动力源对创新的影响

创新动力源	具体项目	影响程度不同的企业占有创新活动企业的比重（%）			
		高	中	低	没有影响
市场	客户与消费者的需求信息	56.4	30.3	3.4	10.9
	设备、原材料、中间产品工业企业的信息	30.5	43.6	14.8	11.0
	本行业其他企业信息	31.7	41.3	14.6	12.4
	商品交易会、展览会信息	18.4	28.9	21.0	32.3
	互联网媒体信息	15.2	39.9	19.3	25.6
技术	企业内部信息	32.1	47.4	10.0	10.6
	技术市场或咨询机构的信息	20.3	36.5	19.3	23.5
	来自高校的信息	5.3	21.4	27.7	46.0
	来自研究机构的信息	8.8	26.5	21.8	43.6
	科技文献	11.2	31.4	21.3	36.4

资料来源：根据 2019 年全国工业企业创新调查统计资料整理。

由表 6-8 可知，黑色金属冶炼及延压加工业中，认为来自高校的信息、来自研究机构和科技文献对创新活动没有影响的企业比重分别高达 46%、43.6%、36.4%，企业内部信息、技术市场或咨询机构的信息是主要的技术创新源，但对企业创新的影响程度都只有中等水平。在市场对创新的影响中，认为客户与消费者的需求信息影响程度高的企业比重高达 56.4%，认为设备、原材料、中间产品工业企业的信息，本行业其他企业信息和互联网媒体信息影响程度为中的企业比重分别为 43.6%、41.3% 和 39.9%。

由表 6-9 可知，有色金属冶炼及延压加工业中，认为来自高校的信息、来自研究机构对创新活动没有影响的企业比重分别为 36.6% 和 30.9%，企业内部信息、技术市场或咨询机构的信息以及科技文献是主要的技术创新源，但对企业创新的影响程度都只有中等水平。在市场对创新的影响中，认为客户与消费者的

第6章 资源型产业地理集聚最优路径选择——基于动态优化模型

表6-9 有色金属冶炼及延压加工规模以上企业创新动力源对创新的影响

创新动力源	具体项目	影响程度不同的企业占有创新活动企业的比重（%）			
		高	中	低	没有影响
市场	客户与消费者的需求信息	52.5	30.8	9.5	7.5
	设备、原材料、中间产品工业企业的信息	31.4	40.3	17.8	10.8
	本行业其他企业信息	30.5	46.8	15.3	7.6
	商品交易会、展览会信息	18.9	33.0	22.4	26.1
	互联网媒体信息	22.3	33.2	22.7	21.7
技术	企业内部信息	31.6	49.0	13.1	6.6
	技术市场或咨询机构的信息	24.8	30.1	25.3	19.3
	来自高校的信息	13.4	28.9	20.6	36.6
	来自研究机构的信息	17.4	28.7	22.3	30.9
	科技文献	13.9	37.9	26.2	21.5

资料来源：根据2019年全国工业企业创新调查统计资料整理。

需求信息影响程度高的企业比重高达52.5%，认为本行业其他企业信息，设备、原材料、中间产品工业企业的信息，互联网媒体信息及商品交易会、展览会信息影响程度为中的企业比重分别为46.8%、40.3%、33.2%和33.0%。

表6-10 2017~2019年金属制品规模以上企业创新动力源对创新的影响

创新动力源	具体项目	影响程度不同的企业占有创新活动企业的比重（%）			
		高	中	低	没有影响
市场	客户与消费者的需求信息	66.33	23.69	4.33	6.45
	设备、原材料、中间产品工业企业的信息	20.46	45.26	17.84	17.14
	本行业其他企业信息	23.89	49.80	16.83	10.28
	商品交易会、展览会信息	22.08	32.56	17.64	28.93
	互联网媒体信息	12.70	32.86	22.18	35.68
技术	企业内部信息	31.35	47.17	8.97	13.41
	技术市场或咨询机构的信息	14.01	35.58	21.57	30.4
	来自高校的信息	5.24	21.67	24.70	49.59
	来自研究机构的信息	6.15	25.50	23.18	46.87
	科技文献	6.05	33.47	22.48	39.01

资料来源：根据2019年全国工业企业创新调查统计资料整理。

由表 6-10 可知，金属制品业中，认为来自高校的信息、来自研究机构以及科技文献对创新活动没有影响的企业比重分别为 49.59%、46.87% 和 39.01%，企业内部信息、技术市场或咨询机构信息是主要的技术创新源，但对企业创新的影响程度都只有中等水平。认为客户与消费者的需求信息影响程度高的企业比重达 66.33%，认为本行业其他企业信息，设备、原材料、中间产品工业企业的信息，互联网媒体信息，商品交易会、展览会信息影响程度为中的企业比重分别为 49.8%、45.26%、32.86% 和 32.56%。

表 6-11 2017~2019 年电力、燃气及水生产和供应业企业创新动力源对创新的影响

创新动力源	具体项目	影响程度不同的企业占有创新活动企业的比重（%）			
		高	中	低	没有影响
市场	客户与消费者的需求信息	28.36	33.97	13.36	29.07
	设备、原材料、中间产品工业企业的信息	19.58	45.08	16.32	20.71
	本行业其他企业信息	38.96	43.25	11.83	7.96
	商品交易会、展览会信息	6.32	23.66	24.89	48.45
	互联网媒体信息	11.73	33.97	24.28	32.33
技术	企业内部信息	36.92	39.47	8.47	17.03
	技术市场或咨询机构的信息	15.30	39.68	22.64	23.97
	来自高校的信息	7.14	24.17	26.62	44.47
	来自研究机构的信息	11.53	29.78	21.42	39.68
	科技文献	11.53	33.15	23.87	33.66

资料来源：根据 2019 年全国工业企业创新调查统计资料整理。

由表 6-11 可知，电力、燃气及水的生产和供应业中，认为来自高校的信息、来自研究机构以及科技文献对创新活动没有影响的企业比重分别为 44.47%、39.68% 和 33.66%，企业内部信息、技术市场或咨询机构信息是主要的技术创新源，但对企业创新的影响程度都只有中等水平。在市场对创新的影响中，设备、原材料、中间产品工业企业的信息，本行业其他企业信息，客户与消费者的需求信息及互联网媒体信息对创新影响程度为中的企业比重分别为 45.08%、43.25%、33.97% 和 33.97%，认为商品交易会、展览会信息对创新没有影响的企业比重达到 48.45%。

由此认为，当前市场需求对资源型产业集群创新作用最为明显。对资源加工业集群来说，市场上的需求信息创新起到主导作用。技术主导的创新仍然动力不足，高校及研究机构对集群创新的贡献较少。在企业中，尽管技术引导创新受到

了集群的认可，但截至目前在众多影响因素中，其重要程度处于中间水平。

因此，基于拉动创新水平的因素分析，为更好地发挥市场规模效应，应逐步强化其他市场信息对创新所做出的贡献；与此同时，为达到使资源型产业集群跃迁和可持续发展，必须促进由市场需求拉动型的创新向技术主导型的转变，充分调动高校及科研机构对于创新的参与度（张国胜等和胡建军，2012）[30]。

6.2 组织环境对西部地区资源型产业集聚演化的影响及路径选择

资源型产业集群的演化，在机制和组织环境的双重作用下，将形成不同的演化路径。本部分主要研究市场、产权制度、生态环境在行为机制以及组织环境下的作用。

6.2.1 市场规模与结构对资源型产业集聚的影响与路径选择

市场在资源型产业集群演化中的作用。

（1）市场规模、专业化与资源型产业集聚。

第一，市场规模对资源型产业集群的演化：企业要生存和发展，前提是存在大量的市场需求来保证产品具有较大的销量，维持企业生存和发展所必需的利润，若没有充足的市场需求，企业的销量将大幅减少。因此，产业集群企业的集合，市场规模、市场需求对其演化扮演重要角色（陈健生和李文宇，2012）[31]。

资源在有限性条件下，尽管政府干预起到的作用并不明显，市场需求与利益驱动，造成了企业进行集聚的根本动因，市场需求在我国资源产业产权制度的改革中也具有主导地位。在市场交易中，企业对于某种资源性产品的需求能够敏锐地捕捉到，于是便组织生产，由于此时市场上需求大产量较小的机会，先行企业较容易获得利润，让一些企业模仿之前企业的生产，并与原有企业形成集聚，充分规避建立新市场的风险和获取规模收益、技术外溢等优势，效仿企业发展壮大导致数量逐渐增多，专业化分工的发展，产品种类增多，迂回生产使市场规模扩大，吸引众多要素流入产业集聚区，"市场规模效应"形成，从而促使资源型产业集群发展（Serrano C. J.，2011）[32]。

第二，资源型产业集群演化产生的变化：这里通过测度2003年和2019年11个资源型产业集群的区位商来揭示我国资源型产业集群专业化演化程度。由 $LQ = (Q_{ij}/Q_i)/(Q_j/Q)$ 公式，选择就业人数指标，得出我国31个地区、11个资源型产业集群的区位熵。

表6-12 2003年和2019年我国11个资源型产业集群区位熵

地区	B06（2003）	B06（2019）	B07（2003）	B07（2019）	B08（2003）	B08（2019）	B09（2003）	B09（2019）	B10（2003）	B10（2019）
北京	0.72	0.30	0.02	2.00	2.76	0.45	0.13	—	0.32	0.20
天津	0.00	0.01	7.46	10.60	—	0.09	—	—	2.18	2.61
上海	—	—	—	—	0.00	—	—	—	0.08	—
重庆	1.32	1.42	0.03	0.18	0.26	0.60	0.09	0.06	0.44	1.34
辽宁	2.23	1.30	3.70	4.23	3.80	5.38	2.34	2.90	2.07	2.93
吉林	1.81	1.20	1.99	4.74	0.42	1.90	1.90	1.84	1.28	1.10
黑龙江	3.34	2.51	5.04	5.60	0.04	0.21	1.50	0.60	1.30	0.49
河北	1.32	0.85	0.78	0.50	4.14	4.45	0.82	0.26	0.30	0.82
山东	1.40	1.49	2.10	1.00	0.94	1.18	1.20	1.60	1.09	2.07
江苏	0.54	0.32	0.34	0.31	0.49	0.39	0.11	0.08	1.78	1.38
浙江	0.06	0.02	—	—	0.33	0.05	0.33	0.18	1.20	0.71
福建	0.44	0.44	—	—	0.76	0.92	0.21	0.67	1.49	1.40
广东	0.18	—	012	0.06	0.63	0.32	0.45	0.34	0.90	0.89
海南	0.03	—	0.02	—	7.03	1.84	0.25	0.62	0.95	0.72
山西	7.23	8.94	—	0.10	1.32	1.91	0.38	0.36	0.75	0.31
江西	0.89	0.62	—	—	0.35	0.79	3.90	2.23	1.33	0.96
河南	1.25	1.60	1.47	1.12	0.21	0.41	0.95	1.70	0.49	0.92
安徽	1.18	1.31	—	—	2.25	1.10	0.54	0.49	1.65	0.72
湖北	0.29	0.18	0.65	0.97	1.01	1.03	0.62	0.51	2.00	2.22
湖南	0.85	0.86	—	—	1.69	0.58	2.12	1.99	1.00	1.52
广西	0.30	0.08	—	—	1.18	0.31	1.60	1.10	0.67	—
四川	0.81	0.96	1.33	1.39	0.50	0.76	0.32	0.90	1.30	1.49
贵州	0.68	1.50	—	—	0.55	0.17	0.50	0.20	0.82	0.35
云南	0.38	0.71	0.36	0.00	0.99	0.92	2.82	1.90	0.60	0.64
西藏	0.01	—	—	—	1.39	0.96	1.09	1.83	0.70	—
内蒙古	2.39	2.80	0.24	0.38	1.35	4.94	3.09	4.57	1.65	2.16
陕西	1.08	1.30	0.55	4.18	0.50	0.50	2.50	1.80	1.10	0.40
甘肃	0.95	0.89	3.77	0.86	0.32	0.54	1.55	1.65	1.20	0.50
青海	0.78	0.52	6.44	4.38	0.48	0.52	3.52	5.67	2.10	2.39
宁夏	3.29	2.90	1.17	0.05	—	0.08	0.09	—	0.84	0.12
新疆	1.26	1.00	12.22	9.85	0.70	1.50	0.52	1.53	1.10	0.59

第6章 资源型产业地理集聚最优路径选择——基于动态优化模型

续表

地区	C25(2003)	C25(2019)	C31(2003)	C31(2019)	C32(2003)	C32(2019)	C33(2003)	C33(2019)	C34(2003)	C34(2019)	C44(2003)	C44(2019)
北京	5.73	1.37	1.81	0.90	3.74	0.82	0.72	0.32	2.54	0.83	1.54	1.12
天津	4.78	3.42	1.42	0.86	3.22	6.18	1.50	0.90	5.45	3.99	1.20	1.12
上海	3.32	2.51	1.22	1.50	3.80	1.12	2.72	1.60	5.55	5.00	1.62	0.77
重庆	0.72	0.40	0.92	0.90	1.35	0.45	0.84	0.92	0.64	0.40	0.98	0.82
辽宁	4.30	3.28	1.95	1.85	5.10	3.82	2.12	1.43	2.53	1.70	1.78	1.58
吉林	0.91	0.79	1.42	1.20	1.42	0.79	1.12	0.75	1.41	0.39	1.60	2.30
黑龙江	3.71	3.23	1.28	0.43	0.95	0.40	0.78	0.41	1.78	0.21	1.89	3.91
河北	0.98	1.27	1.30	0.98	1.83	3.11	0.47	0.35	1.12	0.80	1.07	1.06
山东	1.87	1.59	1.04	1.88	0.61	1.07	0.59	1.14	1.23	1.07	0.99	1.21
江苏	0.91	0.52	1.74	1.28	0.90	1.59	1.04	1.41	1.95	2.61	0.87	0.69
浙江	0.48	0.28	1.09	0.89	0.41	0.65	0.70	1.00	1.56	2.63	0.88	0.70
福建	0.20	0.24	0.95	2.21	0.51	0.69	0.49	0.66	0.82	1.00	1.55	0.95
广东	0.86	0.42	0.98	1.49	0.35	0.38	0.76	1.12	1.67	3.40	1.38	0.11
海南	—	0.16	0.39	0.34	0.13	0.14	0.03	0.03	0.34	0.10	1.46	0.81
山西	4.09	9.94	0.99	1.00	2.91	2.59	2.48	1.99	2.00	0.31	1.78	1.34
江西	0.45	0.49	1.22	1.11	0.90	0.76	0.99	2.10	0.58	0.37	1.29	1.00
河南	0.62	0.45	1.00	1.29	0.49	0.59	1.10	1.38	0.59	0.50	1.15	0.89
安徽	0.55	0.23	1.38	0.62	0.68	0.60	0.81	0.63	0.61	0.50	0.63	0.59
湖北	0.81	0.41	1.50	1.12	1.78	1.62	1.08	0.61	1.30	0.39	1.07	1.80
湖南	1.04	0.58	1.21	0.91	0.70	0.71	1.31	1.28	0.51	0.41	0.89	0.80
广西	0.10	0.09	0.88	0.79	0.42	0.58	1.20	0.91	0.49	1.18	0.87	1.21
四川	0.15	0.41	0.90	1.00	1.25	0.98	0.63	0.45	0.52	0.38	0.93	0.76
贵州	0.15	0.52	0.48	0.39	0.88	0.61	1.47	0.67	0.30	0.18	0.74	0.66
云南	0.06	0.51	0.44	0.38	0.70	0.51	1.90	1.71	0.30	0.1	0.85	0.79
西藏	—	—	0.38	0.36	—	—	—	0.03	—	—	1.10	0.60
内蒙古	0.53	1.22	1.06	0.88	2.18	2.39	1.21	2.31	0.82	0.29	2.00	3.13
陕西	0.77	1.34	0.90	0.61	0.63	0.49	1.01	1.26	0.90	0.24	1.10	1.11
甘肃	2.29	2.17	0.99	0.49	1.08	0.91	6.08	2.49	0.74	0.18	1.29	1.51
青海	0.15	0.51	0.90	0.77	1.91	1.7	3.23	3.4	0.99	0.29	1.69	1.70
宁夏	2.55	5.20	1.09	0.79	0.98	1.2	2.60	3.25	1.19	0.39	1.90	2.22
新疆	2.72	4.53	1.01	0.80	0.79	0.78	1.30	0.31	0.81	0.28	2.25	1.78

注：表示统计数据缺失导致无法计算出的区位熵。

首先,区位熵大于1,说明产业更具有专业化。从数值来看,与2003年相比2019年专业化程度较高的区域变化并不明显。尽管有高低浮动,但全局上产业专业化区域格局未发生较大程度的变化。说明资源型产业的集聚很大程度上取决于现有资源禀赋和产业基础。

其次,从2019年的区位熵与分地区集聚度的测定结论相一致。如区位熵表明煤炭采选业主要分布在东三省以及中西部的一些地区,山西、宁夏、内蒙古、黑龙江、河南分列前五位。表6-2中煤炭采选业的产业集聚度东部地区为0.0117,中西部地区(包括东三省)为0.036,说明其主要在中西部地区较为集中。黑色金属矿采选业专业化程度较高的地区有北京、辽宁、河北、海南等东部地区,而其产业集聚度东部地区为0.0551,中西部地区为0.0092。金属制品业专业化程度较高的地区依次是天津、上海、山东、江苏、浙江以及广东等东部沿海地区,而产业集聚度东部地区也达到了0.0562,西部地区只有0.0011。

(2)市场结构对资源型产业集群的影响。

市场结构对资源型产业集群演化也具有影响。市场结构(包含竞争或垄断程度)主要用市场集中度测量。N家最大的企业拥有的市场份额用CR_n来代表。本书用该行业内销售收入前5位的省市所占的市场份额之和来代替,其基本能够准确地代表分析结果。

表6-13 2003年、2007年、2012年和2019年资源型产业五省(市)市场集中度CR_5

行业及代码	2003年	比重(%)	2007年	比重(%)	2012年	比重(%)	2019年	比重(%)
煤炭采选业(B06)	山西	19.12	山西	19.22	山西	20.84	山西	19.42
	山东	9.8	山东	13.95	山东	18.77	河南	14.64
	黑龙江	9.79	河南	10.92	河南	11.33	山东	11.03
	河南	8.35	河北	7.03	安徽	6.40	内蒙古	10.56
	辽宁	7.21	安徽	6.48	河北	5.60	河北	7.17
	总计	54.27	总计	57.59	总计	62.94	总计	62.82
石油和天然气开采业(B07)	黑龙江	29.5	黑龙江	29.37	黑龙江	27.67	黑龙江	19.16
	山东	16.01	山东	13.65	山东	13.62	陕西	12.37
	新疆	12.51	新疆	13.22	新疆	9.17	新疆	11.78
	辽宁	11.14	辽宁	8.45	辽宁	8.89	天津	10.91
	河南	5.36	广东	5.39	陕西	7.77	山东	8.75
	总计	74.52	总计	70.08	总计	67.13	总计	62.97

续表

行业及代码	2003年	比重(%)	2007年	比重(%)	2012年	比重(%)	2019年	比重(%)
黑色金属矿采选业（B08）	河北	25.95	河北	25.13	河北	32.03	河北	25.88
	湖南	10.67	辽宁	9.46	湖北	9.25	辽宁	18.44
	山东	7.67	吉林	9.08	山东	8.06	山东	7.96
	辽宁	7.33	湖北	6.8	安徽	7.28	内蒙古	7.25
	广东	6.58	湖南	6.7	辽宁	6.89	四川	4.84
	总计	58.21	总计	57.17	总计	63.50	总计	64.37
有色金属矿采选业（B09）	山东	12.02	山东	14.35	山东	22.39	河南	22.5
	江西	10.98	河南	12.85	河南	19.21	山东	17.50
	云南	8.45	江西	10.51	湖南	6.29	内蒙古	7.78
	广西	8.35	湖南	8.88	陕西	6.04	湖南	6.99
	河南	7	广西	7.51	云南	5.66	青海	6.71
	总计	46.79	总计	54.09	总计	59.59	总计	61.48
非金属矿采选业（B10）	山东	10.73	湖北	10.75	—	—	山东	16.76
	广东	10.33	安徽	10.34	—	—	河南	8.81
	江苏	9.51	山东	10.31	—	—	广东	8.28
	浙江	7.08	广东	8.85	—	—	辽宁	7.34
	四川	6.89	江苏	8.00	—	—	四川	7
	总计	44.54	总计	48.24	—	—	总计	48.2
石油加工及炼焦业（C25）	辽宁	17.19	辽宁	17.35	辽宁	15.83	山东	14.12
	山东	9.77	山东	9.77	山东	9.45	辽宁	11.94
	广东	9.45	广东	8.91	广东	8.85	广东	8.99
	黑龙江	8.77	黑龙江	7.82	上海	7.78	河北	5.5
	北京	8.37	江苏	6.45	黑龙江	7.36	山西	5.23
	总计	53.55	总计	50.5	总计	49.27	总计	45.78
非金属矿物制品业（C31）	广东	13.10	江苏	10.51	山东	13.37	山东	17.00
	江苏	10.87	广东	10.31	广东	12.9	河南	12.25
	山东	8.72	山东	10.17	江苏	10.95	广东	9.92
	浙江	6.33	河南	6.97	河南	7.8	江苏	8.1
	辽宁	6.12	河北	6.02	浙江	6.91	辽宁	6.82
	总计	45.15	总计	43.97	总计	51.93	总计	53.38

续表

行业及代码	2003年	比重(%)	2007年	比重(%)	2012年	比重(%)	2019年	比重(%)
黑色金属冶炼及压延加工业（C32）	上海	13.83	上海	14.76	河北	12.12	河北	16.93
	辽宁	13.33	辽宁	10.91	江苏	11.86	江苏	14.25
	四川	8.44	河北	8.57	辽宁	10.45	辽宁	8.35
	河北	7.51	江苏	7.95	上海	9.5	山东	7.96
	湖北	6.50	湖北	6.57	山东	5.89	天津	6.54
	总计	49.61	总计	48.75	总计	49.82	总计	54.03
有色金属冶炼及压延加工业（C33）	辽宁	9.81	江苏	8.71	江苏	10.20	江苏	10.68
	甘肃	9.65	辽宁	7.76	河南	7.98	山东	10.56
	江苏	7.93	甘肃	7	浙江	7.92	河南	10.48
	广东	6.88	浙江	6.03	广东	6.73	江西	8.67
	湖南	5.48	广东	5.98	辽宁	5.27	广东	8.33
	总计	39.75	总计	35.48	总计	38.11	总计	48.72
金属制品（C34）	江苏	16.79	广东	18.42	广东	25.40	广东	21.16
	广东	13.32	江苏	16.01	江苏	16.98	江苏	18.74
	上海	9.05	上海	10.51	浙江	13.39	山东	11.34
	浙江	8.27	山东	7.49	上海	10.61	浙江	11.10
	山东	7.85	浙江	7.25	山东	8.06	辽宁	5.94
	总计	55.28	总计	59.67	总计	74.43	总计	68.37
电力、蒸气热水的生产和供应业（D44）	广东	17.73	广东	16.08	广东	16.34	广东	11.91
	山东	14.81	山东	9.27	山东	8.89	浙江	8.70
	辽宁	13.10	河北	7.68	江苏	8.22	江苏	8.41
	浙江	12.94	江苏	7.41	河北	8.10	山东	7.72
	河北	11.73	河南	6.74	浙江	8.00	河南	5.87
	总计	70.30	总计	47.19	总计	50.55	总计	42.60

资料来源：《中国经济统计年鉴》。

分析一：市场集中度与地理集中度在大体上有相似性，可以理解为市场集中产业同时地理集中度也相应较高，反之同理。以2019年金属制品业（C34）、黑色金属矿采选业（B08）、石油和天然气开采业（B07），煤炭采选业（B06）为例，五省市市场集中度分别为68.37%、64.37%、62.97%、62.82%，都高于

62%，属于高集聚产业；非金属矿物制品业（C31）、有色金属冶炼及压延加工业（C33）以及电力、蒸汽及热水的生产和供应业（D44）的五省市市场集中度分别为 53.38%、48.72%、42.60%，而它们的地理集聚指数也分别为 0.0096、0.0094、0.0079，都属于产业集聚度较低的产业。

分析二：经过分析，资源型产业中五个行业煤炭采选业（B06）、黑色金属矿采选业（B08）、非金属矿采选业（B10）、非金属矿物制品业（C31）、金属制品业（C34）产业的市场集中度与地理集中度变动趋势一致，六个行业变动趋势相反。这五个资源型产业不仅市场集中度提高而且产业的地理集聚趋势也越来越高，这表明排名前五的省市不仅提高了在全国的市场占有率，而且使大量企业迁移本省市进行生产。B07、B09、C25、C32、C33 和 D44 则呈现出相反状态。市场集中度与大企业的市场占有率呈正相关，如果大企业对中小企业的吸引力和核心地位减弱，中小企业将出现地区分散，就会使产业集聚度降低，像有色金属矿采选业（B09）、黑色金属冶炼及压延加工业（C32）和有色金属冶炼及压延加工业（C33）就是这种情形。大企业数量占比较大竞争较为激烈，形成了竞争型的市场结构，引发了数量庞大的中小企业集聚，随之提高地理集中度使 B07、C25、D44 的市场集中度降低、产业集聚度提高的主要原因。

因此，对于资源型产业而言，要培育适度的市场竞争结构，激发企业之间的竞争行为，因为寡头垄断的市场结构可能不利于资源型产业集群的形成。

6.2.2 产权制度变迁对资源型产业集聚组织演进的影响与路径选择

资源产权制度对资源型产业集群演化的影响。

（1）矿产资源产权制度变迁。

我国现行的《矿产资源法》于 1986 年正式颁布实施，于 1997 年 1 月 1 日起开始实行，我国矿产资源较大部分为国家拥有，但随着产权改革的实施，我国矿产资源有偿使用制度和在矿业权问题的认识上获得进步，把我国矿产资源产权制度的发展大致划分为三个时期：

第一时期：改革开放前（1949~1978 年）。

改革开放前我国采用计划经济体质，我国矿产资源完整性较好。中央政府代表行使所有权、使用权、收益权以及处置权，因此也完全没有可能出现资源产权流转。尽管在部分时期，地方政府由于中央政府短暂权力下放，享有资源处置权，但中央政府相关管理部门还是拥有绝对的控制权，计划经济体制下政权与产权高度重合造成的对资源不科学的使用方式，致使资源出现枯竭的情况。

第二时期：1979~1992 年。

1978 年，我国在产权改革上实行承包责任制，激励了经济发展。但对于矿产资源而言，这种产权安排刺激承包企业在私人边际成本等于私人边际收益时追求利润最大化，而忽略了其开采行为造成的社会成本，因此也会造成资源的过度开采和耗竭一系列问题。因此我国加速了《中华人民共和国矿产资源法》的出台（靳晓东，2010）[33]。在制度层面上，这部法律终结了无偿使用矿产资源时代。然而在实际操作层面上，矿产资源有偿使用是从出台1994年《矿产资源补偿费征收管理规定》以来才得以落实，也预示着我国开启了税费并存的矿产资源时代。资源税按照"普遍征收、级差调节"的原则实施在此基础上得到修订，但存在较为明显的缺陷是资源税与资源补偿费的重复计征（Thijs B.，2010）[34]。

1986年的矿产资源法，也对矿业权（探矿权和采矿权）进行说明即矿业权不能流转。然而，该法规没有对矿业权的取得方式加以规定。

第三时期：1993年至今。

中共十四届三中全会于1993年做出《中共中央关于建立社会主义市场经济体制若干问题的决定》，标志着我国的产权制度的市场化改革方向初步确立。对于矿产资源于1996年修正原有矿产资源法，又于1997年1月1日颁布实施《全国人民代表大会常务委员会关于修改〈中华人民共和国矿产资源法〉的规定》，该修正案的出台标志着我国在矿产资源有偿使用方面的重大进展：其一，矿业权的取得方式为有偿取得；其二，符合具体规定下的矿业权能够流转，我国的矿产资源有偿使用制度和产权制度最终形成（曹霞，2010）[35]。下面研究2003年后矿产资源产权制度变迁对资源型产业集群组织演进的影响。我们用矿产资源产业中国有企业产值占工业总产值的比重来测度矿产资源产权变化；用国有企业数量变化测度市场结构，用全员劳动生产率测度绩效。

（2）产权制度变迁下资源型产业集群组织演进。

因为自然资源本身的稀缺以及不同地理位置的配置不同，导致企业通常在资源产地聚集成产业集群。高科技产业的形成与发展事实上就是高科技产业集群的形成与发展，因此高科技产业发展最基本的规律就是区域产业集群规律，只有高科技产业集群有效的形成和发展，才能保证高科技产业的顺利发展。本书从组织生态学的角度对高科技产业集群进行了系统的研究，以期为高科技产业的发展，培育高科技产业集群的竞争优势，推动区域经济发展对资源型产业集群来说，自然资源产权制度发生的变化有助于市场结构、企业行为以及市场绩效（SSCP）三者的演化，使资源型产业集群发生演进（Simon & Douglas，2014）[36]。

下面研究2003年后矿产资源产权制度变迁对资源型产业集群组织演进的影响。我们用矿产资源产业中国有企业产值占工业总产值的比重来测度矿产资源产权变化；用国有企业数量变化测度市场结构，用全员劳动生产率测度绩效。

表 6-14 矿产资源型企业产业产权（国有企业/工业总产值）变化

行业代码	2007 年	2012 年	2019 年
B06	0.735	0.822	0.633
B07	0.918	0.915	0.969
B08	0.336	0.364	0.179
B09	0.465	0413	0.111
B10	0.214	—	0.153
C25	0.826	0.87	0.755
C31	0.246	0.234	0.105
C32	0.704	0.668	0.420
C33	0.520	0.447	0.322
C34	0.106	0.096	0.071
D44	0.726	0.837	0.908

资料来源：《中国工业统计年鉴》。

从表 6-14 中可以发现，2007 年、2012 年和 2019 年，除石油与天然气开采业（B07）以及电力、蒸汽及热水的生产和供应业（D44）外，其他各矿产资源产业的国有企业产值与工业总产值的比值持续下降，产权结构向市场化方向发展。

表 6-15 矿产资源产业总企业及国有企业数的变化

行业代码	2007 年		2012 年		2019 年	
	总企业数	国有企业	总企业数	国有企业	总企业数	国有企业
B06	7537	795	11000	557	7705	390
B07	184	91	403	122	539	163
B08	2899	111	12075	83	8995	62
B09	2183	298	3691	188	2326	118
B10	3004	210	—	94	—	42
C25	2149	213	4146	174	3396	143
C31	24278	1333	38512	565	16323	239
C32	7167	329	15411	197	9219	118
C33	6701	432	15263	336	11880	262
C34	18008	486	32303	228	15183	107
D44	5565	3481	6261	2986	5371	2561

资料来源：《中国工业统计年鉴》。

从表6-15可以看出，我国矿产资源产业中非国有份额在增加，在企业数量减少的同时，行业的竞争程度提高，表明我国矿产资源行业的市场结构逐步合理。

表6-16 矿产资源产业集群市场绩效（全员劳动生产率）变化

行业代码	2007年	2012年	2019年
B06	15025.2	29044.8	121538.4
B07	115645.2	415008	853754.4
B08	21260.4	41960.4	226808.4
B09	22507.2	42063.6	211936.8
B10	19179.6	—	133137.6
C25	93188.4	215703.6	460860
C31	17920.8	42195.6	129770.4
C32	36007.2	90241.2	355042.8
C33	31592.4	73418.4	343836
C34	24056.4	58009.2	132093.6
D44	88257.6	162867.6	412308

资料来源：《中国工业统计年鉴》。

表6-16显示资源型产业集群的全员劳动生产率持续提高，这个结果与唐要家（2005）的研究结论具有一致性，即充分的市场竞争以及有效的所有权结构的结合会促使经济效率的提高[37]。B07、D44依靠市场垄断、总企业数中国有企业占据绝大部分的因素，使劳动生产率大幅度提升。

6.2.3 生态环境对资源型产业集群演化的影响与路径选择

6.2.3.1 生态环境对资源型产业集群演化的影响

资源型产业发展受到生态环境的制约。生态环境是资源型产业集群发展所需的基石，但若无节制地榨取生态环境可能对其发展起到阻碍作用。在其他变量固定时，生态环境是否处于承载的范围内和集群的发展呈现正相关（夏青，2013）[38]。由于长期以来对资源的大力开采，生态环境的承载能力不断减弱，生态要素成为刚性制约因素。表6-17列出了我国资源型产业污染物排放的相关情况。

表6-17 2019年资源型产业污染物排放量及其排名情况

行业代码	工业废气排放量（亿标立方米）	排名	工业烟尘排放量（吨）	排名	工业固体废物排放量（万吨）	排名	工业废水排放量（万吨）	排名
B06	24585.07	4	101230.46	10	284.8715	1	83445.44	7
B07	180.25	22	11383.56	26	0.0327	34	10604.88	26
B08	24145.26	5	18953.03	20	27.8277	7	16167.84	22
B09	26623.44	3	12434.16	25	132.5113	2	38799.28	13
B10	1498.65	12	2994.75	18	7.6191	10	8027.76	28
C25	3083.82	9	231291.65	5	3.1501	13	69062.24	9
C31	4489.77	8	952853	2	38.2045	6	34088.08	15
C32	34910.82	2	53966.42	3	54.4019	3	131017.12	6
C33	7299.61	7	126505.63	8	43.6981	5	30135.04	17
C34	521.18	16	22447.82	19	0.2398	26	3259984	16
D44	46484.93	1	2288128.52	1	49.2353	4	154970.4	4

资料来源：《中国环境统计年鉴》。

从表6-17可以看出，资源型产业的污染物排放量整体较大，以2019年为例，在所有采矿业和制造业中，工业废气、工业烟尘以及工业固体废物排放量排名前5位的都是资源型产业。电力、蒸汽及热水的生产和供应业，黑色金属冶炼及压延加工业以及煤炭开采和洗选业等行业污染性较强，此类行业中的企业集聚生产对生态环境破坏更为严重，与其他行业相比，生态环境对资源型产业集群的发展限制作用更加明显。为降低环境污染带来的负面效应，我国相关治理投入不断加大，但治理投资与GDP的比值增加并不显著，环境投资收效甚微（毛晖等，2014）[39]。

表6-18 2010~2019年环境污染治理投资

年份	环境污染治理投资总额（亿元）	其中：					污染治理投资占GDP
		城市环境基础设施建设投资	工业污染源治理投资（亿元）				
			总额	废水	废气	固体	
2010	12629	644.4	293.5	137.0	113.6	14.4	1.28
2011	1383.3	31.0	218.1	91.1	82.3	23.4	1.26
2012	1709.0	986.4	235.5	89.4	87.3	20.1	1.43
2013	2034.6	1340.6	277.3	109.3	115.1	20.3	1.50
2014	2387.3	1426.5	385.1	132.0	178.5	28.3	1.49

续表

年份	环境污染治理投资总额（亿元）	其中：					污染治理投资占GDP
		城市环境基础设施建设投资	工业污染源治理投资（亿元）				
			总额	废水	废气	固体	
2015	2985.0	1612.1	572.8	167.1	266.3	34.3	1.63
2016	3207.5	1643.6	604.9	188.9	291.6	22.9	1.53
2017	4234.1	1834.4	690.5	245.1	344.1	22.9	1.70
2018	5612.9	2251.3	678.3	243.3	332.1	24.6	1.86
2019	5656.6	3140.0	553.3	186.9	290.6	27.4	1.66

资料来源：《中国环境统计年鉴 2019》。

6.2.3.2 组织环境变迁下资源型产业集群演化路径

集群所处的组织环境发生改变，集群的行为特性也相应地发生演化，因此就使产业集群显现出不同的演化路径和效应（陶海青和刘冰，2008）[40]。总体上，资源型产业集群按照以下方式进行演化。

(1) 路径一：创新升级。

资源型产业集群通过集群创新来进行转型升级是实现可持续发展目标的关键因素。创新能够使产品具有异质化，增加产品附加值。对于我国而言，企业不但要通过创新提高产品竞争力，而且要参与到全球价值链中，并完成价值链低端到高端的转型（Chongfeng W. et al., 2012）[41]。产品升级、过程升级、功能升级和链条升级是价值链演进的四种不同方式。资源型产业集群要激发创新动力、走向更高端的价值链需要转变：①资源型产业创立创新的具体路径为：与大学科研院所联合进行基础技术的研发，并培养专业技术人才，使创新升级并在国际市场上拥有竞争力。②通过建立现代化工业园区的方式，给予更优惠的政策和丰富的资源来吸引新的资源产业入驻，对以往的环保技术进行升级，进一步确保产品的质量。③在市场建设方面，采取更为先进的营销策略，并使产品的海外销量有所扩大，通过现代技术直接与消费者连接，了解消费者需求，将产品升级并能够提供定制化的产品（Bethel S. A. et al., 2012）[42]。

(2) 路径二：集群迁移。

在资源型产业集群的"中心—卫星型"的组织架构形态中，因为核心企业作用至关重要，又因为其无标度网络的封闭性和保守性，导致结构和生态位二者的风险。为解决这种风险，产业集群须破坏掉原有的内部强联系，而与外界加强联系。资源型集群企业的外移，是打破原有封闭清晰的路径和将外部力量导入的关键因素（Jensen M. C. & Meckling W. H., 1996）[43]。

在分析集群内企业迁移的问题时，不但要考虑战略因素，更应着重考虑的是对整个集群网络稳定性和竞争力带来的影响。由于资源型产业集群的结构方式，导致其集群外迁方面具有以下特点：①核心企业在资源型集群中至关重要，因此，核心企业的影响程度更大。因为集散节点的网络比非集散节点对于企业的迁移抗干扰作用更强，集散节点受影响程度较小。②原因分析，区域资源枯竭、生态环境压力是造成资源型集群外迁到自然资源禀赋优越区域，这一行为降低了生产成本。目前，我国资源型集群并不是整体的迁移，大多企业只是将生产环节进行外迁，而企业的"总公司"留存在原集群中，继续进行着研发、销售、服务等环节（袁桂秋和张玲丹，2010）[44]。核心企业迁出后，若进行反哺，卫星企业组织形式不变，新生产技术和网络关系更新，由于与原产业集群建立了紧密的信任关系，变为卫星企业担任结构行动者角色，从而促进卫星企业的发展。

（3）路径三：纵向一体化。

一些集群会形成纵向一体化的形式。由于资源型产业集群其本身具有中卫型的结构属性，便于向大企业核心主导、中小企业配套的组织架构演进。当前，大企业对资源形成垄断，中小企业围绕大企业分包的模式也验证了演化趋势可能性（黄泰岩和金铁鹰，2008）[45]。

（4）路径四：集群衰退。

大量资源型产业集群都面临着"资源诅咒"的厄运。这里我们对形成原因进行归因：第一，初级产品的收入弹性、学习效应小于工业品的收入弹性，因此初级产品的贸易条件会逐步下降，导致利润增长减缓、生活水平降低。第二，工业部门经济发展的带动效应大于初级产品部门。第三，挤出效应，资源的充足可能会导致企业规避教育投资的风险，从而减少在教育和创新方面的投资，不利于资源型产业集群的循环发展。第四，自然资源丰富的地理区域不利于资源型地区产业结构的多样化，同时会带来制造业的萎缩问题。第五，当资源型区域没有建立完善的制度时，时常伴随寻租行为的出现，经济发展放缓。在资源兴盛时期，寻租行为变得更有利可图，使生产部门的企业家们转而进行寻租行为，最终引起经济总产出和福利的下降，使经济发展放缓甚至下降。第六，资源的过度开采超过地区生态环境承载力极限时，资源型经济由于受到硬性约束发生衰退（Salameh E.，2008）[46]。

6.3 本章小结

基于资源型产业集群的特性和发展经验的考虑，本部分首先对集聚行为、竞争合作行为以及创新行为对于地理集聚产生的影响进行研究。

我们进行资源型产业集聚行为的博弈分析，研究资源型企业集聚的形成条件、集群方式的选择，采用EG指数分析法，得出在总体上我国矿产资源型产业的集聚程度呈现上升状态。

资源型产业集群内的竞争合作行为在不同发展阶段呈现不同状态，竞争关系在整个生命周期中一直存在。但在不同发展周期，其强度、形式不同。合作关系随着产业生命周期由成长期发展到成熟期，其强度逐渐深化。当企业周期处于衰退阶段时，不同企业间合作关系减弱。通过集群内企业竞合关系的博弈分析得出，资源型产业集群的演化受核心企业与卫星企业进入，对对方造成的分散力与集聚力之间的较量和双方在集群内是否获取更多收益的双重因素影响（Fehr E. & Schmidt K. M.，1999）[47]。

本部分从价值链角度考察了自然资源对创新的影响，通过分析得出资源丰裕对创新产生挤出效应，不利于创新水平的提高；同时，资源型产业集群的结构、学习方式也会影响创新。创新和资源型产业集群之间存在协同演化。当今，创新能力提高由市场需求起决定性作用。

资源型产业同时还受到所处环境的影响。首先，市场规模、市场需求是资源型产业集群形成和演化的重要外部环境，由于市场规模与专业化分工存在相互促进的作用，因此市场规模、专业化分工与产业集群演化具有紧密联系。此部分运用区位熵进行分析，发现我国资源型产业集群的地理集聚受地理范围内的资源禀赋和已有的产业基础的影响较大。市场集中度的测度与EG指数得出的结论相符。其次，对于资源性产业而言，资源产权制度的变迁会导致组织的演化。最后，资源型产业集群的演化受生态环境制约，截至目前，资源型产业集群仍然属于高污染企业，且环保水平和环保意识还有待大幅度的提升（张小蒂和罗堃，2008）[48]。

集群形成初期合作响应速度较慢，在发展成熟期合作强度深化、合作响应速度加快，而在衰退阶段集群合理性地位丧失导致企业间合作的逐渐减少甚至消失。基于资源型产业集群中卫型结构，通过集群内企业竞合关系的博弈分析，认为资源型产业集群的演化不仅依赖于核心企业与卫星企业进入对对方造成的分散力与集聚力之间的较量，还取决于各自在集群内外所取得效益的比较。创新也是资源型产业集群的关键行为机制，本章从价值链角度考察了自然资源对创新的影响，通过分析得出资源丰裕对创新产生挤出效应；资源型产业集群的结构和学习方式也会影响其创新水平。创新和资源型产业集群之间存在协同演化，目前，市场需求是我国资源型产业集群的创新动力源，技术主导的创新还没有发挥关键作用（Glăvan B.，2008）[49]。

资源型产业集群的演化不仅受行为特征及其背后的动力机制的影响和制约，还与组织所处的环境存在密切关联。第一，市场规模、市场需求是资源型产业集群形成和演化的重要外部环境，由于市场规模与专业化分工存在相互促进的作用，因此市场规模、专业化分工与产业集群演化具有紧密联系。通过测定我国资源型产业集群的区位熵，发现我国资源型产业集群的集聚非常依赖于区域存在的资源禀赋和已有的产业基础。从卖方来看，市场结构状况也必须分析，通过市场集中度的测度，发现与 EG 指数的结论具有一致性。第二，对于资源性产业而言，资源产权制度的变迁对其组织演进也具有影响。我国矿产资源产权制度经过三次变迁，本书通过国有企业数、国有企业产值/工业总产值以及全员劳动生产率的变化，分析了矿产资源产权制度变迁下资源型产业集群绩效的变化，得出充分的市场竞争以及有效的所有权结构会促使经济效率提高的结论（张栋浩和樊此君，2019）[50]。第三，由于生态环境的刚性制约，资源型产业集群的演化还必须考虑生态环境的影响。通过收集资源型产业"三废"排放量，得知较之其他行业，资源型产业集群属于污染较为严重的行业，而且环保水平和环保意识还比较低。

参考文献

[1] 雷宇，张秀生，余吉祥. 基于层次分析法的资源型产业集群竞争力分析[J]. 湖南社会科学，2012（5）：142-144.

[2] 杨冬梅，万道侠，王琳. 制度要素、空间溢出与区域经济增长——基于空间面板数据模型分析[J]. 山东社会科学，2016（12）：114-120.

[3] 郝大江. 基于要素不完全流动性视角的空间经济集聚问题研究[J]. 云南财经大学学报，2015（3）：3-11.

[4] 黄滢，陈堂发. 城市文化经济学视域下的中国传媒产业空间集聚发展研究[J]. 新闻与传播研究，2018（8）：98-108.

[5] 陈菊红，郭福利. 相乘型需求下考虑生产能力约束和销售成本递增的供应链协调研究[J]. 运筹与管理，2010（5）：78-83.

[6] 蔡啸. 东北劳动力流失是"僵局"还是"契机"？——基于物化型技术补偿效应视角[J]. 求是学刊，2019（3）：79-89.

[7] 张焕勇，杨增雄. 企业异质性与企业家知识异质性的耦合性分析[J]. 财经问题研究，2006（2）：22-26.

[8] 李雯，解佳龙. 创新集聚效应下的网络惯例建立与创业资源获取[J].

科学学研究, 2017 (2): 1864 – 1874.

［9］黄建康, 蒋伏心. 资源型企业集群网络刚性及其超越——基于网络组织的视角[J]. 理论探索, 2012 (3): 74 – 77.

［10］柳剑平, 孙云华. 垂直专业化分工与中国对东亚经济体的贸易逆差——兼及中国对美国贸易顺差的比较分析[J]. 世界经济研究, 2006 (7): 16 – 23.

［11］刘渝琳, 林永强. 我国区域科技发展差异的解释——基于专业化分工理论和 shapley 分解的研究[J]. 科学学研究, 2011 (7): 1012 – 1020.

［12］刘丹. "零资源经济" 背后的环境污染问题探析[J]. 现代经济探讨, 2010 (6): 52 – 55.

［13］杨林涛. 一种可供选择的产业集聚测度新方法——来自已有测度方法比较的启示[J]. 上海经济研究, 2014 (4): 104 – 118.

［14］杨洪焦, 孙林岩, 梁冬寒. 我国高新技术产业聚集度的变动趋势及区位因素分析——以电子及通讯设备制造业为例[J]. 科学学研究, 2009 (9): 1335 – 1343.

［15］徐元国. 集群企业网络演进与龙头企业集团的形成机理[J]. 经济地理, 2010 (9): 1492 – 1496.

［16］Jipeng L., Yuan L. Ways of the Growth of Small Enterprises in Xinjiang Based on Resource – Based View [J]. Finance & Economics of Xinjiang, 2014.

［17］Li – Li Y., Shuai S., Jian – Hua C. The Effects of the Dependence on Resource? Based Industries on Provincial Economic Growth in China and Its Transmission Mechanism: Empirical Analysis Based on Spatial Panel Model [J]. Journal of Finance and Economics, 2014.

［18］廖春良, 程发新. 供应链企业间战略合作关系探讨[J]. 经济管理, 2002 (24): 43 – 47.

［19］陈金丹, 胡汉辉, 杨煜. 基于网络视角的产业集群知识演化研究[J]. 科学学研究, 2011 (1): 91 – 96.

［20］于喜展, 隋映辉. 基于城市创新的产业集群生态: 系统关联对接与结构演化[J]. 科技进步与对策, 2010 (1): 56 – 60.

［21］徐晓亮, 许学芬. 资源税税率设置分析、比较和选择[J]. 自然资源学报, 2012 (1): 41 – 49.

［22］Hai Yan Z., Jiang W. Network Structure Evolution of Industrial Clusters—From the Perspective of Knowledge Intensive Business Services Embedding [J]. China Industrial Economics, 2009, 29 (10): 58 – 66.

[23] 周静. 科技创新与产业组织演化的双向互动机理研究[J]. 经济问题探索, 2016 (3): 116-119.

[24] 谢企华. 企业竞争的新焦点——战略供应链[J]. 管理学报, 2004, 12 (2).

[25] Tavassoli S., Zweig K. A. Most Central or Least Central? How Much Modeling Decisions Influence a Node's Centrality Ranking in Multiplex Networks [J]. Computer Science 2016 (12).

[26] 伍琴, 张汉江, 李巍. 整合供应链管理推进产业集群化的优势与对策分析[J]. 系统工程, 2005 (4): 75-78.

[27] Humphrey J., Schmitz H. How Does Insertion in Global Value Chains Affect Upgrading in Industrial Clusters? [J]. Regional Studies, 2002, 36 (9): 1017-1027.

[28] 王发明. 创意产业集群化: 基于地域根植性的理论演进及其政策含义[J]. 经济学家, 2010 (5): 63-66.

[29] [34] Thijs B., Wolfgang G. A Structural Analysis of Collaboration Between European Research Institutes [J]. Research Evaluation, 2009, 19.

[30] 张国胜, 胡建军. 产业升级中的本土市场规模效应[J]. 财经科学, 2012 (2): 78-85.

[31] 陈健生, 李文宇. 市场规模、本地市场效应与空间经济结构演进——兼论中国不同空间尺度下的区域协调发展[J]. 当代财经, 2012 (4): 79-89.

[32] Serrano C. J. Estimating the Gains from Trade in the Market for Innovation: Evidence from the Transfer of Patents [J]. SSRN Electronic Journal, 2011.

[33] 靳晓东. 我国矿产资源法完善的对策探讨[J]. 法学杂志, 2010 (1): 130-131.

[35] 曹霞. 中外"小矿"法律概念比较研究——写在我国《矿产资源法》修改之际[J]. 自然资源学报, 2010, 25 (8): 1255-1266.

[36] Simon, Douglas. The Argument for Property Rights in Body Parts: Scarcity of Resources [J]. Journal of Medical Ethics, 2014.

[37] 唐要家. 竞争、所有权与中国工业经济效率[J]. 产业经济研究, 2005, 23 (3): 1-7.

[38] 夏青. 基于资源型城市生态环境综合评价的产业结构关联性分析[J]. 亚太经济, 2013 (4): 121-126.

[39] 毛晖, 郭鹏宇, 杨志倩. 环境治理投资的减排效应: 区域差异与结构特征[J]. 宏观经济研究, 2014 (5): 75-82.

［40］陶海青，刘冰. 不同产业集群中企业家认知网络演化路径差异［J］. 科研管理，2008（4）：119-126.

［41］Chongfeng W., Qiang X., Nan C. The Organization and Management of Economic Rent in the Global Value Chain［J］. Journal of Ocean University of China（Social Sciences），2012.

［42］Bethel S. A., Seitz S., Landreth C. O. Energize Staff to Create a Research Agenda［J］. Clinical Nurse Specialist，2012，26（5）：272-276.

［43］Jensen M. C., Meckling W. H. Specific and General Knowledge, and Organizational Structure［J］. Knowledge Management and Organizational Design，1996，8（2）：17-38.

［44］袁桂秋，张玲丹. 我国制造业的规模经济效益影响因素分析［J］. 数量经济技术经济研究，2010（3）：43-55.

［45］黄泰岩，金铁鹰. 大企业主导下的中小企业成长——一个国外的文献综述［J］. 经济经纬，2008（4）：96-98.

［46］Salameh E. Over-exploitation of Groundwater Resources and Their Environmental and Socio-economic Implications：The Case of Jordan［J］. Water International，2008，33（1）：55-68.

［47］Fehr E., Schmidt K. M. A Thoery of Fairness, Competition and Cooperation［J］. Quarterly Journal of Economics，1999，114（3）：817-868.

［48］张小蒂，罗垫. 中国高能耗、高污染产业节能减排的可持续性——兼论新型清洁发展机制［J］. 学术月刊，2008，40（11）：79-86.

［49］Glăvan B. Coordination Economics, Poverty Traps, and the Market Process：A New Case for Industrial Policy？［J］. Independent Review，2008，13（2）：225-243.

［50］张栋浩，樊此君. 环境规制如何影响外企规模——基于港澳台企业和非港澳台企业的异质性分析［J］. 国际经贸探索，2019（10）：53-70.

第7章 研究结论、理论贡献、实践启示与研究展望

7.1 研究结论

本书围绕资源产业地理集聚特征、影响要素与动态优化路径选择，基于分工与空间理论视角进行理论框架构建与实证检验。

首先，构建"自然资源禀赋—分工—空间外部性—制度"的四维理论分析框架，分析资源型产业地理集聚的基本机制、丰富产业集聚及其相关理论，为该课题的研究提供基本框架思路。从亚当·斯密定理、Young定理、新兴古典经济学的分工与专业化理论出发，揭示资源型产业地理集聚研究的逻辑起点；其次，对新古典贸易理论、新贸易理论和新经济地理理论三种区域"分工—贸易"理论进行细致梳理，揭示区域分工与贸易以及资源型产业地理集聚之间的必然联系；再次，将马歇尔提出的空间外部性与资源型产业地理集聚之间关系的思想和内容进行整理和归纳，揭示空间外部性的金融外部性和技术外部性来源，以及它们与资源型产业地理集聚之间的逻辑关系；最后，提出本部分构建的理论分析框架：充分利用自然资源条件来发展区域经济，是产业集群形成的原始动力。拥有资源禀赋，基于运输、交易等成本费用的比较优势，在政府的合理规划下，大型勘探、开发企业的进入，围绕着特定资源转化的诸多产业链节点企业的跟进，科研、金融、中介等服务机构的健全，一个逻辑系统的形成，标志着资源型产业集群的诞生。区域分工与贸易以及资源型产业地理集聚之间存在着必然的联系。细化的区域分工影响着各个不同特色地区，乃至各国之间的贸易往来，并形成不同的资源型产业地理集聚模式。专业化分工有利于降低交易成本，规模报酬，提升产业发展的效率，而这正是产业集聚形成与发展的经济动因。分工与专业化的发展促进"迂回生产"方式的出现和部门的细化，促成在某一特定空间范围内众多经济活动的集中，形成集聚经济和产业集聚，进而获取规模经济。而降低专业化分工带来成本的一个重要方式就是进行资源型产业地理集聚，相同的经济区域

由于其自然资源、经济资源、文化资源的禀赋不同，拥有各自的区域优势。各地区就是依据各自优势进行专业化分工，生产具备竞争优势的产品，同其他地区的专业化生产的商品进行交换。许多行业的经济活动最突出的地理特征就是集中，具有明显的集聚经济效应。降低专业化分工带来的成本，形成资源型产业地理集聚，相关企业形成规模效应，加大竞争的同时促进技术的发展与进步，从而形成一条无可代替的产业链，降低资源运输等方面的成本，为企业带来规模经济的同时也带来金融的外部性与技术的外部性。

其次，分析资源型产业的专业化特征、地理集聚的时空特征，反映和刻画中国资源型产业区域分工状况，直观地观察资源型产业的地理集聚现象，预测其未来的变化趋势及其效应和存在的问题。资源型专业化分工有利于降低交易成本，规模报酬，提升产业发展的效率，而这正是产业集聚形成与发展的经济动因。分工与专业化的发展促进"迂回生产"方式的出现和部门的细化，促成在某一特定空间范围内众多经济活动的集中，形成集聚经济和产业集聚，进而获取规模经济。中国地理集聚呈现不断增强的发展趋势，并且其变化趋势具有显著的拐点特征和明显的"先小幅增强、随后显著增强、后趋于减弱"的阶段性特征。资源型产业地理集聚可以有效地促进产业结构调整和优化升级，同时是一种有效的产业组织形式，是区域竞争力的重要源泉。资源型产业地理集聚是产业结构调整的有效路径，而且一旦这种路径形成，就会有自我强化的过程，从而加速产业结构调整及优化升级。资源型产业地理集聚具有其自身的演变和发展规律性。企业的地理集中、以灵活专业化为核心的社会网络、积极向上的良好创新氛围、建立在合作竞争基础上的互动机制以及路径依赖性，是资源型产业地理集聚获得成功并形成和保持竞争优势的基础。一旦资源型产业地理集聚形成并走向成熟后，将在全国甚至世界市场上具有较强的竞争优势，占有较高的市场份额，形成知名的区域品牌效应。在市场制度完善的条件下，产业集群将通过多种途径和机制，对企业、产业乃至区域的竞争力产生重要的影响。这种竞争力是非资源型产业地理集聚和资源型产业地理集聚区域外企业所无法拥有的。

再次，通过调查问卷与实证分析研究，我们希望找出资源型产业地理集聚的影响因素的差异性和相似性，并找出它们之间的相关性，提出在制定政策时充分考虑省域之间专业生产的横向交互影响，重视省域之间的要素溢出、空间依赖等空间效应，引导各个省区合理投入生产要素，提高要素间的互补性和空间配置效率，扩大专业发展水平地区对周边地区尤其是落后地区的辐射和带动能力，促进区域综合生产能力的提高。自然资源禀赋影响地理集聚是基础性因素；基于分工产生的空间外部性，垄断竞争的市场结构，良好的制度环境是其重要影响因素；技术进步、人力资本等技术外部性，城镇化、人口密度等金融外部性因素是不可

第7章 研究结论、理论贡献、实践启示与研究展望

忽略的关键性因素；以及对外开放也是一种重要因素。当某地区在具有资源型产业集群的形成基础条件，企业和劳动力会集聚在一起以获得更高的要素回报时，就会存在本地化的规模报酬递增，形成规模经济，进而随着企业技术设备的发展、劳动力组织的完善、技术信息的溢出，促使专业化分工的扩大和创新能力的提高，进一步增加了企业间生产、交易频率，稳定交易的空间范围和对象，减少企业生产、交易成本和其他经常性支出，实现集体效率的提高和企业成本的降低，在市场因素的作用下，相互关联的企业会寻求产业集群发展，充分发挥资源禀赋比较优势，以提高自身的竞争优势。在空间距离不扩大的情况下实现市场范围的扩大和运输成本的降低。分工、空间外部性与产业地理集聚之间有着深厚的理论渊源和内在逻辑联系。分工产生空间外部性进而导致规模报酬递增，空间外部性和规模报酬递增促使产业经济活动在特定区域内产生集聚。在这里，空间外部性与规模报酬递增成为分工与产业地理集聚之间逻辑联系的纽带，分工产生的空间外部性引起产业地理集聚。分工导致报酬递增从而是经济增长的根本源泉，但源于分工的报酬递增需要借助产业地理集聚来实现。区域"分工—贸易"理论对产业地理集聚进行理论解释的一个基本点是空间外部性，并且外部经济增长是分工引致的报酬递增的重要源泉。空间外部性成为解释产业地理集聚的关键性因素，分工产生的空间外部性是产业地理集聚的重要来源。规模报酬递增与运输成本的权衡是理解资源型产业地理集聚的中心内容；规模报酬不变与完全竞争是新古典经济学的重要理论分析范式。收益递增的存在对经济的空间组织具有重要意义，尽管有了互联网和其他新的通信设备，货物和人员的运输仍然昂贵，这对空间经济的组织具有重大影响。由于完全竞争和空间不可能定理，规模经济和垄断竞争的出现为空间经济学的发展注入新的活力。城市经济学在完全竞争前提下研究空间外部性，内部规模报酬递增和垄断竞争和生产要素流动引发的货币外部性，可以很好地促进资源型产业地理集聚。优良的制度环境可以延伸产业分工链条，降低交易费用，提高交易效率，使资源型产业集群得以形成并保持持续的竞争优势。国家战略下：资源型产业多属于资金密集型产业，除市场因素外，集群化发展受国家战略的影响重大，市场与政府双管齐下，政府本身也构成参与市场的一个重要主体，同时其行为通过影响要素流动及相关的市场主体的行为来介入市场活动，主要体现在政府对资源型产业的投资力度，产业政策对资源型产业发展的支持力度和配套的产业环境三个方面，国家对矿产领域投资限制政策的放宽，会对资源型产业集聚规模、结构产生较大影响。

最后，通过实证分析研究，探求资源型产业地理集聚最优路径，指导我国资源型产业专业化分工与生产要素的最优配置，充分发挥空间外部性的优势，使得我国区域资源优势得以充分发挥。资源型产业地理集聚路径建立，涉及体制、组

织、机制等若干问题,而且可能沿着一定的轨迹演进,形成资源型产业地理集聚系统发展的特有资源要素配置和路径:重视资源型产业地理集聚的可持续发展和资源的优化配置,所以要求资源型产业加大科研创新和人力资本投入,政府部门应制定相关的政策以鼓励企业进行研发活动和人力资本的积累,为资源型产业可持续增长提供良好的环境;从资源使用效用最大化的角度,必须遵循"开源、节流、高效"原则。在保证资源型产业生产所需能源资源供给的前提下"节流",就是要节约能源资源使用,减少能源投入,必须依赖技术、人力资本等要素支持,即做到"高效"化生产经营。受自然储量的限制,不可再生能源资源的再生率随时间的推移逐渐趋近于零,而可再生能源资源的再生率无此限制,这也充分说明了,资源型产业欲从根本上解决能源资源问题,必须加大再生能源资源的技术投入,开发替代能源资源是重要的战略选择,只有这样才能强化资源型产业地理集聚优势;资源储量是资源型产业可持续增长的基础,政府或企业应建立能源资源储备体系(实物储备和技术储备)并寻找替代能源,优化能源结构,实现资源型产业能源资源、经济增长和环境的和谐发展。由此形成以下路径:一是以主导企业为中心的集结型优化路径。即由资源型产业地理集聚的核心主体——企业群中的主导企业发起,产业集聚系统其他要素向主导企业及整个产业集聚,进而使系统不断增生、不断优化的路径。这种资源型产业地理集聚成为产业集聚系统的要素集结中心。二是政府主导的配置型优化路径。在资源型产业地理集聚系统建设与发展中,政府有可能根据区域经济社会发展战略设计,特别是对重点产业发展的支持政策,主导或直接调动创新资源向某一产业或产业集聚倾注,进而改善该产业集聚系统的结构及其运行模式。政府主导资源产业的扩张与配置,存在一个价值取向、作用区间和权力运行机制的问题。从资源型产业地理集聚系统的要素构成看,相应级别的政府本身属于系统的组成部分,因而其主资源型产业地理集聚扩张与配置具有合理性。

7.2 理论贡献

(1) 构建科学的理论研究架构,拓宽研究视野,丰富产业集聚理论、分工理论与空间理论。

本书引入了分工理论和空间理论,首先,分析资源型产业地理集聚效应形成因素,从亚当·斯密(1997)定理、Young(1998)定理、新兴古典经济学的分工与专业化理论出发,揭示资源型产业地理集聚研究的逻辑起点[1-2];其次,对新古典贸易理论、新贸易理论和新经济地理理论三种区域分工—贸易理论进行细

第7章 研究结论、理论贡献、实践启示与研究展望

致梳理，揭示区域分工与贸易以及资源型产业地理集聚之间的必然联系（杨小凯，1999）[3]；再次，将马歇尔（2006）提出的空间外部性与资源型产业地理集聚之间关系的思想和内容进行整理和归纳，揭示空间外部性的金融外部性和技术外部性来源[4]，以及它们与资源型产业地理集聚之间的逻辑关系；最后，提出本部分构建的理论分析框架：充分利用自然资源条件来发展区域经济，是产业集群形成的原始动力。拥有资源禀赋，基于运输、交易等成本费用的比较优势，在政府的合理规划下，大型勘探、开发企业的进入，围绕着特定资源转化的诸多产业链节点企业的跟进，科研、金融、中介等服务机构的健全，一个逻辑系统的形成，标志着资源型产业集群的诞生（Douglass，1963）[5]。区域分工与贸易以及资源型产业地理集聚之间存在着必然的联系。细化的区域分工影响着各个不同特色地区，乃至各国之间的贸易往来，并形成不同的资源型产业地理集聚模式。专业化分工有利于降低交易成本，规模报酬，提升产业发展的效率，而这正是产业集聚形成与发展的经济动因。分工与专业化的发展促进"迂回生产"方式的出现和部门的细化，促成在某一特定空间范围内众多经济活动的集中，形成集聚经济和产业集聚，进而获取规模经济。而降低专业化分工带来成本的一个重要方式就是进行资源型产业地理集聚，相同的经济区域由于其自然资源、经济资源、文化资源的禀赋不同，拥有各自的区域优势。各地区就是依据各自优势进行专业化分工，生产具备竞争优势的产品，同其他地区的专业化生产的商品进行交换（魏守华，2010）[6]。许多行业的经济活动最突出的地理特征就是集中，具有明显的集聚经济效应。降低专业化分工带来的成本，形成资源型产业地理集聚，相关企业形成规模效应，加大竞争的同时促进技术的发展与进步，从而形成一条无可代替的产业链，降低资源运输等方面的成本，为企业带来规模经济的同时也带来金融的外部性与技术的外部性。并根据"分工—空间外部性"这一线索，把分工理论与空间理论具体应用到具体的产业地理集聚效应分析中，构建"自然资源禀赋—分工—空间外部性—制度"的四维理论分析框架，对资源型产业地理集聚的分工原因与空间外部机制展开理论分析。扩展了产业理论、分工理论与空间理论的内容。

（2）建立系统的科学研究体系，采用较为科学的研究范式与系统。

在构建理论分析框架的基础上，建立系统的科学研究体系，采用较为科学的研究方法，对资源型产业地理集聚的分工原因与空间外部机制展开理论分析，采用空间统计指标与方法，对资源型产业专业化特征、地理集聚的时空特征、变化趋势及其效应，进行实证分析，直接观察资源型产业的地理集聚现象。资源型专业化分工有利于降低交易成本，规模报酬，提升产业发展的效率，而这正是产业集聚形成与发展的经济动因。分工与专业化的发展促进"迂回生产"方式的出

现和部门的细化,促成在某一特定空间范围内众多经济活动的集中,形成集聚经济和产业集聚,进而获取规模经济。中国地理集聚呈现不断增强的发展趋势,并且其变化趋势具有显著的拐点特征和明显的"先小幅增强、随后显著增强、后趋于减弱"的阶段性特征。资源型产业地理集聚可以有效地促进产业结构调整和优化升级,同时是一种有效的产业组织形式,是区域竞争力的重要源泉(王永进,2010)[7]。资源型产业地理集聚是产业结构调整的有效路径,而且一旦这种路径形成,就会有自我强化的过程,从而加速产业结构调整及优化升级。资源型产业地理集聚具有其自身的演变和发展规律性。企业的地理集中、以灵活专业化为核心的社会网络、积极向上的良好创新氛围、建立在合作竞争基础上的互动机制以及路径依赖性,是资源型产业地理集聚获得成功并形成和保持竞争优势的基础。一旦资源型产业地理集聚形成并走向成熟后,将在全国甚至世界市场上具有较强的竞争优势,占有较高的市场份额,形成知名的区域品牌效应。在市场制度完善的条件下,产业集群将通过多种途径和机制,对企业、产业乃至区域的竞争力产生重要的影响。这种竞争力是非资源型产业地理集聚和资源型产业地理集聚区域外企业所无法拥有的。为此,已有的对资源型产业地理集聚的影响因素进行的实证研究被认为不够全面(许庆等,2011;范帅邦等,2015)[8-9]。本书考虑地理环境、价格波动、环境污染治理、技术创新等不确定性因素,认为自然资源禀赋影响地理集聚是基础性因素;基于分工产生的空间外部性,垄断竞争的市场结构,良好的制度环境是重要影响因素;技术进步、人力资本等技术外部性,城镇化、人口密度等金融外部性因素是不可忽略的关键性因素,以及对外开放也是一种重要因素。当某地区在具有资源型产业集群的形成基础条件下,企业和劳动力会集聚在一起以获得更高的要素回报时,就会存在本地化的规模报酬递增,形成规模经济,进而随着企业技术设备的发展、劳动力组织的完善、技术信息的溢出,促使专业化分工的扩大和创新能力的提高,进一步增加了企业间生产、交易频率,稳定交易的空间范围和对象,减少企业生产、交易成本和其他经常性支出,实现集体效率的提高和企业成本的降低,在市场因素的作用下,相互关联的企业会寻求产业集群发展,充分发挥资源禀赋比较优势,以提高自身的竞争优势。在空间距离不扩大的情况下实现市场范围的扩大和运输成本的降低。分工、空间外部性与产业地理集聚之间有着深厚的理论渊源和内在逻辑联系(柏拉图,2012)[10]。分工产生空间外部性进而导致规模报酬递增,空间外部性和规模报酬递增促使产业经济活动在特定区域产生集聚。在这里,空间外部性与规模报酬递增成为分工与产业地理集聚之间逻辑联系的纽带,分工产生的空间外部性引起产业地理集聚。分工导致报酬递增从而是经济增长的根本源泉,但源于分工的报酬递增需要借助产业地理集聚来实现。区域分工—贸易理论对产业地理集聚进行理

第7章 研究结论、理论贡献、实践启示与研究展望

论解释的一个基本点是空间外部性,并且外部经济增长是分工引致的报酬递增的重要源泉。空间外部性成为解释产业地理集聚的关键性因素,分工产生的空间外部性是产业地理集聚的重要来源。规模报酬递增与运输成本的权衡是理解资源型产业地理集聚的中心内容;规模报酬不变与完全竞争是新古典经济学的重要理论分析范式。收益递增的存在对经济的空间组织具有重要意义,尽管有了互联网和其他新的通讯设备,货物和人员的运输仍然昂贵,这对空间经济的组织具有重大影响。由于完全竞争和空间不可能定理,规模经济和垄断竞争的出现为空间经济学的发展注入新的活力。城市经济学在完全竞争前提下研究空间外部性,内部规模报酬递增和垄断竞争和生产要素流动引发的货币外部性,可以很好地促进资源型产业地理集聚。优良的制度环境可以延伸产业分工链条,降低交易费用,提高交易效率,使资源型产业集群得以形成并保持持续的竞争优势。国家战略下:资源型产业多属于资金密集型产业,除市场因素外,集群化发展受国家战略的影响重大,市场与政府双管齐下,政府本身也构成参与市场的一个重要主体,同时其行为通过影响要素流动及相关的市场主体的行为来介入市场活动,主要体现在政府对资源型产业的投资力度,产业政策对资源型产业发展的支持力度和配套的产业环境三个方面,国家对矿产领域投资限制政策的放宽,会对资源型产业集聚规模、结构产生较大影响。最后利用最优控制理论和动态优化模型,分析资源型产业最优地理集聚路径(颉茂华等,2019)[11]。

首先,在保证资源型产业生产所需能源资源供给的前提下"节流",就是要节约能源资源使用,减少能源投入,必须依赖技术、人力资本等要素支持,即做到"高效"化生产经营。受自然储量的限制,不可再生能源资源的再生率随时间的推移逐渐趋近于零,而可再生能源资源的再生率无此限制,这也充分说明了,资源型产业欲从根本上解决能源资源问题,必须加大再生能源资源的技术投入,开发替代能源资源是重要的战略选择,只有这样才能强化资源型产业地理集聚优势;资源储量是资源型产业可持续增长的基础,政府或企业应建立能源资源储备体系(实物储备和技术储备)并寻找替代能源,优化能源结构,实现资源型产业能源资源、经济增长和环境的和谐发展。由此形成如下路径:第一,以主导企业为中心的集结型优化路径。即由资源型产业地理集聚的核心主体——企业群中的主导企业发起,产业集聚系统其他要素向主导企业及整个产业集聚,进而使系统不断增生、不断优化的路径。这种资源型产业地理集聚成为产业集聚系统的要素集结中心。第二,政府主导的配置型优化路径。在资源型产业地理集聚系统建设与发展中,政府有可能根据区域经济社会发展战略设计,特别是对重点产业发展的支持政策,主导或直接调动创新资源向某一产业或产业集聚倾注,进而改善该产业集聚系统的结构及其运行模式。政府主导资源产业的扩张与配置,存在

一个价值取向、作用区间和权力运行机制的问题。从资源型产业地理集聚系统的要素构成看，相应级别的政府本身属于系统的组成部分，因而其主资源型产业地理集聚扩张与配置具有合理性。

（3）弥补现有研究方法的不足，采用调查研究与案例分析法探索影响资源型产业地理集聚效应的因素。

我们认为，目前对资源型产业的地理集聚的研究，还缺乏深入的调查研究与归纳总结，典型性、实用性和示范性案例研究较少。我们对资源型产业地理集聚问题的研究思路是：首先应立足于国内，选择典型的资源型企业。案例研究法就是通过典型案例，详细描述现实现象是什么、分析其为什么会发生，并从中发现或探求一般规律和特殊性，指导得出研究结论或新的研究命题的一种方法。也就是说，当研究对象是处于当代现实环境中的某一现象，并要求研究者对研究对象不予控制或不能控制时，案例研究法是一种非常合适的研究方法。案例研究法特别适合回答"怎么样"和"为什么"的问题。案例研究方法的独特优势由此体现：案例研究不仅对现象进行翔实的描述，更对现象背后的原因进行了深入的分析，它既回答"怎么样"和"为什么"的问题（乔坤和马晓蕾，2008）[12]，也有助于研究者把握事件的来龙去脉和本质；案例研究来源于实践，没有经过理论的抽象与精简，是对客观事实全面而真实的反映，用调查研究与案例分析法探索影响资源型产业地理集聚效应的因素能够切实增加实证的有效性，可以更加精准地描述资源型产业地理集聚效应的因素；案例研究包含真实情境中的各种要素及特殊现象、突发现象，我们在进行案例研究的过程中可能会发现一些以前学者没有觉察到的原因、现象或者结果等变量，这也会使案例存在隐含的、有待检验的假设，成为以后研究资源型产业地理集聚的基础。开展大规模的调查研究，并进行分析总结，然后上升至规范层次，设计理论模式，最后，再应用到企业经营管理活动中，经过评价、修改、定型，逐步完善（季书涵等，2016）[13]。因此，目前环境成本管理研究的当务之急是如何选择典型资源型企业，采用特色研究方法将目前产业地理集聚的实践案例集中研究，这是推动产业地理集聚研究的一个突破口。

本书拟通过大量调查研究，建立与大型资源型产业集聚问题相关的数据资料与案例库，应用实际调研的第一手数据，建立科学的分析方法进行实证分析。同时，对产业集聚的典型案例进行深入剖析，这样才有可能摸透资源型产业集聚的特征、影响因素等相关问题，提出的资源型产业地理集聚的政策建议：以资源最优配置为导向的集聚政策，发挥资源型产业地理集聚正效应且避免负效应，资本配置过度且劳动力配置过度的行业以及资本配置不足而劳动力配置过度的行业，应当尽可能增加集聚程度，通过资源型产业地理集聚。而对资本配置不足且劳动

第7章 研究结论、理论贡献、实践启示与研究展望

力配置不足的行业以及资本配置过度而劳动力配置不足的行业,应谨慎选择厂址,避免过度集聚造成的资源错配问题加重。政府也应根据自身产业发展情况和当地资源配置情况,适时合理引导有效产业集聚,既做"减法",又做"加法",减少无效和低端资源配置,扩大有效和中高端资源配置,避免"扎堆式"低层次集聚造成的资源配置不合理,与此同时注重产业结构的优化提升,地区产业合理,要资源型产业地理集聚良性发展;以集聚发展周期为依据的产业政策。产业集聚可划分为四个不同的发展阶段,初始阶段具有很强的正向经济效应,能够优化资源配置,经历第二阶段短暂的负向影响后,又能在第三阶段继续改善资源错配,并在第四阶段达到规模经济效应的新高度,与地区发展形成相互依托,源源不断地为经济发展输送动力。我国近半数企业仍然处于产业集聚初级阶段,且仅有不到5%的企业达到产业集聚最高程度,发展潜力仍然巨大。必须坚定不移地在适合的资源配置区域,不断扩大产业集聚范围,加强周边设施配套,丰富产业种类,完善产业链构建,打造世界级产业集聚核心区,在此基础上坚持推进新型城镇化建设,加强部门与地方产业政策联动,点面结合、统筹推进产业集聚进程,补齐集聚发展短板,将产业集聚的经济效应发挥至最大。资源型产业在寻求适度资源型产业地理集聚规模的基础上应积极发挥集聚的正向溢出效应。要增强集聚企业的异质性,延伸产业链,提高资源型产业地理集聚企业的产业关联度;通过集聚区内企业间的人力资本流动、知识信息外溢、基础设施共享以及技术服务专业化等途径形成竞争效应、知识溢出效应、劳动力市场效应,从而提高资源型产业的生产效率,以摆脱对自然资源的依赖,实现附加值的升华。资源型产业的集聚程度应保持在适度合理的范围内,一旦集聚过度,反而会产生集聚的不经济效应。通过案例研究的方法才可以更好地回答"怎么样"和"为什么"的问题,也有助于研究者把握事件的来龙去脉和本质,更好地归纳政策建议,更为日后的研究提出更多的研究思路和假设。同时适当运用调查研究。调查研究是科学的实践活动,是马克思主义实践观的体现。

从主体上来讲,调查研究是以人为主体的,是主观见之于客观的活动。我们在进行调查研究之前所做的材料准备以及观点预设,都是有人的思维的参与的。这与马克思实践观的规定是一致的。"人的感性活动"是马克思实践观的前提,人是实践的主体。正如马克思评价自己创立的新哲学,立脚点则是人类社会或社会的人类。从整个调查研究过程来看,调查研究是一个完整的实践活动。调查是研究的基础,调查阶段经过广泛收集资料,观察和了解客观存在的事实,为研究积累客观的资料和素材。研究阶段是调查的升华,在调查的基础上找出规律性的东西,进而找出解决问题的方案或办法(Jacob et al., 2019)[14]。也就是说,调查研究经过了感性认识到理性认识的转变,更为重要的是,在理性认识的基础

上，调查研究形成的理性认识会经过实践的检验，进而得出真理性的东西，取得对事物的正确认识。也就是在这个意义上，调查研究实现了"实践是认识的来源""实践是检验真理的唯一标准"的统一。调查研究是一种认识与实践相统一的特殊实践活动，运用调查研究的根本目的，就是要通过对特定对象历史的、现实联系的全面了解和深刻认识，使主观符合客观实际，从而达到正确地改造客观世界，得到符合实践主体价值要求的变化。调查研究不是单纯的认识活动，也不是单纯的实践活动，它既具有实践指向性又具有理论导向性，也是认识与实践的统一。对于一些大的机关、企业，尤其是我们现在研究的资源型产业，进行调查研究可以通过召开调查会，快速有效地掌握第一手的资料。结合典型案例，详细描述现实现象是什么、分析其为什么会发生，并从中发现或探求一般规律和特殊性，指导得出研究结论或新的研究命题的一种方法。这样才符合科学并具有实用价值。

7.3 实践启示

资源型企业在国民经济建设中占有十分重要的地位，从20世纪90年代开始，资源型产业进入快速发展阶段，现已成为工业部门内部增长最快的行业，但是由于地区自然资源禀赋、交通运输的差异、技术条件、市场分布等影响因素，资源型产业分布存在"两级"或者"多级"地理集聚现象。资源密集型产业作为我国的基础性产业，由于其资源依赖度高、市场内向化、产业联系强、规模效应显著。同时，由于我国在产业发展的早期，偏于重型工业的长线投资，并出于靠近资源产地以降低交通成本的考虑，将资源密集型产业布局在中西部地区。因此，很长一段时间，影响我国资源型产业空间布局的因素通常是第二个自然资源禀赋因素。但是，近年来由于很多中西部资源型企业，对资源盲目过度的勘探开采，技术水平落后，资源产品深加工不足，不仅造成资源产品初级，同时造成资源的极大浪费，破坏了当地的生态环境。随着全球化的推动，向沿海地区市场需求逐渐扩大、交通条件改善、技术条件以及对国外原料的依赖增强，部分资源密集型产业逐渐向沿海地区转移。因此，资源型产业的发展一方面在生产过程中依赖于大量自然资源的投入，产业在资源富集区布局；另一方面由于对资源产品深加工的技术要求与海外市场的需求，导致资源性产业后续的投资与技术积累逐步向沿海经济发达区域延伸。人们对资源的认识是伴随经济的发展逐步深入的。在经济发展初期，自然资源的供应是非常充足的，人们认为资源是无限的，取之不尽、用之不竭的，并可以无偿使用的。伴随工业化的高速发展，资源越来越表现

第7章 研究结论、理论贡献、实践启示与研究展望

出稀缺性，人们开始正视资源问题，可持续发展的资源观也随之出现并逐步发展。我国地大物博，自然资源的总量和种类相对来说都极为丰富，同时我国长时期处在农业经济时代，对自然资源的消耗也极为缓慢，因此长期以来都把自然资源视为是无限的。但事实上，我国人口众多，人均资源并不丰裕，特别是随着我国工业化快速发展，我国资源紧缺问题越发凸显。从资源的供需状况来看，2000年后我国综合能源的可供消费的能源总量与能源消费总量间一直存在缺口。从资源的生产和需求结构来看，煤炭、石油是主要的产品，天然气、水电、风电、核电等清洁高效能源所占比重较小。从能源生产弹性系数以及消费系数来看，我国国民经济的发展与能源的生产和消费具有较大的相关性，国民经济的发展很大程度上取决于能源生产和消费状况。因此，自然资源的供需总量和供需结构都对经济的可持续发展形成约束，成为制约经济发展的瓶颈。随着经济发展对自然资源的快速消耗以及生态环境的恶化，自然资源对经济发展的制约性逐渐凸显出来，资源型城市陷入了发展困境。首先，资源储量减少，威胁着资源型城市的持续发展。国务院为促进资源型城市可持续发展和区域经济协调发展，至2013年共确定了69个资源枯竭型城市，通过给予这些城市财力性转移支付资金支持其转型升级。其次，资源型城市是依靠资源发展起来的，整个城市产业结构单一，资源产业的发展状况关系着城市的兴衰，而产业结构单一又使资源城市面临很大的风险，产业结构的转换和升级也较困难。最后，资源型城市的创新能力不足。资源产业的繁荣吸引大量资本的流入，对人力资本的投资和创新投入形成挤出效应，从而通过降低劳动力供给水平和知识的增长率对经济增长形成直接或间接阻碍作用。资源型产业集聚，作为资源型产业发展的一种特征和形态，其集聚效应具有促进区域经济发展的积极作用，但资源型产业集聚的一系列特征也对其自身和所在区域的发展造成风险，形成挑战。资源型产业集聚单向、线性的内部结构降低集聚对市场变化和外界冲击的适应能力，导致组织结构性风险的生成。资源型产业集聚具有和生物种群相类似的特征，企业集聚导致生态位重叠，形成生态位风险，同时自然资源储量的有限性和对政府政策的依赖，使其更容易进入衰退期，造成区域经济的坍塌。因此，资源型产业集聚及其所在区域或城市如何维系可持续发展就成为发展中面临的最大挑战。产业集聚经济是当前全球最引人瞩目的区域经济理论，被誉为区域经济增长的发动机。它不仅是发达国家和先进地区经济发展的重要源泉，更是欠发达区域追赶先进国家和地区的有效工具。正是因为集聚才导致不同地区经济发展的差异。产业集聚导致了发展中的收益递增，也提升了集聚区的产业竞争力。而区域产业竞争力的提升又促进了该地区经济的发展，从而进一步促进产业在该地区的集聚。所以我们应该充分利用产业集聚这种生产方式，促进我国各地区间的协调发展，达到缩小总体发展差异的目的。本书从资

源型产业空间格局与资源分布特征出发,着眼于沿海地区主要为资源性加工制造业的集聚,而内陆地区则主要为采掘业的集聚的特征,建立科学的理论分析框架,分析我国资源型产业地理集聚现状特征,探求资源型产业地理集聚影响因素,研究我国资源型产业空间布局的经济地理效应,发现我国资源型产业地理集聚的最优化动态路径。从而协调内陆地区自然资源开采速度与沿海地区的高新技术的开发,充分利用资源禀赋优势和先进技术优势,促进资源型产业专业化和地理集聚的快速健康发展,为我国资源型产业的可持续发展提供指导意义。

同时资源型产业是我国的基础性产业,资源型产业集群是中国和谐崛起的希望之路,我国经济实现了飞速增长,但长期粗放式的发展模式使一系列资源、环境及社会问题逐渐凸显。面对长期粗放式的发展模式和日益趋紧的生态约束,中国的经济发展应更加注重结构平衡和优化,形成资源节约、环境优美的空间格局。当前,我国经济由高速增长阶段迈向高质量发展阶段,经济发展更注重质量效率的提升、产业结构的优化及生态环境的维护,实现产业的绿色低碳化发展及构建高效清洁的能源体系势在必行。西部地区在我国的经济体系中相对粗放和落后,资源型产业是一些地区的传统支柱产业或重点产业,但其多具有生产效率低、高能耗、高污染等特点,进而导致资源消耗严重、生态结构失衡及经济发展缓慢。因此,促进西部地区资源型产业转型升级和产业低碳化发展,是维持生态环境稳定、确保区域经济与自然协调发展的重要举措。众多研究表明,产业集聚可优化区域间生产要素配置,激发产业技术革新,加快区域间要素流动和知识技术的溢出,对实现传统产业转型升级、提升产业生产效率、降低产业污染及能耗具有积极影响。长期以来的粗放式经济发展模式导致我国能源效率较低、能源结构不平衡,经济产出与能源消耗、经济增长与能源效率、经济结构与能源结构无法同步进行。同时,《全国资源型城市可持续发展规划》指出资源富集地区可持续发展压力较大,资源开发与社会经济发展、生态环境保护之间不平衡、不协调的矛盾逐渐凸显。因此,可持续发展要求对高能耗、高污染的行业进行转型升级,大力支持高效率、低污染、低能耗行业发展,建立全方位的绿色资源产业集聚体系。产业集聚是社会经济发展到一定阶段的一种经济现象,其体现了产业的专业化水平和技术创新能力,而这二者是促进产业价值链提升的重要因素,进而可对降低产业能耗和污染排放产生正向效应。目前,资源型地理产业集聚已经成为管理学、经济学、区域经济学、公共管理与公共政策、地理学等领域研究的热点。产业集聚使关联性产业、类似产业或同质产业在地理空间的集聚整合成为可能,加快了区域间资本、技术和人才等要素的流动,在提升区域整体经济效率和经济实力过程中扮演了重要角色,这主要体现在产业集聚对产业结构优化、全要素生产率提升以及高新技术企业发展都奠定了一定的要素、技术和资本基础。进

第7章 研究结论、理论贡献、实践启示与研究展望

一步而言,资源型产业由于自然资源的地理分布特征更表现出明显的区域集聚特征,多数具有一定自然禀赋优势的地区都对资源型产业都有较强的依赖性。对于西部地区来说,资源型产业集聚是传统的、重要的基础产业集聚,资源型产业地理集聚效应的产生或发展对区域产业结构优化、资源环境保护和经济可持续发展都具有重要影响。中华人民共和国成立以来,西部地区的资源禀赋为我国经济的快速增长贡献了巨大力量,但同时长期粗放的资源开发和加工模式也带来了一系列的生态问题。部分地区的资源型产业大多为采矿业及后续的资源加工业为主,产品附加值低、能耗大、生产效率低下,在短期的经济快速增长之后,资源型产业发展趋于迟缓甚至停滞,产能严重过剩,资源严重消耗,生态严重破坏。当前,我国经济处于增速调挡期、结构调整期及前期刺激政策消化期"三期叠加"的关键转型时期,使得西部地区资源型产业遗留的社会民生问题进一步凸显放大。在全国262座资源型城市中,西部地区就有102座,接近全国比例的40%,其资源型产业数量庞大,但经济发展水平落后,部分地区出现了"资源诅咒"现象,西部地区资源型产业转型升级需求迫切。同时,资源型产业集聚具有一定的环境外部性、知识技术外部性和规模经济等特征,随着产业集聚程度的提升,资源环境状况也在不断发生变化。因此,对产业集聚是否与低碳化发展具有关联性、产业集聚能否实现产业低碳发展、二者是否在地理空间上具有溢出影响等问题进行探讨,对促进全国产业结构转型具有一定的积极作用。资源型产业转型升级是发挥其资源优势、提升产业价值链地位、促进生态社会和谐发展和增强民生保障的重要影响途径。首先,对西部地区资源型产业集聚状况进行测度和分析,可把握其产业特征和演化规律,对进一步探讨如何将资源优势转变为产业竞争优势有重要影响,从而有利于产业结构优化;其次,对低碳发展的影响因素进行分析并测度碳排放强度和能耗GDP弹性,可把握目前产业发展的碳消耗状况,为提升产业生态效率、实现绿色循环经济提供思路;最后,研究资源型产业集聚对产业低碳化发展的影响机制和空间溢出效应,可将产业集聚因素融入低碳产业体系的构建中,并通过加强区域间生产要素流动和知识技术溢出,提升产业的专业化水平和技术创新能力,进而实现经济和生态协调发展。因此,研究资源型产业地理集聚对产业低碳化发展的影响机制,为促进资源型产业转型升级、提升产业专业化水平和实现经济高质量发展皆提供了现实依据。本书选题采取的是热门、焦点问题,以符合我国实际情况及我国实际存在的问题为依据展开研究,并且还考虑了价格波动、环境污染治理、技术创新等不确定性因素,利用最优控制理论和动态优化模型,分析了资源型产业最优地理集聚路径。因此本书研究结论对促进资源型产业专业化和地理集聚的快速健康发展,优化资源型产业空间布局具有指导意义。总之本书选取重要的问题展开深入研究,在深化理论的同时力求对实

践具有一定的指导意义。

7.4 研究展望

本书首先对空间理论、分工理论等相关理论进行梳理。首先，从亚当·斯密定理、Young定理、新兴古典经济学的分工与专业化理论出发，揭示资源型产业地理集聚研究的逻辑起点；其次，对新古典贸易理论、新贸易理论和新经济地理理论三种区域分工—贸易理论进行细致梳理，揭示区域分工与贸易以及资源型产业地理集聚之间的必然联系；再次，将马歇尔提出的空间外部性与资源型产业地理集聚之间关系的思想和内容进行整理和归纳，揭示空间外部性的金融外部性和技术外部性来源，以及它们与资源型产业地理集聚之间的逻辑关系；最后，提出本部分构建的理论分析框架：充分利用自然资源条件来发展区域经济，是产业集群形成的原始动力。拥有资源禀赋，基于运输、交易等成本费用的比较优势，在政府的合理规划下，大型勘探、开发企业的进入，围绕着特定资源转化的诸多产业链节点企业的跟进，科研、金融、中介等服务机构的健全，一个逻辑系统的形成，标志着资源型产业集群的诞生。区域分工与贸易以及资源型产业地理集聚之间存在着必然的联系。细化的区域分工影响着各个不同特色地区，乃至各国之间的贸易往来，并形成不同的资源型产业地理集聚模式。专业化分工有利于降低交易成本，规模报酬，提升产业发展的效率，而这正是产业集聚形成与发展的经济动因。分工与专业化的发展促进"迂回生产"方式的出现和部门的细化，促成在某一特定空间范围内众多经济活动的集中，形成集聚经济和产业集聚，进而获取规模经济。而降低专业化分工带来成本的一个重要方式就是进行资源型产业地理集聚，相同的经济区域由于其自然资源、经济资源、文化资源的禀赋不同，拥有各自的区域优势。各地区就是依据各自优势进行专业化分工，生产具备竞争优势的产品，同其他地区的专业化生产的商品进行交换。许多行业的经济活动最突出的地理特征就是集中，具有明显的集聚经济效应。降低专业化分工带来的成本，形成资源型产业地理集聚，相关企业形成规模效应，加大竞争的同时促进技术的发展与进步，从而形成一条无可代替的产业链，降低资源运输等方面的成本，为企业带来规模经济的同时也带来金融的外部性与技术的外部性。在此基础上，分析资源型产业地理集聚特征、效应、影响要素，然后构建一个"自然资源禀赋—分工—空间外部性—制度"的四维理论分析框架，并应用该理论分析框架，对资源型产业地理集聚的分工原因与空间外部机制展开理论分析，最后选择基于动态优化模型，分析了资源型产业地理集聚最优路径：一是以主导企业为中

第7章 研究结论、理论贡献、实践启示与研究展望

心的集结型优化路径。即由资源型产业地理集聚的核心主体——企业群中的主导企业发起，产业集聚系统其他要素向主导企业及整个产业集聚，进而使系统不断增生、不断优化的路径。这种资源型产业地理集聚成为产业集聚系统的要素集结中心。二是政府主导的配置型优化路径。在资源型产业地理集聚系统建设与发展中，政府有可能根据区域经济社会发展战略设计，特别是对重点产业发展的支持政策，主导或直接调动创新资源向某一产业或产业集聚倾注，进而改善该产业集聚系统的结构及其运行模式。政府主导资源产业的扩张与配置，存在一个价值取向、作用区间和权力运行机制的问题。从资源型产业地理集聚系统的要素构成看，相应级别的政府本身属于系统的组成部分，因而其主资源型产业地理集聚扩张与配置具有合理性。本书将研究的问题视作一个系统，需要综合考虑影响系统的各种要素，全面考虑问题并寻找解决问题的策略，但也存在一些不足有待进一步研究。

（1）在研究过程中难免会出现影响研究的问题的相关要素并未全面概括的情形，笔者阅读了大量的文献，并且进行相关的访谈和实地考察，但是依旧可能会忽视一些相关要素，同时写作手法是案例分析和实证分析相结合，笔者尽量使研究严谨且客观，但是不可避免文章中存在一定的主观性，这可能对研究结论产生一些影响。

（2）在资料收集上由于客观因素的影响不能十分充分，使得论文的分析和描述上存在一些不足。我们努力收集了论文中的相关数据和资料，由于保密性的原因，我们不能得到相关的保密信息，进而影响对案例分析的充分性。虽然本书在写作中存在局限，但是笔者会在以后的研究中进一步探索学习，使得研究的理论更加深刻，在资料和数据上更加全面。

（3）本书运用了案例和实证结合的分析手段，但是实证模型是建立在一系列假设条件下的，而真正完全符合所有假设条件的产业集聚是基本不存在的，因此对于假设的适用性还需进一步研究。

参考文献

[1] 亚当·斯密. 国民财富的性质和原因的研究（上卷）[M]. 北京：商务印书馆，1997.

[2] Young. The Coming Shape of Global Production, Competition and Political Order Regions and the World Economy [M]. Oxford: Oxford University Press, 1998: 345-356.

[3] 杨小凯. 专业化与经济组织[M]. 北京：经济科学出版社，1999.

[4] 马歇尔. 经济学原理[M]. 西安：陕西人民出版社，2006.

[5] Douglass C. Location Theory and Reginal Economic Growth [J]. Journal of Political Economy, 1963: 243 – 258.

[6] 魏守华. 集群竞争力的动力机制以及实证分析[J]. 中国工业经济，2010 (10)：27 – 34.

[7] 王永进，李坤望，盛丹. 契约制度与产业集聚：基于中国的理论及经验研究[J]. 世界经济，2010，33（1）：141 – 156.

[8] 许庆，尹荣梁，章辉. 规模经济、规模报酬与农业适度规模经营——基于我国粮食生产的实证研究[J]. 经济研究，2011，46（3）：59 – 71，94.

[9] 范帅邦，郭琪，贺灿飞. 西方经济地理学的政策研究综述——基于CiteSpace的知识图谱分析[J]. 经济地理，2015，35（5）：15 – 24.

[10] 柏拉图. 理想国[M]. 北京：华夏出版社，2012.

[11] 颉茂华，张婧鑫，好日娃，邢秀英. 社会资本、组织学习能力对产业集群竞争力的影响[J]. 资源与产业，2019，21（6）：30 – 38.

[12] 乔坤，马晓蕾. 论案例研究法与实证研究法的结合[J]. 管理案例研究与评论，2008，1：62 – 67.

[13] 季书涵，朱英明，张鑫. 产业集聚对资源错配的改善效果研究[J]. 中国工业经济，2016（6）：73 – 90.

[14] Jacob T., Biehl A. J., Filby L. G. Anchor of Trust: Towards Collusion – resistant Trusted Indoor Location for Enterprise and Industrial Use [J]. Springer London，2019.